大都會文化
METROPOLITAN CULTURE

大都會文化
METROPOLITAN CULTURE

智慧沙

前言

小故事溫暖心靈，大道理點醒人生

人生中離不開故事，生活中少不了故事，總有那麼多故事值得我們珍惜，讓我們的生命感動。

一把堅實的大鎖掛在大門上，一根鐵桿費了九牛二虎之力，還是無法將它撬開。鑰匙來了，他瘦小的身子鑽進鎖孔，只輕輕一轉，大鎖就「啪」地一聲打開了。鐵桿奇怪地問：「為什麼我費了那麼大力氣也打不開，而你卻輕而易舉地就把它打開了呢？」鑰匙說：「因為我最瞭解他的心。」

每個人的心，都像上了鎖的大門，任你是再粗的鐵棒也撬不開。唯有把自己變成一支細膩的鑰匙，進入別人的心中，瞭解別人。

說這則故事給你，就是想向你說明一分鐘的這個小故事比講一小時「攻心為上」的大道理更重要。所以，講一小時的大道理，不如讀一分鐘的小故事。

這是一本用故事來詮釋成功與幸福的書，書中擁有故事的答案，也許這些答案不是你要找的，但相信書中的小故事一定能溫暖你的心靈，書中的大道理也一定會點醒你的人生。

書中有這樣一個故事：

有一個自以為是的年輕人，畢業以後一直找不到理想的工作。他覺得自己懷才不遇，對社會感到非常失望。痛苦絕望之下，他來到大海邊，打算就此結束自己的生命。

這時，正好有一個老人從這裡走過。老人問他為什麼要走絕路，他說自己不能得到別人和社會的承認，沒有人欣賞並且重用他。

老人從腳下的沙灘上撿起一粒沙子，讓年輕人看了看，然後就隨便扔在地上，對年輕人說：「請你把我剛才扔在地上的那粒沙子撿起來。」

「這根本不可能！」年輕人說。

老人沒有說話，接著又從自己的口袋裡掏出一顆晶瑩剔透的珍珠，也隨便扔在地上，然後對年輕人說：「你能不能把這個珍珠撿起來呢？」

「這當然可以！」

這個小故事闡釋了一個人生的大道理，那就是：要使自己卓然出衆，就必須先使自己成爲一顆珍珠。

書中這些智慧雋永的故事和深入淺出的道理就像年輕人手中的沙子，如果我們現在能有意識的收集一些上路，哪怕是每天一粒，那我們總有一天能聚沙成塔，獲得一個燦爛輝煌的人生。

就讓我們帶著「智慧沙」上路吧！

目錄

Contents

目 錄

Contents

目　錄

智慧沙

Contents

目錄

第三卷　心靈有窗 245

Contents 目錄

輯31 每天擁抱死亡 332

第一卷

事業有成

成功好比一架梯子，機會是梯子兩側的長柱，能力是插在兩根長柱之間的橫木。只有長柱沒有橫木，梯子就沒有用處。

世界上的事沒有絕對的成功，只有不斷的進取。

輯01 你爲什麼是窮人

你不理財，財不理你。
——《理財週刊》的一句口號

1．假如寶貝放錯了地方

山裡人有一尊巨大的石像，石像面朝下躺在門前的泥地裡。對山裡人來說，它只不過是一塊石頭罷了。

一天，一個城裡的學者經過這裡。他看到了石像，便問山裡人能不能把石像賣給他。山裡人聽了哈哈大笑，說：「你居然要買這塊又髒又臭的石頭，我一直爲沒法搬開它而苦惱呢！」

「那我用一個銀元買走它。」學者說。山裡人很高興，因爲這不但使自己得到了一個銀元，而且也讓門前的場地寬敞了許多。

石像被學者設法運到了城裡。幾個月後，那個山裡人進城在大街上閒逛。他看見一間富麗堂皇的屋子前面圍著一大群人，其中有個人在高聲叫著：「快來看呀，來欣賞世界上最精美、最奇妙的雕像，只要兩個銀元就夠了，這可是世界上最頂尖的作品！」

於是，山裡人付了兩個銀元走進屋子，也想要一睹爲快。事實上，山裡人所看到的正是他用一個銀元賣掉的那尊石像，可是他已無法認出這塊曾經屬於自己的石頭了。

智慧沙：

在學者眼裡，石像是一尊最精美、最奇妙的寶貝；在山裡人眼裡，石像卻是一塊礙事的廢物。寶貝放錯了地方就是廢物。

2．修築你賺錢的管道

有個小村莊嚴重缺水，爲了從根本上解決這個問題，村長決定對外簽訂一份送水合約，以使家家每天都有水喝。張三和李四接受了這份工作。

張三立刻行動起來，他買了兩個大木桶，每日奔波於一公里以外的湖泊和村莊之間，從湖中打水並運回村莊。由於起早貪黑地工作，張三很快賺到了錢。雖然工作很辛苦，但他心裡很高興。

李四沒有像張三那樣買木桶，而是做了一份詳細的商業計畫。幾個星期後，李四帶著一個施工隊和一筆投資回到了村莊，花了一年的時間，李四的施工隊修建了一條從湖泊到村莊、大容量的輸水管道。

在竣工典禮上，李四宣佈他的水比張三的水乾淨，他能夠每天二十四小時從不間斷地爲村民提供用水，同時價格比張三低一半。聽到這個消息，村民們都歡呼雀躍奔相走告，立即要求從李四的管道上接水龍頭。

李四的想法繼續在擴大。他想，其他有類似環境的村莊也一定需要水，於是他開始向周圍的村莊推銷他快速、大容量、低成本並且衛生的送水系統。這樣一來，雖然李四每送出一桶水只賺一毛錢，但他每天能送出幾十萬桶水。無論他是否工作，幾十萬人都要消耗這幾十萬桶水，而所有的這些錢都流入了李四的銀行帳戶中。

智慧沙：

真正的富翁不只是工作，更要考慮如何更聰明、更有效率地工作，如何建立自己賺錢的供水系統，如何修築賺錢的管道——即使自己不工作，也可以讓錢源源不斷地流進自己的口袋。

3．你為什麼是窮人

一個乞丐懶洋洋地斜躺在地上，在他面前放著一個破碗，旁邊還放著一根討飯棍。每天都有很多人在他跟前經過，有的人見他很可憐，就在他的破碗裡丟幾個硬幣。

有一天，在這個乞丐的面前出現了一個穿戴非常整齊的年輕律師，這個律師對他說：「先生您好，您的一個遠房親戚不幸去世了，留下了三千萬美元的遺產，根據我們的調查，您是這筆遺產的唯一繼承人，所以請你在這份文件上簽個字，這筆遺產就屬於您的了。」一瞬間，這個人從一無所有的乞丐變成了富翁。

有個記者採訪他：「您得到這筆三千萬的遺產後，最想要做的是什麼事呢？」

這個人回答說：「我首先要買一個像樣一點的碗，再去買一根漂亮的棍子，這樣我就可以有模有樣地討飯了。」

智慧沙：

想要成為富翁，你就要相信自己一定可以成功致富，並像富翁那樣去思考和行動。如果在你的內心深處，仍認為自己是一個窮人，那你永遠也不可能成為富翁。

4·窮人與富人的區別

一個富人見一個窮人很可憐，發善心願意幫他致富。富人送給窮人一頭牛，囑咐他好好開荒，等春天來了撒上種子，秋天就可以遠離貧窮了。

窮人滿懷希望開始開荒，可是沒過幾天，牛要吃草，人要吃飯，日子比過去還難，窮人就想，不如把牛賣了，買幾隻羊，先殺一隻吃，剩下的還可以生小羊，長大了拿去賣，可以賺更多的錢。

窮人的計畫付諸了行動，只是當他吃了一隻羊之後，小羊遲遲沒有生下來，日子又艱難了，他忍不住又吃了一隻。窮人想，這樣下去還得了，不如把羊賣了，改買雞，雞生蛋的速度要快一些，雞蛋立刻可以賺錢，日子立刻可以好轉。

窮人的計畫又付諸了行動，但是日子並沒有改變，又艱難了，他又忍不住殺雞，終於殺到只剩一隻雞時，窮人的理想徹底崩潰了。窮人想致富是無望了，還不如把雞賣了，打一壺酒，三杯下肚，萬事不愁。

很快春天來了，發善心的富人興致勃勃地來送種子，赫然發現，窮人正就著鹹菜喝酒，牛早就沒有了，房子裡依然一貧如洗。

智慧沙：

很多人都有過像窮人一樣的夢想，但要堅持到底卻很難。窮人總是逃避困難，富人總能想到解決問題的方法。成功者找方法，失敗者找藉口。這恐怕就是窮人與富人的區別吧。

5．有錢沒錢是一樣的

一個視錢如命的守財奴，把黃金藏在後院的一棵樹下，每週挖起來一次，對著黃金看上幾個小時。一天，竊賊把黃金挖走了，守財奴再來看時，只見一個洞，黃金全沒了。他放聲哀號，鄰居都跑來看個究竟，然後其中一人問道：「那些金子你用了多少？」

「一點都沒用，我只是每週來看它一次。」守財奴哭的聲音更大了。

「黃金對你的作用既然是如此，以後每週你乾脆來看這個洞吧！效果還不是一樣？」

智慧沙：

是貧是富，其實不在於金錢的多少，而在於是否有智慧利用它。如果不曉得利用，有錢沒錢是一樣的，沒有什麼區別。

6．不受金錢的奴役

古希臘一位公主的寵物——一隻可愛的波斯貓走丟了，於是國王下令：誰要是能把貓找回來，就給他十塊金幣作爲獎金。隨後，國王叫宮廷畫師畫了數千幅貓的畫像貼在全國各地。

送貓者絡繹不絕，但都不是公主丟失的。於是公主就想：可能是撿到貓的人嫌錢少，那可是一隻純正的波斯貓。公主把這一想法告訴國王，國王馬上把獎金提高到五十塊金幣。

一個流浪兒在宮廷花園外面的牆角邊撿到了那隻貓。流浪兒看到了告示，第二天早上就抱著貓去領五十塊金幣。當他經過一家貨舖時，看到了牆上貼的告示已變成一百塊金幣，流浪兒又回到他的破茅屋，把貓重新藏好。當他又跑去看告示時，獎金已漲到一五〇塊金幣。

接下來的幾天裡，流浪兒沒有離開過貼告示的牆壁。當獎金漲到使全國人民都感到驚訝時，流浪兒返回茅屋準備帶貓去領獎，可是貓已經死了。因爲這隻貓在公主身邊吃的都是鮮魚和鮮肉，對流浪兒從垃圾筒裡撿來的東西牠根本消受不了。

智慧沙：

金錢當然可以給人帶來快樂，可它一旦被作為某種籌碼，就不能再買到任何東西了。去做金錢的主人，不受金錢的奴役——既要學會賺錢生活，也要學會享受它帶給你的快樂。

輯02 心有多大，舞台就有多大

這個世界既不是有錢人的世界，也不是有權人的世界，它是有心人的世界。
——一位培育過數位院士的中學老教師，對他即將讀大學的兒子說

1．五年後的生活是什麼樣子

一九七六年的冬天，十九歲的邁克爾在休斯頓一家實驗室裡工作，他希望自己將來從事音樂創作。寫歌詞不是邁克爾的專長，他找到善寫歌詞的凡內芮同她一起創作。凡內芮瞭解到邁克爾對音樂的執著以及目前不知從何入手的迷茫，她決定幫助他實現夢想。她問邁克爾：「想像你五年後的生活是什麼樣子？」

邁克爾沈思了幾分鐘告訴她：「第一，我希望能有一張很受歡迎的唱片在市場上。第二，我能住在一個很有音樂氛圍的地方，能天天與世界一流的樂師一起工作。」

凡內芮接著他的話說：「我們現在把這個目標倒算回來。如果第五年，你有一張唱片在市場上，那麼第四年你一定要跟一家唱片公司簽約。」

「第三年你一定要有一個完整的作品，可以拿給很多唱片公司聽。」

「第二年你一定要有很棒的作品開始錄音了。」

「第一年你一定要把你所有要準備錄音的作品全部編曲，排練好。」

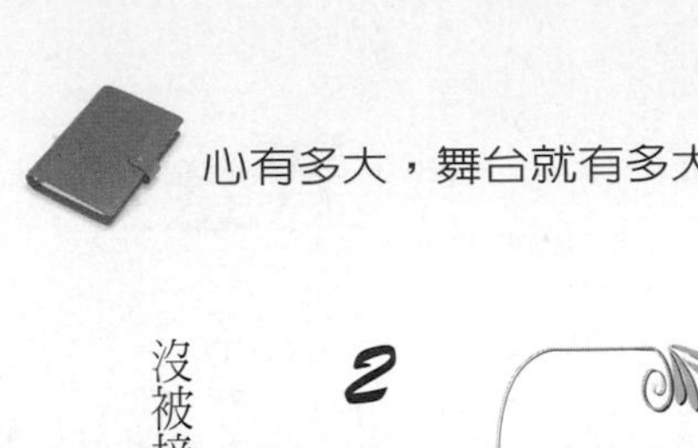

「第六個月你就要把那些沒有完成的作品修改好，然後讓自己可以逐一篩選。」

「第一個月你就要把目前這幾首曲子完工。」

「現在的第一個禮拜你就要先列出一張清單，排出哪些曲子需要修改，哪些需要完工。」

「好了，現在我們不就已經知道你下個星期一要做什麼了嗎？」凡內芮一口氣說完。

「你說你五年後，要生活在一個很有音樂氛圍的地方，然後與一流的樂師一起工作，對嗎？」她補充說：「如果，第五年你已經與這些人一起工作，那麼第四年你應該有一個自己的工作室或錄音室。第三年，你可能得先跟這個圈子裡的人在一起工作。第二年，你應該搬到紐約或是洛杉磯去住了。」

凡內芮的五年規劃讓邁克爾受益良多。次年他便辭掉了令人羨慕的太空總署的工作，離開了休斯頓，搬到洛杉磯。大約在第六個年頭的一九八三年，一位當紅歌手誕生了——邁克爾的唱片專輯在北美年暢銷幾千萬張，他一天二十四小時都與頂尖的音樂高手在一起工作。

智慧沙：

五年後你「最希望」看到自己是什麼樣子？在你的生命中，上帝已經把所有的選擇權都交在你自己手上了。五年後的結果取決於五年前的選擇。

2．如果我有一百萬美元

一位年輕人在大學讀書，有一天他向校長提出了改進大學教育制度弊端的若干建議。他的意見沒被接受，於是他決定自己辦一所大學，自己當校長來消除這些弊端。

辦學校至少需要一百萬美元。上哪兒找這麼多錢呢？等畢業後再掙，那太遙遠了。於是，他每天都在寢室內苦思冥想如何能有一百萬美元。同學們都認爲他有神經病，但他不以爲然，他堅信自己可以籌到這筆錢。

終於有一天，他想到了一個辦法。他打電話到報社說，他準備明天舉行一個演講會，題目叫「如果我有一百萬美元」。第二天的演講吸引了許多商界人士。面對台下諸多成功人士，他在台上全心全意、發自內心地說出了自己的構想。

演講完畢，一個叫菲力浦．亞默的商人站了起來，說：「小夥子，你講得非常好。我決定投資一百萬，就照你說的辦。」

就這樣，年輕人用這筆錢辦了亞默理工學院，也就是現在著名的伊利諾理工學院的前身。而這個年輕人就是後來備受人們愛戴的哲學家、教育家岡索勒斯。

> 智慧沙：
>
> 無論做什麼事，付諸行動尤為重要。如果說敢想就成功了一半，那麼另一半就是去做。想別人不敢想的，做你自己想要做的。敢想敢做，上帝都會幫助你。

3．極限就是自己給自己畫的一條線

一個漁翁在河邊釣魚，看樣子他的運氣還不錯，只見銀光一閃，一會兒就釣上來一條。但是奇怪的是，每逢釣到大魚，漁翁就會把牠們放到水中，只有小魚才放到魚簍裡。在旁邊觀看他垂釣良久的人迷惑不解，問道：「你爲什麼要放掉大魚，而留下小魚呢？」

漁翁回答說：「我也是出於無奈啊，我只有一個小鍋，怎麼能煮得下大魚呢？」

智慧沙：

所謂極限，就是自己給自己畫的一條線。取法乎上，得其中也。目標並不等於結果，但結果的達成一定取決於目標的設立。

4．想要什麼就得到什麼

雨後，一隻蜘蛛艱難地向牆上已經支離破碎的網爬去，由於牆壁潮濕，牠爬到一定的高度，就會掉下來，牠一次次地向上爬，一次次地又掉下來……。

第一個人看到了，他說：「這隻蜘蛛真愚蠢，牠從旁邊乾燥的地方繞一下就能爬上去，我以後可不能像牠那樣愚蠢。」於是，他變得聰明起來。

第二個人看到了，他立刻被蜘蛛屢敗屢戰的精神感動了，並從中得到啟示，於是，他變得堅強起來。

第三個人看到了，他嘆了一口氣，自言自語：「我的一生不正如這隻蜘蛛嗎，忙忙碌碌而無所得。」於是，他日漸消沈。

智慧沙：

你想要什麼，你就會得到什麼。因為每個人心中都有一個命題，憑藉自己的眼睛去尋找證明命題成立的論據。

5．剪斷心中的那根臍帶

有一個登山者，一心一意想要登上世界第一高峰。在經過多年的準備之後，他開始了他的旅程。但是，由於他希望完全由自己獨得全部的榮耀，所以他決定獨自出發。

他開始向上攀爬。天已經很晚了，他非但沒有停下來準備帳篷露營，反而繼續向上攀登，直到四周變得非常黑暗，他什麼都看不見。

即使這樣，他還是繼續向上攀爬。就在離山頂只剩下幾公尺的地方，他滑倒了，並且迅速地跌了下去。跌落的過程中，他僅僅能看見一些黑色的陰影，僅僅能感受到一種被地心引力吸住而快速下墜的恐怖。

就在這極其恐怖的時刻，他的一生，不論好與壞，都一幕幕地呈現在他的腦海中。當他一心一意地想著，死亡正快速地接近他的時候，突然間，他感到繫在腰間的繩子，重重地拉住了他。他整個人被吊在半空中，而那根繩子是唯一拉住他的東西。

在這種上不著天，下不著地，求助無門的境況中，他毫無辦法，只好大聲呼叫：「上帝啊！快來救救我！」

突然間，從天上傳來了低沈的聲音：「你要我做什麼？」

「上帝！快來救救我！」

「你眞的相信我可以救你嗎？」

「我當然相信！」

「那就割斷繫在你腰間的繩子。」

在短暫的寂靜之後，登山者決定繼續全力抓住那根救命的繩子。

第二天，搜救隊找到了登山者的遺體——已經凍得很僵硬，他的屍體掛在一根繩子上。他的手也緊緊地抓著那根繩子——在距離地面僅僅一公尺的地方。

智慧沙：

人生中，權力、金錢、名聲猶如一條條鎖鏈，左右著人的思想和行為。其實如果越過雷池，更有無限風光。只有把心中的那根臍帶剪斷，新生命才會真正地誕生。

6．找到一個合適的舞台

在動物園裡的小駱駝問媽媽：「媽媽，媽媽，爲什麼我們的睫毛那麼長？」

駱駝媽媽說：「當風沙來的時候，長長的睫毛可以讓我們在風暴中都能看得到方向。」

小駱駝又問：「媽媽，媽媽，爲什麼我們的背那麼駝，醜死了！」

駱駝媽媽說：「這個叫駝峰，可以幫我們儲存大量的水和養分，讓我們能在沙漠中耐受十幾天無水無食的條件。」

小駱駝又問：「媽媽，媽媽，爲什麼我們的腳掌那麼厚？」

駱駝媽媽說：「那可以讓我們重重的身子不至於陷在軟軟的沙子裡，便於長途跋涉啊。」

小駱駝高興極了：「嘩，原來我們這麼有用啊！可是媽媽，爲什麼我們還在動物園裡，不去沙漠遠足呢？」

智慧沙：

天生我才必有用，只是我們不去用。每個人的潛能都是無限的，關鍵是要找到一個能充分發揮潛能的舞台。

7．夢想都留在了二十歲

有一對兄弟，他們家住在八十樓。有一天他們外出旅行回家，發現大樓停電了！雖然他們背著大包行李，但看來似乎沒有別的選擇，於是哥哥便對弟弟說：「我們就爬樓梯上去吧！」

他們背著兩大包行李開始爬樓梯。爬到二十樓時開始感到疲憊，這時哥哥提議：「行李太重了，不如這樣吧，我們把它放在這裡，等電來了再坐電梯來拿。」於是他們就把行李放在二十樓，繼續向上爬。

他們有說有笑地往上爬，但好景不長，到了四十樓，兩人已經累垮了。然而，想到只爬了一半，兩人便開始互相埋怨，指責對方不注意大樓的停電公告，才會落得如此下場。他們邊吵邊爬，就這樣一路爬到了六十樓。

到了六十樓，他們累得連吵架的力氣也沒有了。這時弟弟就對哥哥說：「我們不要吵了，爬完它吧！」於是他們默默地繼續爬樓，終於八十樓到了！他們興奮地來到家門口，但不幸的是，他們發現鑰匙竟留在二十樓的行李裡……。

智慧沙：

二十歲前背負很多包袱，我們步履蹣跚；二十歲後卸下包袱，我們開始追求自己的夢想；到了四十歲開始遺憾和惋惜，就這樣度過了二十年；到了六十歲才發現時間不多沒必要抱怨，生命已近終點。原來，我們把夢想都留在了二十歲！

8．還是原來的模樣

準備換腦袋的兩個人——一個體弱的富翁，一個健康的窮漢，兩人相互羨慕著對方。富翁為了得到健康，樂意出讓他的財富；窮漢為了成為富翁，願意捨棄他的健康。

一位聞名世界的外科醫生發現了人腦的交換方法。富翁趕緊提出要和窮漢交換腦袋。其結果，富翁會變窮，但能得到健康的身體；窮漢會富有，但將病魔纏身。

手術成功了。窮漢成為富翁，富翁變成了窮漢。

但不久，成了窮漢的富翁由於有了強健的體魄，又有著成功的意識，漸漸地又累積了財富。可同時，他總是擔憂著自己的健康，一感到些微的不舒服便大驚小怪。由於他總是那樣擔驚受怕，久而久之，他又回到了以前那種富有而體弱的狀況中。

那麼，另一位新富翁又怎麼樣呢？雖然身體孱弱，但他總算有了錢。然而，他總是忘不了自己是個窮漢，有著失敗的意識。他不想用換腦得來的錢建立一種新生活，於是不斷地把錢浪費在無用的投資裡，應了「老鼠不留隔夜食」這句老話。錢不久便揮霍殆盡，他又變成了原來的窮漢。不過，由於他無憂無慮，換腦時帶來的疾病也不知不覺地消失了。他又像以前那樣有了一副健康的身子骨。

最後，兩人都回到了原來的模樣。

智慧沙：

不管外在的力量有多麼強大，人內心中的自己還是很難發生本質變化的。可以說，習慣決定了命運。

輯03 細節決定成敗

不放過任何細節。
——經營大師松下幸之助

1．把沿途的標誌畫下來

一九八四年，在東京國際馬拉松邀請賽中，名不見經傳的日本選手山田本一出人意外地奪得了世界冠軍。當記者問他憑什麼取得如此驚人的成績時，他說了這麼一句話：「憑智慧戰勝對手。」

當時許多人都認為這個偶然跑到前面的矮個子選手是在故弄玄虛。馬拉松比賽是一項體力和耐力較量的運動，只要身體素質好又有耐性就有望奪冠，爆發力和速度都還在其次，說「用智慧取勝」確實有點勉強。

兩年後，義大利國際馬拉松邀請賽在義大利北部城市米蘭舉行，山田本一代表日本參加比賽。這一次，他又獲得了世界冠軍。記者又請他談經驗。

山田本一生性木訥，不善言談，他回答的仍是上次那句話：「憑智慧戰勝對手。」這回記者在報紙上沒再挖苦他，但對他所謂的智慧迷惑不解。

十年後，這個謎終於被解開了，山田本一在自傳中這樣寫道：

每次比賽之前，我都要乘車把比賽的路線仔細看一遍，並把沿途比較醒目的標誌畫下來，比如第一個標誌是銀行；第二個標誌是一棵大樹；第三個標誌是一座紅房子……，這樣一直畫到賽程的終點。比賽開始後，我就以百米的速度奮力地衝向第一個目標，等到達第一個目標後，我又以同樣的速度衝向第二個目標。四十多公里的賽程就這樣被我分解成幾個小目標後輕鬆地跑完了。起初，我並沒有找到這個方法，當我把目標定在四十多公里外終點線的那面旗幟上時，我跑到十幾公里時就疲憊不堪了，我已經被前面那段遙遠的路程給嚇倒了。

智慧沙：

有時我們失敗不是因為放棄，而是因為倦怠。在成功的旅途中，如果將自己的大目標變成小目標去分段完成，成功彼岸就會輕鬆抵達。

2．不帶一點怒氣作戰

歐瑪爾是英國歷史上唯一留名至今的劍手。他與一個和自己勢均力敵的敵手鬥了三十年，仍不分勝負。

在一次決鬥中，敵手從馬上摔下來，歐瑪爾持劍跳到他身上，一秒鐘內就可以殺死他。但敵手這時做了一件事——向他臉上吐了一口唾沫。歐瑪爾停住了，對敵手說：「咱們明天再打。」敵手糊塗了。

歐瑪爾說：「三十年來我一直在修練自己，讓自己不帶一點怒氣作戰，所以我才能常勝不敗。剛才你吐我的瞬間我動了怒氣，這時殺死你，我就再也找不到勝利的感覺了。所以，我們只能明天重新開始。」

然而，這場爭鬥永遠也不會開始了，因爲那個敵手從此變成了他的學生，他也想學會不帶一點怒氣去作戰。

智慧沙：

情緒不能自控一旦成了習慣，就會使人精神錯亂，還談什麼取勝之道。一流的劍術通常是心態的修練。因為，心態的修練要難於劍術的修練。

3．成功從脫鞋開始

四十年前，前蘇聯宇航員加加林乘坐「東方」號太空船進入太空遨遊了一〇八分鐘，成爲世界上第一位進入太空的宇航員。加加林能在二十多名宇航員中脫穎而出，起決定作用的是一個偶然事件。

原來，在確定人選前一個星期，主設計師羅廖夫發現：在進入飛船前，只有加加林一人脫下鞋子，只穿襪子進入座艙。就是因爲這個細節，加加林一下子贏得了主設計師的好感。羅廖夫感到這個二十七歲的青年如此懂得規矩，又如此珍愛自己爲之傾注心血的飛船，於是他決定讓加加林執行這次飛行。

智慧沙：

成功從脫鞋開始。脫鞋雖然是小事，但小事卻能折射出一個人的品質和敬業精神。這正是培養好習慣的關鍵。

4・最要緊的是膽大心細

有位醫學院的教授，在上課的第一天對他的學生說：「當醫生，最要緊的就是膽大心細！」說完，他便將一隻手指伸進桌上的一杯尿液裡，再把手指放進自己的嘴中，接著又將那杯尿液遞給學生，要學生照著做。

看著每個學生都忍著嘔吐，把探入尿杯的手指塞進嘴裡，教授笑嘻嘻地說：「不錯，你們每個人都夠膽大，只可惜不夠心細，沒有注意我探入尿杯的是食指，放進嘴裡的卻是中指啊！」

智慧沙：

一個細節的疏忽可能導致你在競爭中失敗。想要完成天下大事，就必須注意細枝末節。細節見證品質，細節決定成敗。

5・從財產中先選擇一項

有個富翁得了重病，已經無藥可救，而他的獨生子此刻卻遠在異鄉。他知道自己死期將近，但又害怕貪婪的僕人侵佔財產，便立下一份令人不解的遺囑：「我的兒子僅可從財產中先選擇一項，其餘的皆送給我的僕人。」富翁死後，僕人便歡歡喜喜地拿著遺囑去尋找主人的兒子。

富翁的兒子看完了遺囑，想了想，就對僕人說：「我決定選擇一樣，就是你。」聰明的兒子立刻得到了父親所有的財產。

智慧沙：

射人先射馬，擒賊先擒王。把握住成功的關鍵，就會收到事半功倍的效果。在做任何事情之前，先想一想事情的原委，你就可以清醒的行動了。

6・完美藏於細節

有一次，友人拜訪米開朗基羅，看見他正爲一個雕像做最後的修飾。然而過了一段日子，友人再度拜訪，仍看見他在修飾那尊雕像。

友人責備他說：「我看你的工作一點進展都沒有，你動作太慢了。」

米開朗基羅說：「我花許多時間在整修雕像，例如，讓眼睛更有神，膚色更美麗，某部分肌肉更有力等等。」

友人說：「這些都只是一些小細節啊！」

米開朗基羅說：「不錯！這些都是小細節，不過把所有的小細節都處理妥當，雕像就變得完美了！」

智慧沙：

人們追求完美，因為完美的人、事、物少之又少，於是就去創造完美，而完美在哪裡呢？它藏於細節。越是追求完美的人越是在意細節的人。細節，不容忽視。

7·且慢下手

大多數的同仁都很興奮，因爲公司調來了一位新主管，據說是個能人，專門被派來整頓業務。可是日子一天天過去了，新主管卻毫無作爲，每天只是彬彬有禮地進入辦公室，然後就躲在裡面難得出門，使得那些本來緊張得要死的壞份子愈來愈猖獗。

「他哪裡是個能人嘛！根本是個老好人，比以前的主管更容易唬！」

四個月過去了，就在眞正努力工作的人爲新主管感到失望時，新主管卻發威了——壞份子一律開除，眞正努力工作的人則獲得晉升。下手之快，斷事之準，與四個月來表現保守的他，簡直像是換了個人。

年終聚餐時，新主管在酒過三巡之後致詞：

「相信大家對我新到任期間的表現，和後來的大刀闊斧，一定感到不解，現在聽我說個故事，各位就明白了：

我有位朋友，買了棟帶著大院的房子，他一搬進去，就將那院子全面整頓，雜草樹木一律清除，改種自己新買的花卉。某日原屋主來訪，進門竟大吃一驚的問：『那最名貴的牡丹跑到哪裡去了？』我朋友這時才發現，他竟然把牡丹當草給鏟了。

後來他又買了一棟房子，雖然院子更雜亂，但他卻按兵不動，果然冬天以爲是雜樹的植物，春天裡開了繁花；春天以爲是野草的植物，夏天裡成了錦簇；半年都沒有動靜的小樹，秋天居然紅了葉。直到暮秋，他才眞正認清哪些是無用的植物而大力剷除，並使所有珍貴的草木得以保存。」

說到這兒，主管舉起杯來：「讓我敬在座的每一位，因爲如果這間辦公室是個花園，你們就都是園裡的珍木，珍木不可能一年到頭開花結果，只有經過長期的觀察才認得出啊！」

智慧沙：

且慢下手。珍木不可能一年到頭開花結果，只有經過長期的觀察才認得出；人的心靈也不可能在一兩天就呈現出來，要用時間去驗證你的猜度，而不是用你的感情。

8．成敗五塊錢

五十多年前，一個中國青年隨著「闖南洋」的大軍來到馬來西亞，當他站在這片土地上時，口袋只剩下五塊錢。

爲了生存，他在這片土地上爲橡膠園主割過橡膠，採過香蕉，爲小飯店端過盤子……，誰也不會想到，就是這樣一個年輕人，五十年後，他成了馬來西亞的一位億萬富翁。

很多人試圖找到他成功的秘密所在，但他們發現，他所擁有的機會跟大家都是一樣的，唯一的區別可能是：他敢於冒險。他可以在賺到十萬元的時候，把這十萬元全部投入新的行業當中。這在那個動盪的投資環境中，一般人是很難做到的。他就是馬來西亞巨亨謝英福，他的創業史被馬來西亞人津津樂道。

馬來西亞首相馬哈蒂爾也熟知他。當時，馬來西亞有一家國營鋼鐵廠經營不景氣，虧損高達一．五億元。首相找到他，請他擔任公司總裁，並設法挽救該工廠。

他爽快地答應了。在別人看來，這是一個錯誤的決定，因爲鋼鐵廠積重難返，生產設備落後，員工凝聚力渙散。這是一個巨大的黑洞，無法用金錢填平。

謝英福卻坦然面對媒體，說：「當年來到馬來西亞時，我口袋只有五塊錢，這個國家令我成功，現在是我報效國家的時候。如果我失敗了，那就等於損失了五塊錢。」

年近六旬的他從豪華的別墅裡搬了出來，來到了鋼鐵廠，在一個簡陋的宿舍辦公，他象徵性的工資是馬來西亞幣一元。三年過去了，企業轉虧爲盈，盈利達一．三億港元，而他也成爲東南亞鋼鐵巨頭。他又成功了，贏得讓人心服口服。

謝英福面對成功，笑著說：「我只是撿回了我的五塊錢。」

智慧沙：

當一個商人無視金錢得失，以德回報社會時，初看是愚蠢，其實是大智大勇大善，最終必成大家。

9．一枚金幣的推銷術

在法國一個城市的偏僻小巷裡，人們擁擠得水洩不通。只見一位五十多歲的男子拿出一瓶強力膠水及一枚金幣，然後在金幣的背後輕輕塗上一層薄薄的膠水，再貼到牆上。不久，一個接一個的人都來碰運氣，看誰能揭下牆上那枚價值五千法郎的金幣。

小巷裡人來來往往，最終沒有人能拿下那枚金幣，金幣仍幣牢牢地粘在牆上。

原來，那男子是個老闆，由於他的商店位置偏僻，生意不景氣，他便想出了一個奇妙的廣告辦法：用出售的膠水把一枚價值五千法郎的金幣粘在牆上，誰揭下，那枚金幣就歸誰。

那天，沒有人拿下那枚金幣，但是，大家都認識了一種強力膠水。從此，那家商店的膠水供不應求。

智慧沙：

一個好點子可以拯救一個企業，這就是創意和策劃的價值。

10．一加一可以大於二

一個猶太人如此教導兒子：「我們唯一的財富就是智慧，當別人說一加一等於二時，你就應該想到大於二。」

一九七四年，美國政府爲了清理給自由女神像翻新而產生的大堆廢料，向社會廣泛招標。但好幾個月過去了，沒有人應標，因爲在紐約州，垃圾處理有嚴格的規定，弄不好會受到環保組織的起訴。

猶太人的兒子當時正在法國旅行，聽到這個消息，立即終止了休假，飛往紐約。看過自由女神像下堆積如山的銅塊、螺絲和木料後，他一言不發，立即與政府部門簽下了協定。

消息傳開後，紐約的許多運輸公司都在偷笑，他的許多同僚也認爲廢料回收吃力不討好，能回收的資源價值也有限，這一舉動實乃愚蠢之極。

當這些人在看笑話的時候，他已經開始召集工人對廢料進行分類。他讓人把廢銅熔化，鑄成小自由女神像，舊木料則加工成底座，廢銅、廢鋁的邊角料則做成紐約廣場的鑰匙，他甚至把從女神像身上掃下來的灰塵都包裝起來，出售給花店。

這些廢銅、邊角料、灰塵都以高出它們原來價值的數倍乃至數十倍賣出，且供不應求。不到三個月時間，他已讓這堆廢料變成了三五〇萬美元，每磅銅的價格整整翻了一萬倍。

智慧沙：

商業化的社會永無等式可言，當你抱怨生意難做時，也許有人正在因點鈔票而累得氣喘吁吁呢。這裡面的奧妙在於：你認為一加一等於二，而他則堅持一加一大於二。

輯04 管好你的嘴

一、力圖說真話；二、不能說真話，則保持沈默；三、無權保持沈默而不得不說假話時，不應傷害他人。

——錢理群關於「說話的三條底線」

1．給別人一點機會

妻子正在廚房炒菜。丈夫在她旁邊一直嘮叨不停：「慢些。小心！火太大了。趕快把魚翻過來。快鏟出來，油放太多了！把豆腐整平一點。哎唷，鍋子歪了！」

「請你住口！」妻子脫口而出：「我知道怎麼炒菜！」

「你當然懂，太太，」丈夫平靜地答道：「我只是要讓你知道，我在開車時，你在旁邊喋喋不休，我的感覺如何！」

智慧沙：

學會體諒他人並不難，只要你願意給別人一點機會——認真地站在對方的角度上看問題，多為別人考慮一點。

2．用三個篩子篩一下

有個人急急忙忙地跑到一位哲人那兒，說：「我有個消息要告訴你……。」

「等一等，」哲人打斷了他的話，「你要告訴我的消息，用三個篩子篩過了嗎？」

「三個篩子？哪三個篩子？」那人不解地問。

「第一個篩子叫眞實。你要告訴我的消息，確實是眞的嗎？」

「不知道，我是從街上聽來的。」

「現在再用第二個篩子審查吧。」哲人接著說：「你要告訴我的消息就算不是眞實的，也應該是善意的吧。」

那人躊躇地回答：「不，剛好相反。」

哲人再次打斷他的話：「那麼我們再用第三個篩子，請問，使你如此激動的消息很重要嗎？」

「並不怎麼重要。」那人不好意思地回答。

哲人說：「既然你要告訴我的事，既不眞實，也非善意，更不重要，那麼就請你別說了吧！這樣的話，它就不會困擾你和我了。」

智慧沙：

平時著急告訴別人事情之前，不妨也先用「真實、善意、重要」這三個篩子篩一下。生活中，很多話其實根本不必說，也不用說。當你管好了自己的嘴，你也能管好自己的生活。

3・你能保密嗎

羅斯福當海軍助理部長時，有一天一位好友來訪。談話間，朋友問及海軍在加勒比海某島建立基地的事。

「我只要你告訴我，」他的朋友說：「我所聽到的有關基地的傳聞是否確有其事。」

這位朋友要打聽的事在當時是不便公開的，但是好朋友相求，該如何拒絕是好呢？只見羅斯福望了望四周，然後壓低嗓子向朋友問道：「你能對不便外傳的事情保密嗎？」

「能。」好友急切地回答。

「那麼，」羅斯福微笑著說：「我也能。」

智慧沙：

在任何時候，你都不能指望別人就某事守口如瓶。你可以對好朋友說，他也會同樣地對他的好朋友說，唯一的解決辦法就是「打死我也不說」。

4・不失信於人

一個商人臨死前告誡自己的兒子：「如果你想把生意做大做成功，一定要記住兩點：守信和聰明。」

「什麼叫守信呢？」焦急的兒子問道。

「如果你跟別人簽約，簽字後你才發現你將因這份合約而傾家蕩產，那麼你也得照約履行。」

「那什麼叫聰明呢？」

「不要簽這份合約！」

智慧沙：

謹慎對待你的諾言——既然許下諾言，無論刀山火海都不能反悔，你不能言而無信。不要輕易向人承諾——絕不輕易向人許諾你可能辦不到的事，這是不失信於人的最好方法。

5．寬容和讚賞的力量

一位參加美國公共關係卡內基訓練班的學員，把寬容的原理運用到自己的家庭，使得家庭關係十分融洽。

一天，妻子請他講出自己的六條缺點，以便成爲更好的妻子。這位學員想了想說：「讓我想一想，明天早晨再告訴你。」

第二天一大早，學員來到鮮花店，請花店送六朵玫瑰給妻子，並附上一個紙條：「我實在想不出你需要改變的六個缺點，我就愛你現在這個樣子。」

當這位學員晚上回到家時，妻子站在門口迎接他，她感動得幾乎要流淚。從此，他認識到寬容和讚賞的力量。

智慧沙：

當你寬恕別人的時候，你就不會感到自己和別人站在敵對的位置。你寬恕別人，別人才有可能會原諒你。這是千古不變的道理。

6．給予他人讚美吧

有間理髮室，裡面有兩個師傅負責設計髮型，一個小學徒專門洗頭。老實說，很多人都同情那個瘦小的學徒，看得出她很想學髮型設計，但由於工作繁雜，加上兩位師傅態度冷淡，她只能默默地在肥皂泡沫中消磨她可憐的青春。

有一天，機會來了。新年前的一個月，兩個師傅要求加薪不遂，一起辭職，一時請不到人，老闆除了親自上陣外，還給小學徒進行「速成訓練」，另外再請個小工負責洗頭。

來理髮的人把這一切看在眼裡，一日，踏入店內，特地指定小學徒來吹頭髮，小學徒受寵若驚，拿著吹風機的手在微微發抖。吹理一個小時後，來理髮的人朝鏡子一望，哎呀，那髮型硬梆梆的，好似戴了一頂不合時宜的帽子，但是瞥見小學徒侍立一旁，眼巴巴地望著他，於是來理髮的人露了個笑容，說：「梳得真不錯呀，謝謝你！」

這個「善意的謊言」給這位少女帶來了自信心。再去時，來理髮的人依然指定由她吹理，小學徒臉上有笑，雙手不抖，吹理梳弄，極有韻致。照向鏡子時，來理髮的人不由得真心誠意地說道：「你吹得實在很好哩！」

小學徒臉若鮮花，燦然生輝。

智慧沙：

雖然只有一句話，可在被讚美者的心裡卻是一種很大的力量，他會重新鼓起自己生活的勇氣，他會因這句讚美之詞而變得更加自信、完美和堅強。給予他人讚美吧，雖然這是多麼的微不足道！

7·你要支付雙倍學費

有一個年輕人向大哲學家蘇格拉底請教演講術。爲了表示自己有好口才，他滔滔不絕地講了許多話。

最後，蘇格拉底要他繳納雙倍的學費。

那年輕人驚訝地問道：「爲什麼要我加倍呢？」

蘇格拉底說：「因爲我得教你兩樣功課，一是怎樣閉嘴，另外才是怎樣演講。」

智慧沙：

對這種似懂非懂，對演講技巧一竅不通而又自作聰明的人來說，教起來只會更費勁。成功的演講家，應該是有張有合的。該講的則講，不該講的則不講；該點的則點，點到即止，恰到好處。

8．保護別人的積極性

有一位表演大師上場前，他的弟子告訴他鞋帶鬆了。大師點頭致謝，蹲下來仔細繫好。等到弟子轉身後，又蹲下來將鞋帶鬆開。

有個旁觀者看到了這一切，不解地問：「大師，您爲什麼又要將鞋帶鬆開呢？」

大師回答道：「因爲我飾演的是一位勞累的旅者，長途跋涉讓他的鞋帶鬆開，可以通過這個細節表現他的勞累憔悴。」

「那您爲什麼不直接告訴您的弟子呢？」

「他能細心地發現我的鞋帶鬆了，並且熱心地告訴我，我一定要保護他這種關注細節的積極性，及時給他鼓勵，至於爲什麼要將鞋帶解開，將來會有更多的機會教他表演，可以下一次再說啊。」

智慧沙：

你可以不採納別人的建議，但你不能拒絕別人對你的真誠。也許別人的忠告是錯誤的，但為了鼓勵他的熱情，你還是要給予部分的肯定。

9．有理不在聲高

在一家餐館裡，一位顧客粗聲大氣地嚷著：「小姐！你過來！你過來！」他指著面前的杯子，滿臉怒氣地說：「看看！你們的牛奶是劣質的吧，你看！都把這杯紅茶給糟蹋了！」

「眞對不起！」服務小姐笑道：「我立刻給您換一杯。」

新紅茶很快端來了。茶杯跟前仍放著新鮮的檸檬和牛奶。小姐把紅茶輕輕放在顧客的面前，又輕聲地說：「我是不是能向您建議，如果在茶裡放檸檬，就不要加牛奶，因爲有時候檸檬會造成牛奶結塊。」顧客的臉一下就紅了。他匆匆喝完茶，走了出去。

有人笑著問服務小姐：「明明是他沒理，你爲什麼不直說呢？他那麼粗魯地叫你，你爲什麼不給他一點顏色瞧瞧？」

服務小姐說：「正因爲他粗魯，所以要用婉轉的方式對待；正因爲道理一說就明白，所以用不著大聲。理不直的人，常用『氣壯』來壓人。理直的人，要用『氣和』來交朋友！」

客人們都佩服地點頭笑了，對這家餐館也增加了許多好感。

智慧沙：

有理不在聲高。「理直氣和」往往比「理直氣壯」要收到更好的處事效果。

10．過分的修飾適得其反

有個秀才去買柴，他對賣柴的人說：「荷薪者過來！」賣柴的人聽不懂「荷薪者」（擔柴的人）三個字，但是聽得懂「過來」兩個字，於是把柴擔到秀才前面。

秀才問他：「其價如何？」賣柴的人聽不太懂這句話，但是聽得懂「價」這個字，於是就告訴秀才價錢。

秀才接著說：「外實而內虛，煙多而焰少，請損之（你的木材外表是乾的，裡頭卻是濕的，燃燒起來，會濃煙多而火焰小，請減些價錢吧）。」

賣柴的人因爲聽不懂秀才的話，於是擔著柴走了。

智慧沙：

平時最好用簡單的語言、易懂的言詞來傳達訊息，而且對於說話的對象、時機要有所掌握。有時，過分的修飾反而達不到想要完成的目的。

11．你真的懂了嗎

一天，美國知名主持人林克萊特訪問一名小朋友：「你長大後想要當什麼？」

小朋友天眞地回答：「嗯……，我想要當飛機的駕駛員！」

林克萊特接著問：「如果有一天，你駕駛的飛機飛到太平洋上空，所有引擎都熄火了，你該怎麼辦？」

小朋友想了想：「我會先告訴坐在飛機上的人綁好安全帶，然後我掛上我的降落傘跳出去。」

當在場的觀衆笑得東倒西歪時，林克萊特繼續注視著這孩子，想看他是不是自作聰明的傢伙。沒想到，這孩子的兩行熱淚竟奪眶而出，使得林克萊特發覺這孩子的悲憫之情遠非筆墨所能形容。

於是林克萊特問他說：「爲什麼要這麼做？」

小孩的答案透露出一個孩子眞摯的想法：「我要去拿燃料，我還要回來！」

智慧沙：

當你聽到別人說話時，你真的聽懂他說的意思了嗎？如果不懂，就請聽別人說完吧，這就是聽的藝術：聽話不要聽一半；不要把自己的意思，提前放到別人所說的話前面。

12．你掃的地真乾淨

韓國某大型公司的一個清潔工，本來是一個最被人忽視、最被人看不起的角色，但就是這樣一個人，在一天晚上，與偷竊公司保險箱的小偷進行了殊死搏鬥。

事後，有人爲他請功並詢問他的動機，答案卻出人意料。他說，當公司的總經理從他身旁經過時，總是會不時地讚美他：「你掃的地眞乾淨。」

智慧沙：

打動人最好的方式就是真誠的欣賞和善意的讚許。士為知己者死。世上有兩件東西比金錢和性命更為人們所需，那就是認可與讚美。

13．把別人說得動心且歡喜

一名風濕病患者來到著名的溫泉，詢問經理：「這裡的泉水是否眞的對身體有益？洗過溫泉浴會覺得好些嗎？」

經理說：「要我舉一個例子嗎？」

「去年夏天來了位老人，身體僵硬得只能坐輪椅。他在這裡住了一個月，沒付帳就自己騎自行車溜了。」

結果，患者信服的留了下來。

智慧沙：

把別人說得動心且滿心歡喜，正如同「金蘋果掉在金網上」那麼寶貴。話不在多，在於恰到好處，言不一定及意，但要恰當。

輯05 沒有任何藉口

人生和球場都是舞台，當需要你演出的時候，就應該盡全力。

——中國大陸足球總教練米盧

1．年紀與成功無關

春秋時代，晉國的國君平公有一天對一個名叫師曠的著名樂師說：「我已經是七十歲的人了，想再學習恐怕太晚了吧？」

師曠是個聰明人，他故意問：「晚了，那怎麼不趕快把蠟燭點起來呢？」

晉平公認爲師曠很不禮貌，生氣地說：「我跟你講正經事，你怎麼能開玩笑呢？」

師曠就認眞地對他說：「我聽人家說過，少年時期就刻苦好學的人，好像早晨的太陽，前途無量；壯年時期開始刻苦學習的人，好像烈日當空，雖然只有半天，可是銳氣正盛；老年時期才開始刻苦學習的人，好像蠟燭的光，雖然遠遠比不上太陽，但是比在黑暗中瞎碰亂撞，可要好上多少倍！」

晉平公聽了，連連點頭稱是。

智慧沙：
有志不在年高，活到老，學到老。只要有目標、有恆心、有信心、有決心，年紀與成功是無關的。

2．努力應該趁早

有一個國家打勝仗後，大擺筵席慶功行賞。

國王對王子說：「孩子，我們勝利了，可惜你沒有立功。」

王子遺憾地說：「父王，你沒有讓我到前線去，叫我如何立功呢？」

有一位大臣連忙安慰說：「王子，你才十八歲，以後立功的機會還多著呢。」

王子對國王說：「請問父王，我還能再有一次十八歲嗎？」

國王很高興地說：「很好，孩子，就以這句話，你已經立了大功了。」

智慧沙：
光陰一去不復返，努力應該趁早。既然要與眾不同，就要趕緊努力，不要老是說「太忙了」、「太累了」這些看似合理但沒有任何意義的藉口。

3．把斧頭賣給總統

二〇〇一年五月二十日，美國一位名叫喬治．赫伯特的推銷員，成功地把一把斧頭推銷給了小布希總統。

一位記者採訪了他，他是這樣說的：「我在一開始就認為，把一把斧頭推銷給小布希總統是完全可能的。因為，布希總統在德克薩斯州有一農場，裡面種了許多樹。於是我寫了一封信給他。信的內容是這樣的：

有一次，我有幸參觀您的農場，發現裡面種了許多矢菊樹，有些已經死掉，木質已變得鬆軟。我想，您一定需要一把小斧頭，但從您現在的體質來看，這種小斧頭顯然太輕，因此您仍需要一把不甚鋒利的老斧頭。而我現在正好有一把這樣的斧頭，很適合砍伐枯樹。倘若您有興趣，請按這封信所留的信箱，給予回覆……。」

最後，小布希總統就給這位推銷員匯去了十五美元。

智慧沙：

一切皆有可能。有時候，不是因為有些事情難以做到，我們才失去信心；而是因為我們失去了信心，事情才顯得難以做到。

4．因為用心，所以加薪

有兩個好朋友同時受僱於一家超市。開始時大家都一樣，從基層做起。可不久後其中的一個受到總經理的青睞，一再被提升，從領班一直到部門經理。另一個則像被遺忘了一般，還在基層「混」。終於有一天這個被遺忘的人忍無可忍，向總經理提出辭呈，並痛斥總經理狗眼看人——辛勤工作的人不提拔，倒提拔那些吹牛拍馬的人。

總經理耐心地聽著，他瞭解這個小夥子工作肯吃苦，但似乎缺了點什麼。缺什麼呢？三言兩語說不清楚，說清楚了他也不服，看來……。他忽然有了個主意。

「小夥子，你馬上到集市上去看看今天有賣什麼。」總經理說。

這個人很快從集市上回來說：「剛才集市上只有一個農夫拉了車在賣馬鈴薯。」

「一車大約有多少袋？」總經理問。

他又跑去，回來後說有四十袋。

「價格是多少？」他再次跑到集市上。

總經理望著跑得氣喘吁吁的他說：「請休息一會兒吧，看看你的朋友是怎麼做的。」說完，總經理叫來他的朋友，並對他說：「你馬上到集市上去看看今天有賣什麼。」

他的朋友很快從集市上回來了，匯報說到現在為止只有一個農夫在賣馬鈴薯，有四十袋，品質很好，價格適中。他帶回幾個馬鈴薯讓總經理看，還提了一些建議：「這個農夫待會兒還要帶幾箱番茄上市，價格還算公道，超市可以購進一些。」也許想到這種價格的番茄總經理大概會購進，所以他不僅帶回來幾個番茄作樣品，而且還把那個農夫也帶來了，農夫正在外面等回話呢。

總經理看了一眼在一旁紅了臉的小夥子，說：「這就是你朋友得到晉升的原因。」

智慧沙：

因為用心，所以加薪。像這樣認真工作的小夥子，哪個公司不願意僱用呢？所以，想要加薪，那就比別的工作夥伴多用點心思吧！

5．你準備朝哪個方向走

白龍馬隨唐僧西天取經歸來，一鳴天下，被譽為「天下第一名馬」，衆馬羨慕不已。於是很多想要成功的馬，都跑來找白龍馬，問牠為什麼自己這樣努力卻一無所獲？

白龍馬說：「其實我去取經時大家也沒閒著，甚至比我還忙還累。我走一步，你們也走一步，只不過我目標明確，十萬八千里我走了個來回，而你們卻在磨坊原地踏步而已。」

衆馬愕然。

智慧沙：

成功不在於你身在何處，而在於你朝著哪個方向走，並且能夠堅持下去。沒有明確的目標，永遠不會到達成功的彼岸。

6．你用不著跑在別人後面

理查．派迪是運動史上贏得獎金最多的賽車選手。有一個情景對他的成功影響很大，那就是第一次賽完車，他回來向母親報告賽車結果：

「媽！」他衝進家門口叫道：「有三十五輛車參加比賽，我跑第二。」

「你輸了！」他母親回答道。

「但，媽！」他抗議道：「您不認為我第一次就跑個第二是很好的事嗎？特別是這麼多輛車參加比賽。」

「理查！」她嚴厲道：「你用不著跑在任何人後面！」

接下來二十年中，理查．派迪稱霸賽車界。他的許多項紀錄到今天還保持著，沒被打破。他從未忘記他母親的話：「理查，你用不著跑在任何人後面！」

智慧沙：

用不著跑在任何人後面。也只有你從內心決定要做第一名，你才會全力以赴，取得一流的成績。

7．既然事情已成定局

連續幾天的傾盆大雨仍沒有停，一個人站在院子中央，指著天空大罵：「你這糊塗、不長眼睛的老天，下這麼多雨可把我給害慘了。屋頂漏了，衣服濕了，糧食潮了，柴火濕了……，我倒楣你有好處嗎，還不停，還不停，還不停……。」

這時，鄰居出來對他說：「你罵得這麼來勁，連自己被雨淋都不怕，老天一定會被你氣死，再也不敢隨便下雨了。」

「哼，祂能聽到就好了，可是實際上一點用都沒有。」罵天者氣呼呼地回答。

「既然如此，那你爲什麼還在那兒白費勁呢？」鄰居問。罵天者語塞了。

鄰居繼續說：「與其在這兒罵老天，不如先修好屋頂，再向我借些柴火，烘乾衣服，烘乾糧食，在屋裡做些平時沒空做的事。」

智慧沙：
既然事情的結果已成定局，不如默默地承受就好了。如果沒有能力去支配別人，不如一心一意地支配自己就好了。

8．按自己的曲子跳舞

有個人一直想追求快樂、幸福、充實和滿足，為此，他總是緊隨潮流，當別人有手機的時候，他立刻就買，當別人有轎車的時候，他也不甘落後，馬上開了屬於自己的小轎車。凡此種種，但他仍不快樂，也感覺不到絲毫的幸福和滿足。鬱鬱寡歡的他為了擺脫這種情緒，決定出門旅行。

有一天，他來到一個很偏僻的少數民族村落，這裡相對封閉，沒有多少現代化的東西。可是，他發現村民們卻活得非常快樂。一到晚上，人們吃完晚飯，就在一片空地上點起篝火，樂師們彈起他們心愛的樂器，男女老少一起載歌載舞，直到盡興才歸。從他們的神態中，看不到一絲一毫的憂愁，你所能感受到的除了快樂，還是快樂。他們有什麼值得快活的資本呢？他百思不得其解。

一天晚上，在村民們跳舞的空檔，他與一位年長的樂師攀談，他問樂師：「為什麼你們總是那麼快樂？」老樂師聽了他的話並沒有馬上回答，而是彈起一首古老的曲子。老樂師對他說：「年輕人，你來跳舞吧，但是你一定要記住，不論我彈什麼曲子，你都不要受我的影響，而是要學會按照你自己心中的那支曲子跳舞。我相信你會找到答案的。」

就這樣，他真的跳了起來，雖然他跳得很累，而且沒有受樂曲的一點影響，但是不知怎麼回事，一場舞跳下來，他卻很輕鬆、很愜意，那是一種他從來也沒有感受過的快樂。而就在他靜下來的那一剎那，他心中突然一亮：老樂師真是高人，原來他是在告訴自己，一個人如果想要獲得真正

的快樂，那就必須按自己的曲子跳舞。

智慧沙：

別人所要的，並不一定是自己所要的，而自己所要的，哪怕是別人一時不能理解的，只要能給自己帶來真正的快樂，就要堅持。按自己的曲子跳舞，鍥而不捨地向自己的目標挺進。

9．誠信是做人的根本

早年，尼泊爾的喜馬拉雅山南麓很少有外國人涉足。後來，許多日本人到這裡觀光旅遊，據說是源於一位少年的誠信。

一天，幾位日本攝影師請當地一位少年代買啤酒，這位少年為此跑了三個多小時。第二天，這個少年又自告奮勇地要幫他們買啤酒。這次攝影師們給了他很多錢，但直到第三天下午這個少年都還沒回來，於是攝影師們議論紛紛，都認為這個少年把錢騙走了。

可是在第三天夜裡，這個少年卻敲開了攝影師的門。原來，他只購得四瓶啤酒，爾後，他又翻了一座山，越過一條河，才購得另外六瓶，但返回時摔壞了三瓶。他哭著拿著玻璃碎片，向攝影師交回零錢，在場的人無不動容。

這個故事使許多外國人深受感動。後來，到這兒的遊客就越來越多……。

智慧沙：

誠信是做人的根本，大凡有所成就的人都會視誠信如生命。在他們看來，誠信既是一種無形的力量，也是一種無形的財富。

10·堅持下去，方法正確，你就能成功

一個暴風雨的日子，有一個窮人到富人家討飯。

「滾開！」僕人說：「不要來打擾我們。」

窮人說：「只要讓我進去，在你們的火爐上烤乾衣服就行了。」

僕人以爲這不需要花費什麼，就讓他進去了。

這個窮人，這時請求廚娘給他一個小鍋，以便他「煮石頭湯喝」。

「石頭湯？」廚娘說：「我想看看你怎麼用石頭做成湯。」於是她就答應了。

窮人於是到路上揀了塊石頭洗淨後放在鍋裡煮。

「可是，你總得放點鹽吧。」廚娘說，她得給他一些鹽，後來又給了他豌豆、薄荷、香菜。最後，又把能收拾到的碎肉末都放在湯裡。

後來，這個窮人就把石頭撈出來扔掉，然後美好地喝了一鍋肉湯。

智慧沙：

如果這個窮人對僕人說：「行行好吧！請給我一鍋肉湯。」會有什麼結果呢？因此，運用自己獨特的方法，你就能成功。

11．幫助別人獲得成功

兩個釣魚高手一起到魚池垂釣。兩人各憑本事，一展身手，不久，兩人皆大有收穫。

忽然間，魚池附近來了十多名遊客。看到這兩位高手輕輕鬆鬆就把魚釣上來，不免感到幾分羨慕，於是都到附近買了釣竿來試試自己的運氣。

沒想到，這些不擅此道的遊客，怎麼釣也毫無成果。

話說那兩位釣魚高手，兩人個性根本不同。其中一人孤僻而不愛搭理別人，單享獨釣之樂；而另一人卻是個熱心、豪放、愛交朋友的人。

愛交朋友的這位高手，看到遊客釣不到魚，就說：「這樣吧！我來教你們釣魚，如果你們學會了我傳授的訣竅，而釣到一大堆魚的話，每十尾就分給我一尾。不滿十尾就不必給我。」雙方一拍即合，欣然同意。

教完這一群人，他又到另一群人中，同樣也傳授釣魚術，依然要求每釣十尾回饋給他一尾。

一天下來，這位熱心助人的釣魚高手，把所有時間都用於指導垂釣者，獲得的竟是滿滿一大籮筐的魚，還認識了一大群新朋友，同時，左一聲「老師」，右一聲「老師」，備受尊崇。

同來的另一位釣魚高手，卻沒享受到這種服務人們的樂趣。當大家圍繞著其同伴學釣魚時，那人更顯得孤單落寞。悶釣一整天，檢視竹簍裡的魚，收穫卻遠沒有同伴的多。

智慧沙：

當你幫助別人獲得成功——釣到大魚之後，自然在助人為樂之餘，也會得到相應的回饋。

輯06 當上帝說不的時候

沒有天生的強者，一個人只有站在懸崖邊時才會真正堅強起來。

——武田麻弓《抗爭》

1．只要我們始終相信

在一次火災中，一個小男孩被燒成重傷。雖然經過醫院全力搶救脫離了生命危險，但他的下半身還是沒有任何知覺。醫生悄悄地告訴他的媽媽，這孩子以後只能靠輪椅度日了。

一天，天氣十分晴朗。媽媽推著他到院子裡呼吸新鮮空氣，然後有事離開了。一股強烈的衝動從男孩的心底湧起：我一定要站起來！他奮力推開輪椅，然後拖著無力的雙腿，用雙肘在草地上匍匐前進，一步一步地，他終於爬到了籬笆牆邊。

接著，他用盡全身力氣，努力抓住籬笆牆站了起來，並且試著拉住籬笆牆向前行走。沒走幾步，汗水從額頭滾滾而下，他停下來喘口氣，咬緊牙關又拖著雙腿再次出發，直到籬笆牆的盡頭。

就這樣，每一天男孩都要抓緊籬笆牆練習走路。可一天天過去了，他的雙腿仍然沒有任何知覺。他不甘心困於輪椅的生活，一次次握緊拳頭告訴自己：未來的日子裡，一定要靠自己的雙腿來行走。

終於在一個清晨，當他再次拖著無力的雙腿緊拉著籬笆行走時，一陣鑽心的疼痛從下身傳了過來。那一刻他嚇呆了。他一遍又一遍地走著，盡情享受著別人避之唯恐不及的鑽心般的痛楚。

從那以後，男孩的身體恢復得很快。先是能夠慢慢地站起來，扶著籬笆走上幾步。漸漸地他便可以獨力行走了，最後一天，他竟然在院子裡跑了起來。自此，他的生活與一般的男孩子再無兩樣。到他讀大學時，他還被選進了學校田徑隊。

他就是葛林．康漢寧博士，他曾跑出全世界最好的短跑成績。

智慧沙：

很多時候，一些看似不可能的事情，只要我們始終相信，並且勇於探索、實踐，我們的夢想就會變成現實。

2．什麼會讓你失去一切

在美國紐約，有一位年輕的員警叫亞瑟爾。在一次追捕行動中，亞瑟爾被歹徒用衝鋒槍射中左眼和右腿膝蓋。三個月後，從醫院裡出來時，他完全變了個樣：一個曾經高大魁梧、雙目炯炯有神的英俊小夥子現已成了一個又跛又瞎的殘疾人。

這時，紐約有線電台記者採訪了他，問他以後將如何面對現在遭受到的厄運。他說：「我只知道歹徒現在還沒有被抓獲，我要親手抓住他！」記者看到，他那隻完好的右眼裡透射出一種令人顫慄的憤怒之光。

從那以後，亞瑟爾不顧任何人的勸阻，參與了抓捕那個歹徒的無數次行動。他幾乎跑遍了整個美國，甚至有一次爲了一個微不足道的線索，獨自一人乘飛機去了歐洲。

九年後，那個歹徒終於被抓獲了。當然，亞瑟爾起了非常關鍵的作用。在慶功會上，他再次成了英雄，許多媒體稱讚他是全美最堅強、最勇敢的人。但是沒多久，亞瑟爾卻在臥室裡割脈自殺了。在他的遺書中，人們讀到了他自殺的原因：

這些年來，讓我活下去的信念就是抓住兇手。現在，傷害我的兇手被判刑了，我的仇恨被化解了，生存的信念也隨之消失了。面對自己的傷殘，我從來沒有這樣絕望過……。

智慧沙：

失去一隻眼睛或一條健全的腿，都不要緊。但是，如果你失去了信念，你就失去了一切。

3．找到那把鋒利的斧頭

山裡住著一位以砍柴維生的樵夫。經過近一年的辛苦努力，他終於建成了一間可以遮風擋雨的木房子。有一天，他挑了砍好的木柴到城裡交貨，黃昏回家時，卻發現他的房子著了大火。

左鄰右舍都前來幫忙救火。但由於傍晚的風勢太大，大火還是沒有辦法被撲滅，一群人只能靜靜的呆在一旁，眼睜睜地看著熾烈的火焰吞噬掉整棟木屋。

當大火終於滅了的時候，人們看見這位樵夫手裡拿了一根棍子，跑進倒塌的屋裡不斷地翻找著什麼。圍觀的鄰人以為他正在翻找著藏在屋裡的珍貴寶物，所以都好奇地在一旁注視。過了半晌，樵夫終於興奮地叫著：「我找到了！我找到了！」

鄰人紛紛向前，這時才發現樵夫手裡捧著的是一片斧刀，根本不是什麼值錢的寶物。只見樵夫興奮地將木棍嵌進斧刀，充滿自信地說：「只要有這柄斧頭，我就可以再建一個更堅固耐用的家。」

智慧沙：

在你即將被再次打倒的時候，通常也是你離成功最近的時候。無論頭上是怎樣的天空，都要準備好承受任何強勁的風暴。

4．輕鬆滾落那顆小石子

有位商人欠了一個放高利貸的債主一筆巨款。那個又老又醜的債主，看上了商人青春美麗的女兒，便要求商人用女兒來抵債。商人和女兒聽到這個提議都十分恐慌。

狡猾偽善的高利貸債主故作仁慈，建議這件事聽從上天安排。他說，他將在空錢袋裡放入一顆黑石子和一顆白石子，然後讓商人女兒伸手摸出其一，如果她揀中的是黑石子，她就要成為他的妻子；如果她揀中的是白石子，她不但可以回到父親身邊，債務也一筆勾銷；但是，如果她拒絕探手一試，她父親就要入獄。

雖然不情願，商人的女兒還是答應試一試。當時，他們正在花園中鋪滿石子的小徑上。協定之後，高利貸債主隨即彎腰拾起兩顆小石子，放入袋中。但敏銳的少女突然察覺：兩顆小石子竟然全是黑的！

女孩不發一語，冷靜的伸手探入袋中，漫不經心似的摸出一顆石子。突然，手一鬆，石子便順勢滾落到路上的石子堆裡，分辨不出是哪一顆了。

「噢！看我笨手笨腳的，」女孩說道：「不過，沒關係，現在只需看看袋子裡剩下的這顆石子是什麼顏色，就可以知道我剛才選的那一顆是黑是白了。」

當然，袋子剩下的石子一定是黑的。惡債主既然不能承認自己的詭詐，也就只好承認她選中的是白石子。

智慧沙：

陽光總在風雨後。當我們陷入困境，若能心平氣和的隨機應變，就能變危機為有利，將煩惱和不快輕鬆化解。

5．等待三天

應邀訪美的女作家在紐約街頭遇見一位賣花的老太太。這位老太太穿著相當破舊，身體看上去很虛弱，但臉上滿是喜悅。女作家挑了一朵花說：「你看起來很高興。」

「爲什麼不呢？一切都這麼美好。」

「你很能承擔煩惱。」女作家又說。

然而，老太太的回答卻令女作家大吃一驚。「耶穌在星期五被釘在十字架上的時候，那是全世界最糟糕的一天，可三天後就是復活節。所以，當我遇到不幸時，就會等待三天，一切就恢復正常了。」

智慧沙：

人生並非盡是事事如意，總要伴隨幾多不幸，幾多煩惱。我們從來就不應該承認與生俱來的命運。遇到不幸時，等待三天，一切也許就會恢復正常了。

6・沒有退路時請相信自己

老教授和他的兩個學生準備進岩洞考察。岩洞在當地人的眼裡是一個「魔洞」，曾有大膽的人進去過，但都一去不復返。

隨身攜帶的計時器顯示著，他們在漆黑的岩洞裡走過了十四個小時，這時一個有半個足球場大小的水晶岩洞呈現在他們的面前。他們興奮地奔了過去，盡情欣賞、撫摸著那迷人水晶。

待激動的心情平靜下來之後，其中那個負責畫路標的學生忽然驚叫道：「我剛才忘記刻箭頭了！」他們再仔細看時，四周竟有上百個大小各異的洞口。那些洞口就像迷宮一樣，洞洞相連，他們繞了很久，始終沒能找到退路。

老教授在眾多洞口前默默地搜尋著，突然驚喜地喊道：「這兒有一個標誌！」他們決定順著標誌的方向走。老教授走在前面，每一次都是他先發現標誌的。終於，他們的眼睛被強烈的陽光刺疼了，這就意味著他們已經走出了「魔洞」。

這時，兩個學生竟像孩子似的掩面哭了起來，他們對老教授說：「如果沒有那位前人……。」而老教授倒是緩緩地從衣兜裡掏出一塊被磨去半截的石灰石遞到他倆面前，意味深長地說：「在沒有退路可言的時候，我們唯有相信自己……。」

智慧沙：

人生又何嘗不是一次離奇神秘的探險。面對人生的許多「魔洞」，我們不能怨天尤人、自暴自棄，唯有在心頭點燃一根承載希望的火柴，並義無反顧地走下去！

7．尋找滅頂的痛苦

有個國王和一個波斯奴隸同坐在一條船上。那個奴隸從來沒有見過海洋，也沒有嘗過坐船的艱辛。一路上他哭哭啼啼，顫慄不已。大家百般安慰，他仍繼續哭鬧。國王被他擾得不得安寧。大家始終想不出辦法來。

船上有一個哲學家說：「讓我試一試吧，我可以使他安靜下來。」

哲學家立刻叫人把那奴隸拋到海裡。奴隸在海裡掙扎了幾次，人們才抓住他的頭髮，把他拖到船邊。這時，奴隸用雙手死死地抱著船舵，直到被人們拖到船上。

奴隸上船以後，坐在一個角落裡，不再作聲。

國王很高興，開口問哲學家：「你這方法，奧妙何在？」

哲學家說：「以前他不知道滅頂的痛苦，便想不到穩坐船上的可貴。」

智慧沙：

一個人總要經歷過憂患才知道安樂的價值。人們很難做到隨遇而安，除非他知道事情本來會更糟。

8．從災難中找出價值

一九一四年十二月，大發明家愛迪生的實驗室在一場大火中化爲灰燼，損失超過二百萬美元。愛迪生一生的心血成果也在無情的大火中付之一炬。

當大火燒得最猛烈時，愛迪生二十四歲的兒子查理斯在濃煙和廢墟中發瘋似的尋找他的父親。終於，他找到了：愛迪生平靜地看著火勢，他的臉在火光搖曳中閃亮，他的白髮在寒風中飄動著。「我眞爲他難過，」查理斯後來寫道：「他都六十七歲了，不再年輕了，可眼下這一切都付諸東流了。可他看到我卻嚷道：『查理斯，你母親去哪兒了？快把她找來，這輩子恐怕再也見不著這樣的場面了。』第二天早上，父親看著一片廢墟說：『災難自有它的價值，瞧，這不就是！我們以前所有的謬誤過失都給大火燒得一乾二淨，感謝上帝，這下我們又可以從頭再來了。』」

火災剛過去三個星期，愛迪生就開始著手推出他的第一部留聲機。

智慧沙：

當遭遇無情災難時，百折不撓的意志可以讓我們反省，讓我們總結經驗，讓我們從災難中找出價值。

9．換個做法

一次，電台請了一位商界奇才作嘉賓主持，大家非常希望能聽他談談成功之道。但他只是淡淡一笑，說：「還是出個題考考你們吧。某地發現了金礦，人們一窩蜂地湧去，然而一條大河擋住了必經之路，是你，會怎麼辦？」

有人說繞道走，也有人說游過去。但他卻含笑不語，過了很久，他才說：「爲什麼非得去淘金，爲什麼不可以買一條船開展營運？」

大家愕然。他卻說：「那樣的情況宰得渡客只剩下一條短褲，渡客也會心甘情願。因爲前面有金礦啊！」

智慧沙：

「做他人不想做的，想他人不曾想的。」這就是成功之道。困境在智者的眼中往往意味著一個潛在的機遇。

10．成為一隻美麗的蝴蝶

加拿大第一位連任兩屆總理的讓．克雷蒂安，小時候說話口吃，曾因疾病導致左臉局部痲痺，嘴角畸形，講話時嘴巴總是向一邊歪，而且還有一隻耳朵失聰。

聽一位有名的醫學專家說，嘴裡含著小石子講話可以矯正口吃，克雷蒂安就整日在嘴裡含著一塊小石子練習講話，以致嘴巴和舌頭都被石子磨爛了。母親看後心疼地直流眼淚，她抱著兒子說：「克雷蒂安，不要練了，媽媽會一輩子陪著你。」克雷蒂安一邊替媽媽擦著眼淚，一邊堅強地說：「媽媽，聽說每一隻漂亮的蝴蝶，都是自己衝破束縛它的繭之後才變成的。我一定要講好話，做一隻漂亮的蝴蝶。」

後來，克雷蒂安終於能夠流利地講話了。他勤奮並善良，中學畢業時，他不僅取得了優異的成績，還獲得了極好的人緣。

一九九三年十月，克雷蒂安參加全國總理大選時，他的對手大力攻擊、嘲笑他的臉部缺陷，對手曾極不道德、帶有人格侮辱地說：「你們要這樣的人來當你的總理嗎？」然而，對手的這種惡意攻擊卻招致大部分選民的憤怒和譴責。當人們知道克雷蒂安的成長經歷後，都給予他極大的同情和尊敬。

在競爭演說中，克雷蒂安誠懇地對選民說：「我要帶領國家和人民成為一隻美麗的蝴蝶。」最後他以極高的票數當選為加拿大總理，並在一九九七年成功地獲得連任，被加拿大人民親切地稱為「蝴蝶總理」。

智慧沙：

缺陷是每個人生命中的「繭」，當你無法脫離它時，你可以利用自信、堅強的生命之劍將它刺穿，然後化蛹為蝶。

11・有的談判永遠都談不成

有一天，沙漠與海洋談判。

「我太乾了，乾得連一條小溪都沒有，你卻有太多的水，變成汪洋一片。」沙漠建議說：「不如我們來交換吧。」

「好啊，」海洋欣然同意說：「我歡迎沙漠來填補海洋，但我已經有沙灘了，所以只要土，不要沙。」

「我也歡迎海洋來滋潤沙灘，」沙漠說：「可是鹽太鹹了，所以只要水，不要鹽。」

智慧沙：

有的談判，看來非常理想，卻永遠談不成。

12．在絕望的時候再等一下

一個老婆婆在屋子後面種了一大片玉米。

一支顆粒飽滿的玉米棒說：「收穫那天，老婆婆肯定先摘我，因爲我是今年長得最好的玉米！」

可是收穫的那天，老婆婆並沒有把它摘走。

「明天，明天她一定會把我摘走。」這支玉米棒自我安慰著。第二天，老婆婆又收走了其他玉米棒，唯獨沒有摘他。「明天，老婆婆一定會把我摘走！」這支玉米棒仍然自我安慰著……。可老婆婆依然沒有來。

一天又一天，這支玉米棒絕望了，原先飽滿的顆粒變得乾癟堅硬，整個身體像要炸裂一般，他準備和玉米桿一起爛在地裡了。可就在這時，老婆婆來了，一邊摘下他，一邊說：「這可是今年最好的玉米，用它作種子，明年肯定能種出更棒的玉米！」

智慧沙：

也許你一直都很相信自己，但你是否有耐心，在絕望的時候，再等一下！

13．比一顆豆子更堅強

猶太人說，這世界上賣豆子的人應該是最快樂的，因爲他們永遠不必擔心豆子賣不出去。假如他們的豆子賣不完，可以拿回家磨成豆漿，再拿出來賣給行人；豆漿賣不完，可以製成豆腐；豆腐賣不完，變硬了，可以當作豆腐乾來賣；豆腐乾賣不完，可以醃起來，變成豆腐乳。

還有一種選擇是：賣豆人把賣不出去的豆子拿回家，澆水讓豆子發芽，幾天後就可改賣豆芽；豆芽賣不完，就讓它長大些，變成豆苗；豆苗賣不完，就讓它再長大些，移植到花盆裡，當作盆景來賣；盆景賣不完，就再把它移植到泥土中，讓它生長，幾個月後，它就會結出許多新豆子。從一顆豆子變成上百顆豆子，想想這是多划算的事！

智慧沙：一顆豆子在遭遇冷落的時候，都有無數種精彩選擇，何況一個人呢，至少應該比一顆豆子更堅強吧？

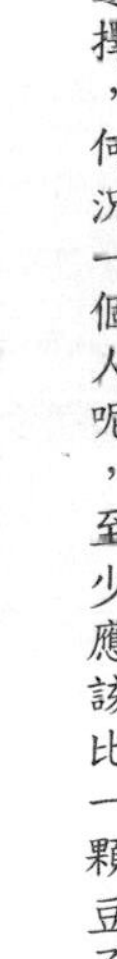

14．那才是最大的不幸

一個人在他二十三歲時被人陷害，在牢房裡待了九年，後來冤案告破，他終於走出了監獄。出獄後，他開始了常年如一日地反覆控訴、咒罵：「我眞不幸，在最年輕有爲的時候竟遭受冤屈，在監獄度過本應最美好的一段時光。那樣的監獄簡直不是人居住的地方，狹窄得連轉身都困難。唯一的細小窗口裡幾乎看不到陽光，冬天寒冷難忍；夏天蚊蟲叮咬……，眞不明白，上帝爲什麼不懲罰那個陷害我的傢伙，即使將他千刀萬剮，也難以解我心頭之恨啊！」

七十三歲那年，在貧病交加中，他終於臥床不起。彌留之際，牧師來到他的床邊：「可憐的孩子，到天堂之前，懺悔你在人世間的一切罪惡吧……。」

牧師的話還沒說完，病床上的他即聲嘶力竭地叫喊起來：「我沒有什麼需要懺悔，我需要的是詛咒，詛咒那些施予我不幸命運的人……。」

牧師問：「您因受冤屈在監獄待了多少年？離開監獄後又生活了多少年？」他惡狠狠地將數字告訴了牧師。

牧師長嘆了一口氣：「可憐的人，您眞是世上最不幸的人，對您的不幸，我眞的感到萬分同情和悲痛！他人囚禁了你區區九年，而當你走出監牢本應獲取永久自由的時候，您卻用心底的仇恨、抱怨、詛咒囚禁了自己整整四十一年！」

智慧沙：

用別人的錯誤來懲罰自己，既浪費感情和精力，也讓自己頹廢和空虛。人生短暫，要做的事情很多，包容一下，一切都會過去。不知道原諒別人而讓自己痛苦，才是最大的不幸。

輯07 把自己激勵成超人

神與惡魔戰爭，戰場就在人們的心中。
——俄國小說家陀思妥耶夫斯基

1．生命永遠不會貶值

在一次討論會上，一位著名的演說家沒講一句開場白，手裡卻高舉著一張二十美元的鈔票，對會議室裡的二百多人問：「誰要這二十美元？」

一隻隻手舉了起來。他接著說：「我打算把這二十美元送給你們當中的一位，但在這之前，請允許我做一件事。」

他說著將鈔票揉成一團，然後問：「誰還要？」仍有人舉起手來。

他又說：「那麼，假如我這樣做又會怎麼樣呢？」他把鈔票扔到地上，又踏上一隻腳，並且用腳碾它。爾後他拾起鈔票，鈔票已變得又髒又皺。

「現在誰還要？」還是有人舉起手來。

「朋友們，你們已經上了一堂很有意義的課。無論我如何對待那張鈔票，你們還是想要它，因爲它並沒貶值，它依舊值二十美元。」

智慧沙：

人生路上，我們有時會覺得自己似乎一文不值。但無論發生什麼事，在上帝的眼中，我們永遠不會喪失價值。在祂看來，骯髒或潔淨，衣著整齊或不整齊，我們依然是無價之寶。

2・成功的秘訣是什麼

有一天，一個學生請教哲學家蘇格拉底成功的秘訣是什麼。

蘇格拉底沒說一句話就帶他到一條河邊，然後向河裡走去。學生不解，當河水淹到他的膝部時，老師沒有說話。當河水淹到他的腿部時，老師還是沒有說話。當河水漸漸淹到他的胸部時，蘇格拉底轉過身來，把他的雙手放在學生的頭上，然後用力把學生的頭按到水裡。

學生在水裡掙扎了一段時間，蘇格拉底還是沒有鬆手，最後學生在水裡實在堅持不住了，他用盡全身所有的力量頂出水面，大聲問蘇格拉底：「老師，你到底要幹什麼？」這時，蘇格拉底才一本正經地對他說：「如果你追求成功的欲望就像你剛才在水裡需要呼吸，追求生存那麼迫切和全力以赴的話，那麼你就無所不能了。」

智慧沙：

強烈的成功欲望是行動的前奏。很多人都想成功，他們只是在「想」而已。只有真正下定決心「一定要」的時候，才會全力以赴，用生命去做。然後無所不能，一鼓作氣直至成功。

3．我們都是九牛人

強和壯是從小在一起長大的好朋友。到了戀愛的年紀，他們發現村子裡沒有稱心如意的姑娘，便一同到外面找自己喜歡的人。

離開家之後，他們走了很多地方。有一天，他們來到了一個小漁村，在村子裡他們遇到了一位姑娘，壯對強說：「我要留在這個漁村，因爲那個姑娘就是我想找的人。」強覺得這姑娘沒什麼可愛的地方，就對自己的好朋友說：「我看她沒有什麼特別的，既然你喜歡，就留下好了，我繼續找我喜歡的人。」

於是強辭別了壯，繼續往前找。他走了很多的路，到了很多村莊和城市。幾年過去了，他一直沒有找到自己稱心如意的姑娘，於是原路返回。在回家的路上，他經過了當年同壯分手的小漁村。當年的小漁村如今已變成了小鎭。想起和好朋友已經幾年沒見面了，強打算到這裡看看壯。

他來到了村頭，看見一個帶孩子的美麗少婦，就走過去問：「請問壯的家怎麼走？」那個少婦說：「你跟我來吧！」結果少婦把強帶到壯家裡。兩個好朋友見面當然非常高興，壯對著那個美麗的少婦說：「老婆，我的好朋友來了，給我們準備點酒菜，我們要喝幾杯。」原來這個美麗少婦就是壯的老婆。

強非常吃驚，他對壯說：「當年我們來到這裡時，見到的她並不是今天這般美麗。她變化怎麼這麼大？」

壯對強講述了自己留下來後的生活：

強走後，壯瞭解到當地男方向女方求婚的風俗——要給未來的老丈人送牛。普通的女孩只要送一兩頭牛，賢慧漂亮的女孩一般送四五頭。九頭牛表明女孩非常優秀，而這裡根本就沒有人送過九頭牛。

壯到女孩家的時候，趕了九頭牛。當壯把自己的來意向女孩父親說明後，老人說：「我家女兒只是一個普通的姑娘，最多只要三頭牛就行了。你送這麼多牛如果我們收下，鄰居會笑話我們的。」壯說：「不，老人家，我認爲你的女兒是世界上最好的，也是最美的，她值九頭牛。」於是壯硬是送給他們九頭牛。

結婚之後，壯一直把老婆當成最漂亮、最可愛的人，把她當成「九牛之人」，漸漸地，壯的老婆自己也覺得自己就是「九牛之人」，於是她就變得越來越漂亮、越來越美麗、越來越賢慧了。

智慧沙：

注意力導致結果。暗示會指引你朝期望的方向發展，最終變成你期望的樣子。你期望自己是什麼樣子，就要把自己當成期待的那樣去對待。

4．明天還有希望

在古希臘神話中，有一個關於西齊弗的故事。

西齊弗因爲在天庭犯了法，被天神懲罰，降到人世間來受苦。天神對他的懲罰是：要西齊弗推一塊石頭上山。

每天，西齊弗都費了很大的勁把那塊石頭推到山頂，然後回家休息。可是，在他休息時，石頭又會自動地滾下來。於是，西齊弗就要不停地把那塊石頭往山上推。這樣，西齊弗所面臨的是：永無止境的失敗。天神要懲罰西齊弗的，也就是要折磨他的心靈，使他在「永無止境的失敗」的命運

中，受苦受難。

可是，西齊弗不肯認輸。每次在他推石頭上山時，他就想：推石頭上山是我的責任，只要我把石頭推上山頂，我的責任就盡到了，至於石頭是否會滾下來，那不是我的事。

當西齊弗努力地推石頭上山時，他心中顯得非常平靜，因爲他安慰著自己：明天還有石頭可推，明天還不會失業，明天還有希望。天神因爲無法再懲罰西齊弗，就放他回了天庭。

智慧沙：

西齊弗的命運可以解釋追求成功時所遭遇的許多事情。如果能把命運轉換成使命，那麼在很大程度上就能控制自己的命運。能控制自己的命運，還有什麼做不成的。

5．怎樣才能成功

一天，一位年輕人去見一位智者。

「請問，怎樣才能成功呢？」年輕人恭敬地問。

智者笑笑，遞給年輕人一顆花生：「它有什麼特點？」

年輕人愕然。

「用力捏捏它。」智者說。

年輕人用力一捏，花生殼被他捏碎了，留下來的是花生仁。

「再搓搓它。」智者說。

年輕人照他的話做了。花生仁的紅色種皮被他搓掉了，只留下白白的果實。

「再用手捏它。」智者說。

年輕人用力捏著，但是他的手無法再將它毀壞。

「用手搓搓看。」智者說。

當然，什麼也搓不下來。

「雖屢遭挫折，卻有一顆堅強、百折不撓的心。這就是成功的秘密。」智者說。

智慧沙：

雖屢遭挫折，卻有一顆堅強、百折不撓的心。成功的秘訣之一就是握緊失敗的手，然後百折不撓地堅持下去。堅定的意志和強烈的成功欲望永遠是成功的不二法則。

6．什麼是真正的男子漢

兒子都已經十六、十七歲了，卻一點男子漢的氣概都沒有。父親去拜訪一位拳師，請這位武術大師幫他訓練他的兒子，重塑男子漢的氣概。拳師答應父親半年後一定把孩子訓練成一個眞正的男子漢。

半年後，男孩的父親來接他，拳師安排了一場拳擊比賽來向這位父親展示訓練成果。被安排與男孩對打的是一名拳擊教練。教練一出手，這男孩便應聲倒地。但是，男孩剛剛倒地便立即站起來接受挑戰。倒下去又站了起來……，如此來來回回總共二十多次。

拳師問這個父親：「你覺得你孩子的表現夠不夠男子漢氣概？」

「我簡直無地自容了，想不到我送他來這裡訓練半年多，我所看到的結果還是這麼不經打，被

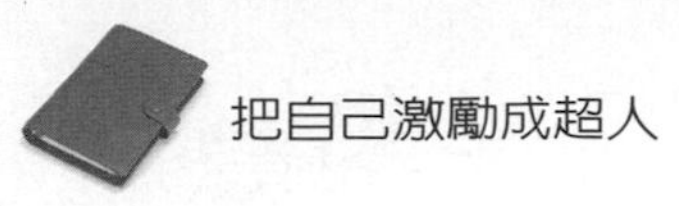

人一打就倒。」父親傷心地回答。

拳師意味深長地說：「我很遺憾，因爲你只看到了表面的勝負。你有沒有看到你兒子倒下去又立刻站起來的勇氣和毅力呢？那才是眞正的男子漢氣概！」

智慧沙：

能夠迅速打敗對手固然可貴，但更可貴的是，能在倒下後屢敗屢戰，直到勝利。只要站起來的次數比倒下去的次數多一次，那就是成功。

7.向人生的高空飛翔

有塊石頭在深山裡寂寞地躺了很久，它有一個夢想：有一天能像鳥兒一樣飛翔。當它把自己的理想告訴同伴時，立刻招來同伴們的嘲笑：「瞧瞧，什麼叫心比天高，這就是啊！」「眞是異想天開！」……，這塊石頭不理會同伴們的閒言碎語，仍然懷抱理想等待時機。

有一天一個叫莊子的人路過這裡，它知道這個人有非凡的智慧，就把自己的夢想告訴了他。莊子說：「我可以幫你實現，但你必須先長成一座大山，這可是要吃不少苦的。」石頭說：「我不怕。」

於是石頭拼命地吸取天地靈氣，承接雨露惠澤，不知經過多少年，受了多少風雨的洗禮，它終於長成了一座大山。於是，莊子招來大鵬以翅膀擊山，一時間天搖地動，一聲巨響後，山炸開了，無數塊石頭飛向天空，就在飛的一剎那，石頭會心地笑了。

但不久它就從空中摔下來，仍舊變成當初的模樣，落在原來的地方。莊子問：「你後悔嗎？」

「不，我不後悔，我長成過一座山，而且體會過飛翔的快樂！」石頭說。

智慧沙：

人的一生就像石頭一樣，最初的開始和最終的結局都是一樣的，但過程卻各有不同。一個人的目標訂得高，他就必須付出更多的辛勞和汗水，即使經過全力打拼仍不得實現，但至少也比他人走得遠、實現得多。

8．負重才不會被打翻

一艘貨輪卸貨後返航，在浩渺的大海上，突然遭遇巨大風暴，老船長果斷下令：「打開所有貨艙，立刻往裡面灌水。」

水手們擔憂：「往船裡灌水是險上加險，這不是自找死路嗎？」

船長鎮定地說：「大家見過根深幹粗的樹被暴風刮倒過嗎？被刮倒的是沒有根基的小樹。」

水手們半信半疑地照著做了。雖然暴風巨浪依舊那麼猛烈，但隨著貨艙裡的水位越來越高，貨輪漸漸平穩了。

船長告訴那些鬆了一口氣的水手：「一個空木桶是很容易被風打翻的，如果裝滿水負重了，風是吹不倒的。船在負重時是最安全的，空船時才是最危險的時候。」

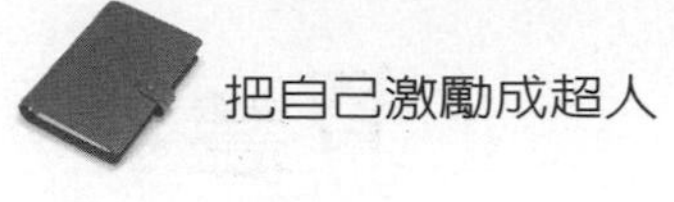

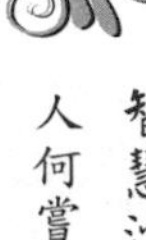

智慧沙：

人何嘗不是呢？那些胸懷大志的人，沈重的責任感時刻壓在心頭，砥礪著人生的堅穩腳步，從歲月和歷史的風雨中堅定地走了出來。而那些得過且過、空耗時光的人，像一個沒有盛水的空水桶，往往一場人生的風雨便把他們徹底地打翻了。給我們自己加滿「水」，使我們負重，這樣才不會被打翻。

9．信念會使你升值的

羅傑．羅爾斯是紐約歷史上第一位黑人州長，在他就職的記者招待會上，羅爾斯對自己的奮鬥史隻字不提，只說了一個非常陌生的名字——皮爾．保羅。後來，人們才知道，這是他小學的一位校長。

羅爾斯上小學時，正值美國嬉皮士流行，這兒的窮學生比「迷惘的一代」還要無所事事，他們曠課、鬥毆，甚至砸爛教室的黑板。當羅爾斯從窗台跳下，伸著小手走向講台時，校長說：「我一看你修長的小拇指就知道，將來你是紐約州的州長。」

當時羅爾斯大吃一驚，因爲長這麼大，只有奶奶讓他振奮過一次，說他可以成爲五噸重小船的船長。羅爾斯記下了校長的話並且相信了它。從那天起，紐約州長就像一面旗幟，他的衣服不再沾滿泥土，他說話時也不再夾雜汙言穢語，他開始挺直腰桿子走路，他成了班長。在以後的四十多年間，他沒有一天不按州長的身份要求自己。五十一歲那年，他真的成了州長。

在他的就職演說中有這麼一段話：「信念值多少錢？信念是不值錢的，它有時甚至是一個善意的欺騙，然而你一旦堅持下去，它就會迅速升值。」

智慧沙：

在這個世界上，信念這種東西任何人都可以免費獲得，所有成功者最初都是從一個小小的信念開始的。

輯08 告訴世界我能行

我不去找尋好運——我就是好運！

——美國詩人華特・惠特曼

1・沒有一類工作叫隨便

羅斯福總統夫人在班寧頓學院念書時，要在電訊業找一份兼職工作。她的父親爲她引見了自己的一位朋友——當時美國無線電公司的董事長薩爾洛夫將軍。

薩爾洛夫將軍問她想做哪一份工作。

她說：「隨便吧。」

薩爾洛夫將軍對她說：「沒有一類工作叫隨便，因爲成功的道路是目標鋪出來的。」

智慧沙：

成功等於目標，其他全是這句話的註解。沒有目標而去奮鬥拼搏，恰如沒有羅盤而航行。沒有目標，哪裡都是目標，哪裡都沒有目標。

2．不要怕，不要悔

一個年輕人離開部落，開始創造自己的未來。少小離家，心裡難免有幾分惶恐。他動身後的第一站，是去拜訪部落酋長，請求指點。

酋長正在臨帖練字，他聽說部落有位後輩開始踏上人生的旅途，就隨手寫了三個字「不要怕」，然後抬起頭來，望著前來求教的年輕人說：「孩子，人生的秘訣只有六個字，今天先告訴你三個字，供你半生受用。」

二十年後，這個年輕人已是中年，他有一些成就，也添了很多傷心事。歸程漫漫，近鄉情切，他又去拜訪那位酋長。

他到了酋長家裡，才知道老人家幾年前已經去世。家人取出一個密封的封套來對他說：「這是老酋長生前留給你的，他說有一天你會再來。」還鄉的遊子這才想起來，二十年前他在這裡聽到人生的一半秘密。拆開封套，裡面赫然又是三個大字「不要悔」。

智慧沙：

人生在世，中年以前不要怕，中年以後不要悔，這顯然是經驗的提煉，智慧的濃縮。

3．將毒汁變成檸檬水

住在佛羅里達州的一位農夫買下一片農場，買下以後，他覺得非常頹喪。那塊地壞得使農夫既不能種水果，也不能養豬，能生長的只有白楊樹及響尾蛇。然而，農夫卻想到了一個好主意，要把

他所擁有的變成一種資產——他要利用那些響尾蛇。

農夫的做法使每一個人都很吃驚，他開始做響尾蛇肉罐頭。每年來參觀他的響尾蛇農場的遊客差不多有兩萬人。他的生意做得非常大。從他養的響尾蛇中提取出來的蛇毒，運送到各大藥廠去做蛇毒的血清；響尾蛇皮以很高的價錢賣出去做女人的鞋子和皮包；裝著響尾蛇肉的罐頭送到全世界各地的顧客手裡。

爲了紀念這位把「有毒的檸檬」做成了「甜美的檸檬水」的先生，這個村子現在已改名爲佛羅里達州響尾蛇村。

智慧沙：

奇蹟通常都是在冒險和實踐中創造出來的。當生活中出現意外時，我們不妨多多嘗試，然後心平氣和地迎接奇蹟出現。

4．回頭又有什麼用

一名少年背負沙鍋前行。

一不小心他把繩子弄斷了，沙鍋掉在地上摔得粉碎。

少年頭也不回地繼續前行。

有人叫住少年問：「你不知道沙鍋碎了嗎？幹嘛不看看？」

少年說：「已經碎了，回頭看又有什麼用？」

說罷繼續趕路。

智慧沙：人生的失敗大多是無法挽回的，越想補償越不甘心就越痛苦。在失敗的時候，最重要的是找到一個新的起點，重新開始，繼續前行。

5．想像身後有條狼

一位名不見經傳的年輕人第一次參加馬拉松比賽就獲得了冠軍，並且打破了世界紀錄。

他衝過終點後，新聞記者蜂擁而至，團團圍住他，不停地提問：「你是如何取得這樣好成績的？」年輕的冠軍喘著粗氣說：「因爲，因爲我的身後有一隻狼。」迎著記者們驚訝和探詢的目光，他繼續說：「三年前，我開始練長跑。訓練基地的四周是崇山峻嶺，每天凌晨兩三點，教練就讓我起床，在山嶺間訓練，可是我盡了最大的努力，進步卻一直不快。

有一天清晨，我在訓練途中，忽然聽見身後傳來狼的叫聲，開始是零星的幾聲，似乎還很遙遠，但很快就急促起來，而且就在我的身後。我知道有一隻狼盯上我了，我甚至不敢回頭，沒命地跑著。我那天訓練的成績好極了。後來教練問我原因，我說我聽見了狼的叫聲。教練意味深長地說，原來不是你不行，而是你身後缺少了一隻狼。我才知道，那天清晨根本就沒有狼，我聽見的狼叫，是教練裝出來的。

從那以後，每次訓練時，我都想像著身後有一隻狼，成績突飛猛進。今天，當我參加這場比賽時，我依然想像我的身後有一隻狼。所以我成功了。」

智慧沙：

最大的努力都不能讓選手進步，狼的嚎叫卻讓選手沒命地奔跑，直至獲得冠軍。有時候，將我們送上領獎台的，不是我們的朋友而是我們的對手。

6．不要任何拐杖走向講台

羅斯福還是參議員時，英俊瀟灑，才華橫溢，深受人民愛戴。有一天，他在加勒比海度假，游泳時突然感到腿部麻痺，動彈不得。幸好被人救起，避免了一場悲劇。經過醫生的診斷，羅斯福被證實患上了「小兒麻痺症」。

醫生對他說：「你可能會喪失行走能力。」

羅斯福回答說：「我還要走路，我要走進白宮。」

第一次競選總統時，他對助選員說：「你們佈置一個大講台，我要讓所有的選民看到這個得小兒麻痺症的人可以『走到前面』演講，不需要任何拐杖。」

當天，他穿著筆挺的西裝，信心十足地從後台走上講台。他每次的邁步聲，都讓每個美國人深深感受到他的意志和十足的信心。後來，羅斯福成為美國史上唯一一位連任四屆的美國總統。

智慧沙：

生命本身是一種挑戰，即使自己有缺陷，只要不認輸，肯努力去證明自己某方面的本領和優長，也一定能獲得成功。不屈不撓的意志力和絕對的信心，能幫助你達成目標。

7・肯定你自己

老王與老李同時走進辦公室，都看了看壁上的鐘，再看看自己的手錶。

結果，卻發出不同的反應：

老王：「我的錶慢了。」

老李：「壁鐘快了。」

他們兩人似乎自言自語。同時好像與對方毫無關聯。

但是片刻之後，老王突然對老李發問：「你怎麼說壁鐘快？」

老李說：「你怎說你的錶慢了？」

老王說：「我覺得我的錶不準，壁鐘似乎準確些。所以我想可能是我的錶慢了。」

老李說：「我肯定我的錶走得很準，因為我的錶不會慢，所以我也肯定是壁鐘快了。」

智慧沙：

對一件事情，有沒有自信心，直接影響到對它的看法。通常情況下，你對事情的看法和態度，是做這件事情成敗的關鍵之所在。

8・信任我，沒錯

年輕人帕雷托無論到哪裡都能受到別人的重用，他換了好幾個工作，每一個幾乎都做到了頂層，在行業裡出類拔萃。每次，他要辭職的時候，老闆總會極力挽留他。

「你怎麼這麼出色呢？」有朋友問他。

帕雷托回答：「很多人成功靠的是勤奮，有的人靠的是運氣，還有人靠的是聰明，我認爲我靠的是獲得別人的信任。因爲別人信任我，才會給我具有發展空間的職位和業務！」

「可是，如果一個人覺得你不可信，你又能怎麼辦呢？反正我覺得是沒有任何辦法了。」朋友無奈地聳聳肩膀，攤開雙手。

「不，你自己可以告訴他，『你可以信任我』，或者『我是可以信任的』，別人對你的看法可以由你自己決定！」

智慧沙：

只有別人建立了對你的信任感，他才會樂於和你接近，才不會時時、處處、事事都防備你。要獲得別人的信任並不都是由別人決定的。你可以用事實告訴他：「你可以信任我！我是可以信任的！」

9．擁有一股愚頓的力量

大科學家愛因斯坦曾做過一個實驗：

他從村子裡找了兩個人，一個愚頓且軟弱，一個聰明且強壯。愛因斯坦找了一塊兩英畝左右的空地，給他倆同樣的工具，讓他們在其間比賽挖井，看誰最先挖到水。

愚頓的人接到工具後，二話沒說，便脫掉上衣幹了起來。聰明的人稍作選擇也大幹起來。兩個小時過去了，兩人都挖了兩公尺深，但都未見到水。聰明的人斷定選擇錯了，覺得在原處繼續挖下去是愚蠢的，便另選了塊地方重挖。愚頓的人仍在原地吃力地挖著。

兩個小時又過去了，愚頓的人只挖了一公尺，而聰明的人又挖了兩公尺深。愚頓的人仍在原地吃力地挖著，而聰明的人又開始懷疑自己的選擇，於是又選了一塊地方重挖。

兩個小時又過去了，愚頓的人挖了半公尺，而聰明的人又挖了兩公尺，但兩人均未見到水。這時，聰明的人洩氣了，斷定此地無水，他放棄了挖掘，離去了。而愚頓的人體力不支了，但他還是在原地挖，而就在他剛把一撮土掘出時，奇蹟出現了，只見一股清水汩汩而出。

比賽結果，這個愚頓的人獲勝。

智慧沙：

智商稍高、條件優越、聰明強壯者不一定會取得成功，成功有時需要一種近乎愚頓的力量。

10・讓鮮花結出纍纍碩果

有個風華正茂的青年，時常輕視飽經風霜的老人。

一天，父子倆同遊公園。青年順手摘了一朵鮮花，說道：「爸爸，我們年輕人就像這朵鮮花一樣，洋溢著生命的活力。你們老年人怎麼能跟年輕人相比呢？」

父親聽罷，在經過路邊攤的時候，順便買了一包核桃，取出一顆，托在掌心裡，說道：「孩子，你比喻得不錯。如果你是鮮花，我就是這乾皺的果實。不過，事實告訴人們：鮮花，喜歡讓生命顯露在炫目的花瓣上；而果實，卻愛把生命凝結在深藏的種子裡！」

青年還不服氣：「要是沒有鮮花，哪來的果實呢？」

父親哈哈大笑：「是啊，所有的果實都曾經是鮮花；然而，卻不是所有的鮮花都能夠成爲果實！」

智慧沙：

所有的果實都曾經是鮮花；然而，卻不是所有的鮮花都能夠成為果實。我們所要做的就是——讓鮮花結出纍纍碩果。因為，我們是朝氣蓬勃的年輕人。

11．堅守你的高貴

三百多年前，建築設計師克里斯托．萊伊恩受命設計了英國溫澤（Windsor）市政府大廳，他運用工程力學的知識，依據自己多年的實踐經驗，巧妙地設計了只用一根柱子支撐的大廳天花板。但一年之後，在進行工程驗收時，市政府的權威人士對此提出了質疑，並要求萊伊恩一定要再多加幾根柱子。

萊伊恩對自己的設計很有自信，因此他非常苦惱：「如果堅持自己的主張，他們肯定會另找人來修改設計；不堅持的話，又有違自己爲人的準則。」矛盾了很長時間，萊伊恩終於想出了一條妙計，他在大廳裡增加了四根柱子，但它們並未與天花板連接，只不過是裝裝樣子，唬弄那些自以爲是的傢伙。

三百多年過去了，這個秘密始終沒有被發現。直到有一年，市政府準備修繕天花板時，才發現萊伊恩當年的「弄虛作假」。

智慧沙：

作為一個建築師，萊伊恩也許並不是最出色的，但作為一個自然人，他無疑非常偉大。這種偉大表現在他始終恪守自己的原則，給高貴的心靈一個美麗的住所，哪怕是遭遇到最大的阻力，也要想辦法取得勝利。

輯09 創造超越的人生

生命並非一個發現的過程，而是一個創造的過程。你並不是在發現你自己，而是在重新創造你自己。所以，別急於發現你是誰，而該急於決定你想做誰。

——美國教育家威廉・沃德

1・只要每秒擺一下

一個新組裝好的小鐘放在了兩個舊鐘當中。兩個舊鐘「滴答」、「滴答」一分一秒地走著。其中一個舊鐘對小鐘說：「來吧，你也該工作了。可是我有點擔心，你走完三千二百萬次後，恐怕便吃不消了。」

「天啊！三千二百萬次。」小鐘吃驚不已：「要我做這麼大的事？辦不到，辦不到。」

另一個舊鍾說：「別聽它胡說八道。不用害怕，你只要每秒鐘滴答擺一下就行了。」

「天下哪有這麼簡單的事。」小鐘將信將疑：「如果這樣，我就試試吧。」

小鐘很輕鬆地每秒鐘「滴答」擺一下，不知不覺中，一年過去了，它擺了三千二百萬次。

智慧沙：

只要每秒擺一下，成功的喜悅就會慢慢浸潤生命。每個人都渴望夢想成真，成功似乎遠在天邊，遙不可及。其實，當我們有了清晰的目標後，只要想著今天我要做些什麼，明天我該做些什麼，然後努力完成就行了。

2．絕不、絕不、絕不能放棄

一九四八年，牛津大學舉辦了一個題爲「成功秘訣」的講座，邀請了當時的英國總統邱吉爾前來演講。

演講那天，會場上人山人海，全世界各大新聞媒體都到齊了。許久，邱吉爾才用手勢止住大家雷動的掌聲，說：「我的成功秘訣有三個：第一是，絕不放棄；第二是，絕不、絕不放棄；第三是，絕不、絕不、絕不能放棄！我的演講到此結束。」

說完，邱吉爾就走下了講台。

會場上沈寂了一分鐘後，突然爆發出熱烈的掌聲，那掌聲經久不息。

智慧沙：

在這個世界上，真正的失敗只有一個，那就是徹底放棄，從此不再努力。有道是：成功者永不放棄，放棄者永不成功。

3．誰破壞了你寧靜的生活

一匹狼吃飽了，安逸地躺在草地上睡覺，另一匹狼氣喘吁吁地從牠身邊經過，使牠十分驚奇，問道：「你爲什麼沒命地奔跑呢？」

那匹狼說：「聽說獅子來了。」

「獅子是我們的朋友有什麼可怕的呢？」躺著的狼說。

「聽說獅子跑得很快！」

「跑得快又有什麼了不起呢，追一隻羚羊用不了多大力氣！」

那匹狼還要說什麼，躺著的狼便不耐煩地擺了擺手說：「行了行了，你跑你的，我要睡覺了。」

那匹狼見狀，便搖了搖頭走了。

後來，獅子眞的來了，只來了一隻，但是由於獅子的到來，整個草原上的羚羊奔跑速度變得極快。這匹狼不再那麼容易得到食物，不久便餓死了。死時他還不住地怨恨，說是獅子破壞了牠寧靜的生活。

智慧沙：

在物競天擇的動物世界裡，安逸意味死亡；在苦難無處不在的人類社會中，挫折造就英雄。唯有不斷銳意進取，才是真正的成功之道。

4．忙碌並不就是成就

有人把許多毛毛蟲放在一個大花盆的旁邊，使牠們首尾相接，排成一個圓形。這些毛毛蟲開始動了，像一列長長的遊行隊伍，沒有頭，也沒有尾。

研究者又在毛毛蟲隊伍旁邊擺了一些食物。這些毛毛蟲想要得到食物，就得解散隊伍，不再一條接一條地前進。

研究者預料，毛毛蟲很快就會厭倦這種毫無用處的爬行，轉而投向食物。可是毛毛蟲並沒有這麼做，牠們仍然沿著花盆邊以同樣的速度走了七天七夜，一直走到餓死爲止。

智慧沙：

這些毛毛蟲遵守著牠們的本能、習慣、傳統、先例、經驗、慣例。牠們的付出很多，但毫無成果。在這個世界上，「一分耕耘，一分收穫」的神話往往並不成立，重要的是如何才能事半功倍。

5．畫一道更長的線

一位搏擊高手參加比賽，自負地認爲一定可以奪冠軍。

當比賽打到了中途，搏擊高手才警覺到，自己竟然找不到對手的破綻，而對方的攻擊卻往往能突破自己的漏洞。

比賽結果可想而知，搏擊高手失去了冠軍獎盃。

他憤憤不平地回去找師父，央求師父幫他找出對方的破綻，好在下次比賽時打倒對方。師父卻笑而不語，只是在地上畫了一條線，要他在不擦掉這條線的情況下，設法讓線變短。他百思不得其解，最後還是請教了師父。

師父笑著在原先那條線的旁邊，又畫了一道更長的線。兩相比較之下，原來那條線看起來立刻短了很多。

這時師父說道：「奪得冠軍的重點，不在如何攻擊對方的弱點，正如地上的線一樣。只要你自己變得更強，對方也就在無形中變弱了。如何使自己更強，才是你需要苦練的。」

智慧沙：

使對手變弱的唯一方法就是使自己變得更強。失敗往往都是自己造成的，只有不斷追求自我成長，不斷進步，才會超越對手，取得成功。

6．別成為自己的奴才

一天早上，一位將軍受命在天黑之前拿下一個高地。

他率領部隊向高地進攻。無數次的衝鋒，都被敵人一次又一次地擊退。最後一次衝鋒，所有的戰友全都犧牲了，他自己也在戰壕前幾公尺處，被一枚地雷炸斷了一條腿……，而對方的軍旗仍在山頂上飄揚，於是他絕望地朝自己開了槍。

過了半小時，增援部隊來了。他們衝上山頂時，發現對方的官兵已全部戰死，只剩下一個奄奄一息的伙夫，正絕望地抱著自己的軍旗，等著將軍爬上來，將他像螞蟻一樣踩死——但將軍殺死的

是自己！

智慧沙：

選擇一種戰勝自己的姿態，是每一個渴望成功的年輕人必須完成的功課。你的對手不是別人。你可以成為別人手下的敗將，但你絕不能成為自己的奴才。

7．你是一粒沙

有個自以爲是的年輕人，畢業後一直找不到理想的工作。他覺得自己懷才不遇，對社會感到非常失望。痛苦絕望之下，他來到大海邊，打算就此結束自己的生命。這時，正好有一個老人從這裡走過。老人問他爲什麼要走絕路，他說自己不能得到社會的承認，沒有人欣賞並且重用他。

老人從腳下的沙灘上撿起一粒沙子，讓年輕人看了看，然後就隨便扔在地上，對年輕人說：「請你把我剛才扔在地上的那粒沙子撿起來。」

「這根本不可能！」年輕人說。

老人沒有說話，接著又從自己的口袋裡掏出一顆晶瑩剔透的珍珠，也隨便地扔在地上，然後對年輕人說：「你能不能把這顆珍珠撿起來呢？」

「這當然可以！」

智慧沙：

有時候，你必須知道自己是一顆普通的沙粒，而不是價值連城的珍珠。若要使自己卓然出眾，就必須先使自己成為一顆珍珠。

8．修煉人生的最高境界

從前有一個富翁，他有三個兒子，在他年事已高的時候，富翁決定把自己的財產全部留給三個兒子中的一個。可是，究竟把財產留給哪一個兒子好呢？富翁想出了一個辦法：要三個兒子都花一年時間遊歷世界，回來之後看他們誰做了最高尙的事情，誰就是財產的繼承者。

一年時間很快就過去了，三個兒子陸續回到家中，富翁要三個人都講一講自己的經歷。

大兒子得意地說：「我在遊歷世界時，遇到了一個陌生人，他十分信任我，把一袋金幣交給我保管，可是那個人卻意外去世了，我就把那袋金幣原封不動地交還給了他的家人。」

二兒子自信地說：「當我旅行到一個貧窮落後的村落時，看到一個可憐的乞丐不幸掉到湖裡了，我立即跳下馬，從河裡把他救了起來，並留給他一筆錢。」

三兒子猶豫地說：「我沒有遇到兩個哥哥碰到的那種事，在我旅行的時候遇到了一個人，他很想得到我的錢袋，一路上千方百計地陷害我，我差點死在他的手上。可是有一天我經過懸崖邊，看到那個人正在懸崖邊的一棵樹下睡覺，當時我只要抬一抬腳就可以輕鬆地把他踢到懸崖下，但我想了想，覺得不能這麼做，正打算走，又擔心他一翻身掉下懸崖，就叫醒了他，然後繼續趕路。這實在算不了什麼有意義的經歷。」

富翁聽完三個兒子的話，點了點頭說：「誠實、見義勇爲都是一個人應有的品質，稱不上是高

尚。有機會報仇卻放棄，反而幫助自己的仇人脫離危險的寬容之心，才是最高尚的。我的全部財產都是老三的了。」

智慧沙：

恩將仇報的人和事是屢見不鮮的。有機會報仇卻放棄，反而幫助自己的仇人脫離危險的人和事並不多見。但也只有這樣寬容和豁達的人，才能享受人生的最高境界。

9．承認自己是個笨蛋

一天，林肯和他的大兒子羅伯特乘馬車上街，街口被路過的軍隊堵塞了，林肯開門踏出一隻腳來，問一位老鄉：「這是什麼？」意思是哪個部隊，老鄉以爲他不認識軍隊，便答道：「聯邦的軍隊唄，你眞是他媽的大笨蛋。」林肯說了聲「謝謝」，關閉車門，嚴肅地對兒子說：「有人在你面前說老實話，這是一種幸福。我的確是一個他媽的大笨蛋。」

有一次，一個小夥子坐在陸軍部的大樓前，林肯見了問他在做什麼，小夥子回答：「我在前方打仗受傷，來領軍餉，他們不理我，那狗婊子養的林肯現在也不來管我了。」林肯聽了，安祥地問他：「你有證件嗎？我是個律師，看你的證件是否有效。」小夥子遞過證件，林肯看完說：「你到三〇八室找安東尼先生，他會幫你辦理一切。」小夥子進了陸軍部大樓，看門人問他：「你剛才在和誰講話？」

「跟一個自稱律師的臭老頭。」

「什麼臭老頭，他是總統啊！」

智慧沙：

偉大的人物絕不會濫用他們的優點，他們意識到自己的過人之處，卻絕不會因此就不謙虛。他們的過人之處愈多，他們就愈認識到自己的不足。

10．利用你的缺點

一天，一個農夫正彎著腰在院子裡清除雜草，因爲天氣炎熱，他汗流浹背。

「可惡的雜草，假如沒有你們，我的院子一定很漂亮，神爲什麼要造這些討厭的雜草來破壞我的院子呢？」農夫嘀咕道。

有一株剛被拔起的小草，正躺在院子裡，他回答農夫說：「你說我們可惡，也許你從沒想到我們也是很有用的，現在請你聽我說一句吧。我們把根伸進土中，等於在耕耘泥土，當你把我們拔掉時，泥土就已經是翻過了。此外，下雨時，我們防止泥土被雨水沖掉；乾旱時，我們能阻止狂風刮起沙塵；我們是替你守衛院子的衛兵。如果沒有我們，你根本就不可能享受種花、賞花的樂趣，因爲雨水會沖走你的泥土，狂風會吹散你的泥土……，所以希望你在看到花兒盛開之時，能夠想起我們的一些好處。」

農夫聽了這些話後，不禁肅然起敬，他擦了擦額頭上的汗珠微笑了，繼續拔起草來。

智慧沙：

猶如天使與魔鬼共生，優點總是與缺點形影相隨。勇敢地接受與面對自己的缺點，然後積極地克服、改造，甚至利用它。怨天尤人，自暴自棄，只能產生更多的煩惱。

11．你該牢記和遺忘的

阿拉伯著名作家阿里，有一次與朋友吉伯、馬沙一同外出旅行。三人行經一處山谷時，馬沙一不小心失足滑落，眼看就要掉下深谷，機敏的吉伯拼命拉住他的衣襟，將他救起。爲了永遠記住這一救命之恩，馬沙在附近的大石頭上用刀鐫刻下一行大字：某年某月某日，吉伯救了馬沙一命。

三人繼續旅行數日，來到一條河邊。兩人爲了一件小事吵了起來。吉伯一氣之下打了馬沙一耳光。馬沙控制住自己，沒有還手。一口氣跑到沙灘上，用力在沙灘上又寫下一行大字：某年某月某日，吉伯打了馬沙一耳光。

不尋常的旅行結束了。有一天，阿里不解地問馬沙：「你爲什麼要把救你的事刻在石頭上，而把打你的事寫在沙灘上？」馬沙很平靜地回答：「我將永遠感激並記住吉伯救過我的命。至於他打我的事，我想讓它隨著沙子的流動逐漸忘得一乾二淨。」

智慧沙：

牢記別人給予你的恩德，把它刻在石頭上，也刻在心裡，並在以後的日子裡，激勵你去幫助別人；刻意地忘掉你對別人的怨恨，把這些雞毛蒜皮的小事從你的生活中忘掉，你將會在人生的道路上越走越寬闊。

12．是這樣嗎

從前，有一位禪師因品性高尚而受到人們的敬重。在他的住處附近，有一家食品店，店家有一名年輕漂亮的女兒。不經意間，店家發現女兒的肚子大了起來，於是異常震怒。在父母的苦苦逼問下，女兒吞吞吐吐地說出了禪師的名字。怒不可遏的店家找到禪師，將禪師貶損得一無是處。禪師靜靜地聽著，只淡淡地說了四個字：「是這樣嗎？」

孩子生下來後，店家蠻橫地把他交給了禪師。名譽掃地的禪師在人們的冷嘲熱諷中精心地餵養孩子。一年之後，那位未婚媽媽終於良心發現，老老實實地向父母坦白了實情，原來孩子的生父是在附近幫工的另一名青年。

店家夫婦立即帶著他們的女兒找到禪師，向他道歉，請他原諒，並要求把孩子領回去。禪師依舊平靜地聽著，只是在交還孩子的時候輕聲地說：「是這樣嗎？」彷彿什麼事也沒有發生過。禪師忍辱負重的德行、寬廣的胸懷和淡泊寧靜的人生境界，贏得了人們更廣泛、更長久的稱頌。

智慧沙：

能夠拯救我們心靈的，只有寬容。寬容是一雙靈巧的手，它能夠解開傷害這個死結。學會寬容吧，心寬才能地廣，才會有好山好水與你一路相隨。

13・珍愛人生的五枚金幣

有個叫阿巴格的人生活在內蒙古草原上。

有一次，年少的阿巴格和爸爸在草原上迷了路，阿巴格又累又怕，到最後快走不動了。爸爸就從兜裡掏出五枚硬幣，把一枚硬幣埋在草地裡，把其餘四枚放在阿巴格的手上，說：「人生有五枚金幣，童年、少年、青年、中年、老年各有一枚，你現在才用了一枚，就是埋在草地裡的那一枚，你不能把五枚都扔在草原裡，你要一點點地用，每一次都用出不同來，這樣才不枉人生一世。今天我們一定要走出草原，你將來也一定要走出草原。世界很大，人活著，就要多走些地方，多看看，不要讓你的金幣沒有用就扔掉。」

在父親的鼓勵下，那天阿巴格走出了草原。

長大後，阿巴格離開了家鄉，成了一名優秀的船長。

智慧沙：

世界很大，人活著，就要多走些地方，多看看，不要讓你的生命沒有用就頹廢。珍惜生命，就能走出挫折的沼澤地。

輯10 跨一步，就成功

出發之前，永遠只是夢想，上路了，才是挑戰。

——巴黎達卡越野拉力賽發起人澤利・薩賓

1．別讓環境亂了方寸

一位心理學家做了一個實驗，他讓十個人穿過一間黑暗的房子。在他的引導下，這十個人都成功地穿了過去。

然後，心理學家打開房內的一盞燈。在昏暗的燈光下，這些人看清了房子內的一切，都驚出一身冷汗。原來，這間房子的地面是一個大水池，水池裡有十幾條大鱷魚，水池上方搭著一座窄窄的小木橋。剛才，他們就是從這座小木橋上走過去的。

心理學家問：「現在，你們當中還有誰願意再次穿過這間房子呢？」沒有人回答。

過了很久，有三個膽大的人站了出來。其中一個小心翼翼地走了過去，速度比第一次慢了許多；另一個顫顫巍巍地踏上小木橋，走到一半時，竟只能趴在小橋上爬了過去；第三個剛走幾步就一下子趴下了，再也不敢向前移動半步。

這時，心理學家又打開房內的另外九盞燈，燈光把房間照得如同白晝。這時，人們看見小木橋下方裝有一張安全網，由於網線顏色極淺，所以他們剛才沒有看見。

「現在，誰願意通過這座小木橋呢？」心理學家問道。這次又有五個人站了出來。

「你們爲什麼不願意呢？」心理學家問剩下的兩個人。

「這張安全網牢固嗎？」兩個人異口同聲地反問。

智慧沙：

很多時候，導致失敗的原因不是智力的低下，而是周圍環境的威懾——面對虛構的危險，很多人早就失去了平靜的心態，慌了手腳，亂了方寸。

2．打開通向要職的門

有位智慧的國王想要選拔重要官員，他把文武百官領到一座誰也沒有見過的巨大的門前——這扇門不但是最大的，而且也是最重的。如果有誰能把它打開，國王就會把要職委任給他。

許多大臣見到大門後搖頭擺手，有的走近看看，有的則無動於衷。

只有一位大臣，他走到大門外，用眼睛和手仔細檢查，然後又嘗試了各種方法。最後，他抓住一條沈重的鏈子一拉，這扇巨大的門開了。

國王說：「你將在朝廷中擔任要職。」

智慧沙：

很多時候，大門都沒有完全關死，任何人只要有膽量去試一下就能打開它。世界上根本沒有任何阻隔我們走向成功的門，如果有，那門就在我們心中。

3．敲動生命的大鐵球

一位世界第一的推銷大師即將告別自己的職業生涯。他的告別大會吸引了保險界的五千多位精英前來參加。當許多人問他推銷的秘訣時，大師微笑著表示不必多說。

這時，全場燈光暗了下來。從會場一邊閃出四名彪形大漢，他們抬著一個下面垂著一個大鐵球的鐵架子走上台。當現場的人丈二和尚摸不著頭腦時，大師走上前去，朝鐵球敲了一下，鐵球沒有動。隔了五秒，他又敲了一下，鐵球還是沒動，於是他每隔五秒就敲一下。如此持續不斷，鐵球還是沒有動。

這時，台下的人群開始騷動，甚至陸續離場而去。大師仍然靜靜地敲著大鐵球。人越走越多，留下來的人已經所剩無幾。終於，大鐵球開始慢慢晃動了。四十分鐘後，大力搖晃的鐵球，即使任何人的努力也不能使它停下來。

最後，大師面對僅剩的幾百人，與他們分享了他一生的成功經驗：成功就是簡單的事情重複去做。以這種持續的毅力每天進步一點點，當成功來臨時，你擋都擋不住。

智慧沙：

簡單的動作重複做，簡單的話反覆說，這就是成功的秘訣。說白了，成功其實很容易，就是先養成成功的習慣——世界上最可怕的力量是習慣，世界上最寶貴的財富也是習慣。

4．我還欠董事長一張名片

秘書把名片交給董事長，董事長不耐煩地把名片丟了出去。

門外的業務員禮貌地說：「沒關係，我下次再來，請董事長留下我的名片。」

秘書又硬著頭皮把名片遞進去。董事長氣極了，把名片撕成兩半丟到垃圾桶裡，並且拿了五塊錢，發瘋似的說：「五塊錢買他一張名片，叫他走！」

秘書把五塊錢交給業務員，業務員又拿出一張名片說：「我的名片兩塊五毛錢一張，五塊錢可以買兩張，所以我還欠董事長一張名片。麻煩交給他。」

沒多久，辦公室傳出一陣笑聲。

接著，董事長滿面笑容地走了出來，熱情地把業務員迎了進去。

智慧沙：

在追求成功的道路上，我們都在扮演著推銷員的角色。堅持不懈，戰勝拒絕，你才會有成功的希望。

5．成功沒有捷徑

在一位著名企業家的報告會上，有位年輕人向企業家提出這樣一個問題：「請問您過去走過彎路沒有？能不能給我們年輕人指出一條成功直線，讓我們少走彎路呢？」

沒想到這位企業家乾脆俐落地回答：「我不承認自己走過什麼彎路，我只知道自己一直走在成功的路上。成功從來就沒有什麼捷徑，它就像登山一樣，哪有什麼直路可走？」

智慧沙：

每個人都想尋找一條更加省力的路到達山頂。但那些從山頂下來的人卻說：山上根本沒有什麼捷徑，所有的路都是彎彎曲曲的。想要到達頂峰，就要不斷地征服那些根本就看不到路的懸崖峭壁。

6．按部就班地從一頭開始

有一個網球教練對學生說：「如果一個網球掉進草叢裡，應該如何找？」

有人答：「從草叢中心線開始找。」

有人答：「從草叢的最凹處開始找。」

有人答：「從草最高的地方開始找。」

教練宣佈他的答案：「按部就班地從草地的一頭，搜尋到草地的另一頭。」

智慧沙：

尋找成功的方法很簡單，從頭做起，不試圖走捷徑就可以了。

7．並非無路可走

一個喝醉酒的人走出酒店時，天色已經很晚了。他踉踉蹌蹌地尋找著回家的路。

他看見一條彎彎曲曲的路，就醉醺醺地朝前走。忽然「咚」地一聲，頭撞到了一個硬梆梆的東西。他被撞得兩眼直冒金星。

他朝後退了兩步，抬頭一看，原來是一塊路標，上面寫著「此路不通」。

醉漢眨了眨眼，定了定神，又糊里糊塗地走了一會兒，結果又來到了這塊路標前，不小心「咚」地把頭撞得很疼。他朝後退了兩步，抬頭一看，原來又是一塊路標，上面仍寫著「此路不通」。

醉漢定了定神，又糊里糊塗地走了起來，走著走著，頭又被「咚」地一聲撞痛了。原來，他又來到了這塊標牌前，當然他並不知道。他摸摸頭上撞出的疙瘩，穩了穩神，又繼續走路。走著走著，頭又被「咚」地一聲碰痛了。他朝後退了幾步，抬頭一看，又是一塊路標。上面還是寫著「此路不通」。

「天哪，我被圍住啦！」醉漢絕望地喊道。

智慧沙：

不要只知道自己已經多次碰壁，不要老是斷言自己已經無路可走，問問自己：是不是在同一條路上來回繞圈子，忘記了還有其他的出路和方法。

8・減少不必要的損失

一隻蟬停在很高的樹上唱歌。狐狸很想吃蟬，想出了一個壞主意。

狐狸故意站在能看到蟬的地方，欣賞美妙歌聲，並勸牠下來，說想見識一下是什麼樣的動物可以有如此美妙的聲音。

蟬對狐狸的態度感到懷疑，就先折了一片樹葉丟下去。狐狸以為是蟬，立刻衝上去咬住，於是蟬說：「狐狸啊！你以為我會下去，那就錯了。自從我在狐狸的糞便中看到蟬的翅膀後，我就對狐狸特別小心，格外注意了。」

智慧沙：
從別人的失誤和毀滅中吸取經驗和教訓，減少不必要的損失。

9・讓理想轉個彎

他是一名農夫，從小的理想就是當作家，為此，他一如既往地努力著，十年來，堅持每天至少寫作五百字。每寫完一篇，他都改了又改，精心地加工潤色，然後再充滿希望地寄往各地的報紙雜誌。然而遺憾的是，儘管他很用功，可他從來沒有一篇文字得以發表，甚至連一封退稿信都沒有收到過。

二十九歲那年，他總算收到了第一封退稿信。那是一位他多年來一直堅持投稿的一家刊物的編輯寄來的，信裡寫道：「看得出你是一名很努力的青年，但我不得不遺憾地告訴你，你的知識面過於狹窄，生活經歷也顯得過於蒼白，不過我從你多年的來稿中發現，你的鋼筆字越來越出色……。」

就是這封退稿信，點醒了他的困惑。他毅然放棄寫作，轉而練起了鋼筆書法，果眞長進很快，現在他已是有名的硬筆書法家。

智慧沙：

一個人想要成功，理想、勇氣、毅力固然重要，但更重要的是，在錯綜複雜的人生路上，如遇到迷途，要懂得捨棄，更要懂得轉彎！

10．幸虧我們沒有錄用他

有一個日本青年，經過十多年的寒窗苦讀，終於從東京一所知名大學畢業。當時正值松下電器公司招聘一批基層管理人員。

這次招聘，採取筆試與面試相結合的方式。參加報考的人數有好幾百個，經過一週的考試，成績出來了，並選出十位優勝者。最後，松下幸之助會見十位錄取者時，發現有一位面試時曾給他留下深刻印象且筆試成績也特別出色的年輕人卻未在其中。於是，他立即讓人複查考試情況。結果發現，這位年輕人的綜合成績名列第二，然而電腦在排列分數和名次時卻出了故障，致使這位年輕人未被列入前十位。這時，松下立即吩咐，給這位年輕人補發錄用通知書。但是，第二天松下卻得到一個驚人的消息：這位年輕人因沒有被錄取而跳樓自殺了。

後來，松下電器公司的許多人都說：「太可惜了，那麼一位有才幹的青年，卻沒有被我們錄取。」然而，松下卻不這樣認爲，他說：「幸虧我們沒有錄用他。意志如此不堅強的人是很難成大

事的。」

智慧沙：

一個人如果稍遇挫折就被擊倒在地，從此陷入困境並一蹶不振，甚至失去生活的信心，那麼他就是生活的弱者。只有那些對生活充滿必勝信念的人，才能獲得最後的勝利，贏得人們的尊敬。

11．一錘定音

在沂蒙山區一個小山村的村頭，有一個專打製銅鑼的鋪子。鋪子裡的工匠師傅已經近七十歲了，每天還堅持掌錘。他的兩個兒子雖然已幹了十幾年，但每錘到鑼心時，他們就會停止，然後把錘子交給父親，由父親完成最後的一錘。

有人不明白箇中原由，問老者。老者說，這鑼心的一錘和周邊的錘法都不一樣，鑼心以外的每一錘都只是準備，最後的一錘才是定音。或清脆悠揚，或雄渾洪亮，都因這一錘而定。這一錘打好了，就是好鑼。要打得不輕不重，恰到好處，古語有「一錘定音」之說，據說出處就在這裡。

智慧沙：

不論多麼優質的銅材，不論剪裁的尺寸多麼合理，也不論一開始打了多少錘，這都不是最重要的。最重要的是，最後關頭的斷然一擊，這分量深淺恰到好處的最後一錘，是一只鑼成功的關鍵。

12·愛人之心

這是發生在英國的一個眞實故事。

有位孤獨的老人，無兒無女，又體弱多病。他決定搬到養老院去。老人宣佈出售他漂亮的住宅。購買者蜂擁而至。住宅底價八萬英鎊，但人們很快就將它炒到了十萬英鎊。價錢還在不斷攀升。老人深陷在沙發裡，滿目憂鬱，是的，要不是健康情形不行，他是不會賣掉這棟陪他度過大半生的住宅的。

一個衣著樸素的青年來到老人眼前，彎下腰，低聲說：「先生，我也好想買這棟住宅，可我只有一萬英鎊。但是，如果您把住宅賣給我，我保證會讓您依舊生活在這裡，和我一起喝茶、讀報、散步，天天都快快樂樂的。相信我，我會用整顆心來照顧您！」

老人頷首微笑，把住宅以一萬英鎊的價錢賣給了他。

智慧沙：

完成夢想，不一定非得要冷酷地廝殺和欺詐。有時，你只要擁有一顆愛人之心，你就擁有了一切。

輯11 讓幸運來敲門

機會就像一扇迅速旋轉的轉門，當那個空檔轉到你面前時，你必須迅速擠進去。

——盛大總裁陳天橋

1·等待意外收穫悄悄問候你

有個人自從生下來，就對麵包有著無比濃厚的興趣，聞到麵包的香味就如痴如醉。長大後，他如願以償地做了麵包師。

他做麵包時要講條件：要有絕對精良的麵粉和黃油；要有一塵不染、閃光晶亮的器皿；打下手的姑娘要令人賞心悅目；伴奏的音樂要稱心如意。他說這四個條件缺一不可，否則就醞釀不出情緒，沒有創作靈感。

這位麵包師完全把麵包當作藝術品，哪怕只有一勺黃油不新鮮，他也要大發雷霆，認爲那簡直是難以容忍的褻瀆。哪一天要是沒做麵包，他就會滿心愧疚：饞嘴的孩子和挑剔的姑娘只能去吃那些粗製濫造的麵包了。他從來不去想今天少做了多少生意，然而他的生意卻出人意料地好，超過了所有比他更聰明更努力賺錢的人。

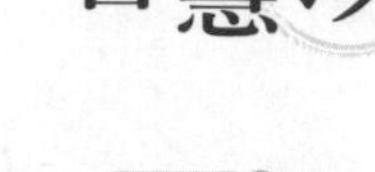

智慧沙：

世間的許多事情都是如此。當你刻意追逐時，成功就像蝴蝶一樣振翅飛遠；當你摒去表面的凡塵雜念，專心致力於一項事情時，那意外的收穫已在悄悄問候你。

2．你還等什麼

一九七三年，英國利物浦市一個叫科萊特的青年，考入了美國哈佛大學，常和他坐在一起聽課的是一位十八歲的美國小夥子。大學二年級那年，這位小夥子和科萊特商議，一起退學，去開發32Bit財務軟體，因爲新編教科書中，已解決了進位制路徑轉換問題。

當時，科萊特感到非常驚訝，因爲他來這兒是求學的，不是來鬧著玩的。再說對Bit系統，墨爾斯博士才教了點皮毛，要開發Bit財務軟體，不學完大學的全部課程是不可能的。他委婉地拒絕了那位小夥子的邀請。

十年後，科萊特成爲哈佛大學電腦系Bit方面的博士研究生，那位退學的小夥子也是在這一年，進入了美國《福布斯》雜誌億萬富豪排行榜。

一九九二年，科萊特繼續攻讀，讀到了博士後；那位美國小夥子的個人資產，在這一年則僅次於華爾街大亨巴菲特，達到六十五億美元，成爲美國第二富豪。

一九九五年，科萊特認爲自己已具備了足夠的學識，可以研究和開發32Bit財務軟體了，而那位小夥子則已繞過Bit系統，開發出新的財務軟體——Eip比Bit快一五〇〇倍，在兩週內就佔領了全球市場。

這一年小夥子成了世界首富，一個代表著成功和財富的名字——比爾．蓋茲也隨之傳遍全球的

每個角落。

智慧沙：

比爾・蓋茲在哈佛沒畢業就創業去了，假如他等到學完所有知識再去創辦微軟，他還會成為世界首富嗎？對一件事，如果等所有條件都成熟才行動，那麼他也許得永遠等下去了。

3・收集生命中的鵝卵石

一天晚上，一群遊牧部落的牧民正準備安營紮寨休息時，忽然被一束耀眼的光芒所籠罩。他們知道神就要出現了。因此，他們滿懷殷切地期盼、恭候著來自上蒼的重要旨意。最後，神終於說話了：「你們要沿路多撿一些鵝卵石，把它們放在你們的馬褡子裡。明天晚上，你們會非常快樂，但也會非常懊悔。」

說完，神就消失了。牧民們感到非常失望，因爲他們原本期盼神能夠給他們帶來無盡的財富和健康長壽，但沒想到神卻吩咐他們去做這件毫無意義的事。但不管怎樣，那畢竟是神的旨意，他們雖然有些不滿，但仍舊各自撿拾了一些鵝卵石，放在他們的馬褡子裡。

就這樣，他們又走了一天，當夜幕降臨，他們開始安營紮寨時，忽然發現他們昨天放進馬褡子裡的每一顆鵝卵石竟然都變成了鑽石。他們高興極了，同時也懊悔極了，後悔沒有撿拾更多的鵝卵石。

智慧沙：
有許多眼前看似鵝卵石的東西被我們視如敝屣般地丟棄了，然而，有一天當我們需要它的時候，它就變成了鑽石，而我們卻不得不為以前丟棄它而懊悔不已。

4．別連心願石也丟下海

有個年輕人，想發財想到幾乎發瘋的地步。每每聽到哪裡有財路，他便不辭勞苦地去尋找。有一天，他聽說附近深山中有位白髮老人，若有緣與他見面，則有求必應，肯定不會空手而歸。於是，那年輕人便連夜收拾行李，趕上山去。

他在那兒苦等了五天，終於見到了傳說中的老人，他向老者請求恩賜珠寶。老人告訴他說：「每天早晨，太陽未升起時，你到村外的沙灘上尋找一粒『心願石』。其他石頭是冷的，而那顆『心願石』卻與衆不同，握在手裡，你會感覺到很溫暖而且會發光。一旦你尋到那顆『心願石』，你所祈禱的東西就都可以實現了。」

年輕人很感激老人，便趕快回村去。每天清晨，他便在沙灘上尋找石頭，只要發覺不溫暖也不發光的，他便丟下海去。日復一日，月復一月，年輕人在沙灘上尋找了大半年，始終沒找到溫暖發光的「心願石」。

有一天，他如往常一樣，在沙灘開始撿石頭。一發覺不是「心願石」，他便丟下海。一粒、二粒、三粒。突然，「哇——！」年輕人哭了起來，因爲他剛才習慣地將那顆「心願石」隨手丟下海以後，才發覺它是「溫暖」的！

智慧沙：

當一切都熟視無睹時，我們不僅遺失了思想，更放過了許多成功的機遇——因為習慣，我們放棄了許多發現的機會。

5．自己拯救自己

洪水淹沒了村落。一位神父在教堂裡禱告，眼看洪水已經淹到他跪著的膝蓋了。這時，一個救生員駕著小船來到教堂，說道：「神父，快！趕快上來！不然洪水會把你淹沒的！」

神父說：「不！我要守著我的教堂，上帝會來救我的。」

過了不久，洪水已經淹過神父的胸口了，神父只好勉強站在祭壇上。這時，一個員警開著快艇過來，說道：「神父，快上來！不然你會被淹死的！」神父說：「不！我要守著我的教堂，我的上帝一定會來救我的。你先去救別人好了。」

又過了一會兒，洪水已經把教堂整個淹沒了，神父在洪水裡掙扎著。一架直升機飛過來，飛行員丟下繩梯大叫：「快！快上來！這是最後的機會了，我們不想看到你被淹死！」神父還是固執地說：「不！上……上帝會來救我的……。」話還沒說完，神父就被洪水淹沒了。

神父死後見到了上帝，他很生氣地質問：「上帝啊上帝，我一生那麼虔誠地侍奉你，你爲什麼不肯救我？」

上帝說：「我怎麼不肯救你？第一次，我派了小船去找你，你不要；第二次，我又派了一艘快艇去救你，你還是不肯上船；最後，我派了一架直升機去救你，結果你還是不肯接受。是你自己沒有把握機會啊，怎麼能怪我呢？」

智慧沙：

你就是自己的上帝——現實生活中，機遇其實無處不在，關鍵是看你肯不肯選擇和把握。

6．誰說上帝沒來

有個信仰十分虔誠的老先生，夜裡夢見上帝次日要來拜訪他。老先生從夢中驚醒，非常高興，於是用心地計畫要如何款待上帝。

他費心準備了許多美食和珍貴的禮物等待上帝的到來。可是直到天黑，上帝都沒有來，等著等著，他睡著了。在夢中，他聽見上帝呼喚他，並謝謝他的招待。

老先生納悶地說：「上帝啊！我等了一整天，您都沒有來。爲何還謝謝我？」

上帝說：「我今天已到你家三次。我就是喝你冰水的郵差、吃你美食的乞丐和收你禮物的孤兒。」

智慧沙：

誰說上帝沒來？其實人人都是上帝，當然也包括我們自己。

7．取得之前先學會付出

有個人在沙漠中行走了兩天。途中遇到暴風沙。一陣狂沙吹過之後，他已認不得正確的方向。正當快撐不住時，突然他發現了一幢廢棄的小屋。他拖著疲憊的身子走進了屋內。這是一間不通風的小屋，裡面堆了一些枯朽的木材。他幾近絕望地走到屋角，卻意外地發現了一座抽水機。

他興奮地上前汲水，但任憑他怎麼抽水，也抽不出半滴。他頹然坐地，卻看見抽水機旁有一個用軟木塞堵住瓶口的小瓶子，瓶上貼了一張泛黃的紙條，紙條上寫著：你必須用水灌入抽水機才能引水！不要忘了，在你離開前，請再將水裝滿！他拔開瓶塞，發現瓶子裡，果然裝滿了水！

他的內心，此時開始掙扎著：如果自私點，只要將瓶子裡的喝掉，他就不會渴死，就能活著走出這間屋子！如果照紙條做，把瓶子裡的水倒入抽水機內，萬一水一去不回，他就會渴死在這個地方了……。到底要不要冒險？

最後，他決定把瓶子裡的水，全部灌入看似破舊不堪的抽水機裡。他以顫抖的手汲水，水真的大量湧了出來！他將水喝足後，把瓶子裝滿水，用軟木塞封好，然後在原來那張紙條後面，再加上他自己的話：相信我，真的有用。在取得之前，要先學會付出。

智慧沙：

在取得之前，要先學會付出。一分付出，一分收穫。想要比別人收穫的多，你就必須比別人付出的多。

8·機會之神等待你繼續敲門

那是他第一次面試，也是他記憶最深刻的一次面試。

那天，他揣著一家著名廣告公司的面試通知，興沖沖地提前十分鐘到達了那座大廈的一樓大廳裡。當時他很自信，他學業成績好，年年都拿獎學金。廣告公司在這座大廈的十八樓。這座大廈管理很嚴，兩位精神抖擻的保安分立在兩個門口旁，他們之間的條形桌上有一塊醒目的標牌：「來客請登記。」

他上前詢問：「先生，請問一八一〇室怎麼走？」保安抓起電話，過了一會兒說：「對不起，一八一〇室沒人。」「不可能吧，」他忙解釋：「今天是他們面試的日子，您瞧，我這兒有面試通知。」那位保安又撥了幾次：「對不起，先生，一八一〇室還是沒人；我們不能讓您上去，這是規定。」

時間一秒一秒地過去。他心裡雖著急，但也只有耐心地等待，同時祈禱該死的電話能夠接通。已經超過約定時間十分鐘了，保安又一次彬彬有禮地告訴他電話沒通。

他當時壓根也沒想到第一次面試就吃了這樣的「閉門羹」。面試通知明確規定：「遲到十分鐘，取消面試資格。」他猶豫了半天，只得自認倒楣地回到了學校。

晚上，他收到一封電子郵件：「先生，您好！也許您還不知道，今天下午我們就在大廳裡對您進行了面試，很遺憾您沒通過。您應當注意到那位保安先生根本就沒有撥號。大廳裡還有別的公用電話，您完全可以自己詢問一下。我們雖然規定遲到十分鐘取消面試資格，但您爲什麼立即放棄而不再努力一下呢？祝您下次成功！」

智慧沙：

別輕易就放棄。有時候機會就隱藏在放棄與選擇的拐角處，再堅持一下，機會就屬於你了——機會之神正等待你繼續敲門。

9．你的心怎麼看待

有一個人，他生前善良且熱心助人，所以在他死後，升上天堂，做了天使。當了天使後，他仍時常到凡間幫助人，希望感受到幸福的味道。

一日，他遇見一個農夫，農夫的樣子非常苦惱，他向天使訴說：「我家的水牛剛死了，沒牠幫忙犁田，我怎麼下田耕作呢？」於是天使賜農夫一隻健壯的水牛，農夫很高興。天使在他身上感受到幸福的味道。

又一日，他遇見一個男人，男人非常沮喪，他向天使訴說：「我的錢被騙光了，沒盤纏回鄉。」於是天使給他銀兩做旅費，男人很高興。天使在他身上感受到幸福的味道。

又一日，他遇見一個詩人，詩人年輕、英俊，有才華且富有，並有一個溫柔貌美的妻子，但他卻過得不快活。天使問他：「你不快樂嗎？我能幫你嗎？」

詩人對天使說：「我什麼都有，只欠一樣東西，你能夠給我嗎？」

天使回答說：「可以。你要什麼我都可以給你。」

詩人直直地望著天使：「我要的是幸福。」

這下子把天使難倒了，天使想了想，說：「我明白了。」然後把詩人所擁有的都拿走了。

天使拿走詩人的才華，毀去他的容貌，奪去他的財產和他妻子的性命。天使做完這些事後，便離去了。

一個月後，天使再回到詩人的身邊，他那時餓得半死，衣衫襤褸地在躺在地上掙扎。於是，天使把他的一切還給他。然後，又離去了。半個月後，天使再去看看詩人。這次，詩人摟著妻子，不斷向天使道謝。因爲，他得到幸福了。

智慧沙：

幸福就在你面前。肚子餓時，有一碗熱麵放在你眼前，幸福；累得半死時，撲上軟軟的床，幸福；哭得要命時，旁邊遞來一張紙巾，幸福。幸福與否，端看你的心怎麼看待。

第二卷

生活有味

比起那種一味用陰暗的前景使自己的生活樂趣失色的人，人們倒可以把一個經得住一切事變的人視為一個更幸福的人。

哪裡有生活，哪裡就有幸福。越往前去，它就越多，越多。

輯12 你在爲誰工作

廿一世紀工作生存法則就是建立個人品牌，它能讓你把名字變成錢。

——美國管理學者華德士談「這是一個個人品牌的時代」

1．你為了什麼而工作

非洲的某個土著部落迎來了從美國來的旅遊觀光團，部落裡的人們雖然還沒有什麼市場觀念，可面對這樣好的賺錢商機，自然也不會放過。

部落中有一位老人，他正悠閒地坐在一棵大樹下，一邊乘涼，一邊編織著草帽，編完的草帽他會放在身前一字排開，供遊客們挑選購買。他編織的草帽造型非常別致，而且顏色的搭配也非常巧妙，可以稱得上是巧奪天工了，遊客們紛紛駐足購買。

這時，一位精明的商人看到老人編織的草帽，腦袋裡立刻盤算開來，他想：「這樣精美的草帽如果運到美國，一定可以賣個好價錢，至少能獲利十倍吧。」想到這裡，他不由得激動地對老人說：「朋友，這種草帽多少錢一頂呀？」「十塊錢一頂。」老人向他微笑了一下，繼續編織草帽，他那悠閒的神態，眞的讓人感覺他不是在工作，而是在享受一種美妙的心情。

「天哪，如果我買十萬頂草帽回到國內去銷售的話，我一定會發大財。」商人欣喜若狂，不由得爲自己的經商天才而沾沾自喜。他對老人說：「假如我在你這裡訂作一萬頂草帽的話，你每頂草

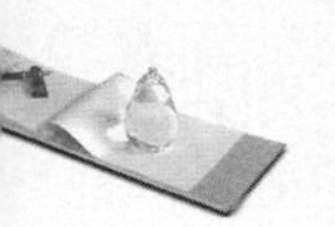

帽給我優惠多少錢呀？」

他本以爲老人一定會高興萬分，可沒想到老人卻皺著眉頭說：「這樣的話啊，那就要一百元一頂了。」

每頂要一百元，這是他從商以來聞所未聞的事情呀！「爲什麼？」商人沖著老人大叫。老人講出了他的道理：「在這棵大樹下，沒有負擔地編織草帽，對我來說是種享受，可如果要我編一萬頂一模一樣的草帽，我就不得不夜以繼日地工作，不僅疲憊勞累，還成了精神負擔。難道你不該多付我些錢嗎？」

智慧沙：

當工作不能成為一種享受而成為一種循環往復的單調時，確實會令人感到乏味，但我們還是不得不為了特定的利益而奔走勞累。你為了什麼而工作？只有真正熱愛工作的人，才能從工作中享受到快樂。

2．不要為了忙而忙

朋友要在客廳裡掛一幅字畫，便請鄰居來幫忙。字畫已經在牆上擺好，正準備釘釘子。鄰居說：「這樣不好，最好釘兩個木塊，把字畫掛在上面。」朋友聽從了鄰居的意見，讓他幫忙找來鋸子。但剛鋸兩三下，鄰居就說：「不行，這鋸子太鈍了，得磨一磨。」

於是鄰居丟下鋸子去找銼刀。銼刀拿來了，他又發現銼刀的柄壞了。爲了給銼刀換一個柄，他拿起斧頭到樹林裡尋找小樹。就在要砍樹時，他發現那把生滿鐵繡的斧頭實在是不能用，必須得磨一下。磨刀石找來後，鄰居又發現，要磨快那把斧頭，必須用木條把磨刀石固定起來。為此，他又去找木匠，說木匠家有現成的木條。

然而，這一走，朋友就再也沒有見鄰居回來。當然，那幅字畫，朋友還是一邊一個釘子把它釘在牆上。第二天，朋友在街上見到了鄰居，他正在幫木匠從五金商店裡往外搬一台笨重的電鋸。

智慧沙：無論做什麼工作，首先都要明確你的目的。不要為了忙而忙，到頭來白忙一場。

3．我很重要

二戰後受到經濟危機的影響，日本失業人數陡增，工廠效益也很不景氣。一家瀕臨倒閉的食品公司為了起死回生，決定裁員三分之一。有三種人名列其中：一種是清潔工，一種是司機，一種是無任何技術的倉管人員。這三種人加起來有三十多名。

經理找他們談話，說明裁員意圖。

清潔工說：「我們很重要，如果沒有我們打掃衛生，沒有清潔優美、健康有序的工作環境，你們怎能全心投入工作？」

司機說：「我們很重要，沒有司機，這麼多產品怎能迅速銷往市場？」

倉管人員說：「我們很重要，戰爭剛剛過去，許多人掙扎在饑餓線上，如果沒有我們，這些食品豈不是要被流浪街頭的乞丐偷光！」

經理覺得他們說的話都很有道理，權衡再三決定不裁員，重新制定了管理策略。最後經理在廠

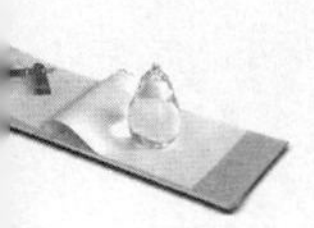

門口懸掛了一塊大匾，上面寫著：我很重要！

從此，每天當職工們來上班，第一眼看到的便是「我很重要」這四個字。不管是基層員工還是白領階層，都認為老闆很重視他們，於是非常賣命地工作。這句話調動了全體職工的積極性，一年後公司迅速崛起，成為日本有名的公司之一。

智慧沙：

任何時候都不要看輕自己。在關鍵時刻，敢於說「我很重要」。說出來，你的人生旅程就會由此掀開新的一頁。

4．天堂本沒有工作

有個人死後，在前往閻羅殿的路上，遇見了一座金碧輝煌的宮殿。宮殿的主人請他留下來居住。這個人回答說：「我在人世間辛辛苦苦地忙碌了一輩子，現在只想吃和睡，我討厭工作。」

宮殿主人說道：「若眞是這樣，那麼世界上再也沒有比這裡更適合你居住的了。我這裡有山珍海味，你想吃什麼就吃什麼，不會有人來阻止你。我這裡有舒服的床鋪，你想睡多久就睡多久，不會有人來打擾你。而且，我保證沒有任何事情需要你做。」

於是，這個人就住了下來。

開始的一段日子，這個人吃了睡，睡了吃，他感到非常快樂。但漸漸地，他覺得有些寂寞和空虛了，便跑去見宮殿主人，抱怨道：「這種每天吃吃睡睡的日子，過久了也沒意思。我對這種生活已經提不起一點興趣了。你能否為我找一個工作？」

宮殿的主人答道：「對不起，我們這裡從來就不曾有過工作。」

又過了幾個月，這個人實在忍不住了，又跑去見宮殿的主人：「這種日子我實在受不了了。如果你不給我工作，我寧願下地獄，也不要待在這裡。」

宮殿的主人輕蔑地笑了：「你認爲這裡是天堂嗎？這裡本來就是地獄啊！」

智慧沙：

不想工作的人無法找到天堂。沒有誰比那些整天無所事事的人更累、更無聊了，因為他們找不到休息的辦法。工作雖然累，但它卻充滿了情趣，讓人富有生機和活力。

5．自動自發

兩匹馬各拉一輛大車。前面的一匹走得很好，而後面的一匹常常停下來。於是主人就把後面一輛車上的貨挪到前面一輛車上去。等到把車上的東西都搬完了，後面那匹馬便輕快地前進起來。牠對前面那匹馬說：「你辛苦吧，流汗吧，你越是努力，主人越是要折磨你。」

來到車馬店的時候，主人想：「既然只用一匹馬拉車，我養兩匹馬做什麼？不如好好地餵養一匹，把另一匹宰掉，總還能拿到一張皮吧。」於是，後面的那匹馬被殺了，前面的馬留了下來。

智慧沙：

如果想登上事業的成功巔峰，你就得永遠保持自動自發的精神——即使面對缺乏挑戰或毫無樂趣的工作，也能全力以赴。當你養成了這種習慣，你就能獲得工作中所向披靡的利器，獲得自己想要的快樂和尊重。

6・建造自己的房子

一個老木匠就要退休了，他告訴老闆他要離開建築業，然後和家人享受一下輕鬆自在的生活。

老闆實在捨不得這麼好的木匠離去，因此希望他能在離開前再蓋一棟按自己風格設計的房子來。

木匠答應了。不過不難發現這一次他並沒有很用心地蓋這棟屋子，只是草草地用了劣質材料，就把這間屋子蓋好了。其實，用這種方式來結束他的事業生涯，實在是有點不妥。

房子蓋好了，老闆來檢視了房子，然後就把大門的鑰匙交給這個木匠說：「感謝你跟隨我這麼多年，這間按你自己風格設計的房子是我送給你的禮物！」

智慧沙：

想一下你的房子，每當你拿錘子釘下釘子，放置木板或豎一面牆的時候，其實就是在營造自己的生活。成就每一天就是在成就自己的未來。

7・索取的成為乞丐

有兩個人死後來到了陰曹地府，閻王查看過功德簿後說：「你們倆前世未作大惡，准許投胎為人。但是現在只有兩種人可供選擇：付出的人和索取的人。也就是說，一個人必須過不斷付出、給予的人生，另一個則必須過索取、接受的人生。」

甲暗想：索取、接受就是坐享其成，太舒服了！於是他搶先道：「我要過索取、接受的人生。」

乙見此情景，別無選擇，就表示甘願過不斷付出、給予的人生。

結果，甲要過索取、接受的人生，投胎轉世後，成了一個乞丐，每天都在索取和接受。而乙呢，因爲選擇過付出、給予的人生，轉世後，成了一個富人，每天都在給予和付出。

智慧沙：
世間絕沒有無付出的回報，也絕沒有無回報的付出。一個人付出的多少，決定了他成就的大小。

8．擁有心中那塊土地

有位護士剛從學校畢業，在一家醫院實習，如果這期間能讓院方滿意，便可獲得一份正式工作，否則就得離開。

一天，一位因車禍而生命垂危的病人需要手術，這位實習護士被安排作外科手術專家、院長亨利教授的助手。當手術將完，患者傷口即將縫合時，這位護士突然嚴肅地對院長說：「亨利教授，我們用了十二塊紗布，可是您只取出了十一塊。」院長不屑一顧地回答說：「我已經全部取出了，不要多說，立即縫合。」「不！」這位護士高聲抗議道：「我們確實用了十二塊紗布。」院長對此不加理睬，命令道：「聽我的，準備縫合。」

這位實習護士聽到後，幾乎大叫起來：「你是醫生，你不能這樣做！」直到這時，院長冷漠的臉上才浮出一絲微笑。他舉起手心裡握著的第十二塊紗布，高聲宣佈道：「她是我最合格的助手。」

不用說，這位實習護士理所當然地獲得了這份工作。如果在當時，這位實習護士不堅持眞理，不嚴肅對待，而是去迎合院長、服從院長，其結局會怎樣呢？毋庸置疑，她將會失去這份正式工

作。

智慧沙：

面對強大的勢力，面對重大的困難，面對非凡的誘惑，你是否堅守了心中那塊土地？那塊屬於你特有的責任的土地，請好好堅守它，經營它，它會帶給你幸運。

9．吹出最美的笛聲

在一座小城裡，住著一個年輕人，以賣炊餅維生。他白天賣炊餅，晚上便吹笛子自娛自樂。因此，每天晚上悠揚笛聲都能從他的屋裡飄逸出來，他活得很自在，也很快樂，臉上時常掛著笑容。他的鄰居是個大商人，覺得他為人老實，就借給他一萬貫銅錢，叫他做大生意，不要再賣炊餅了。從此，這個賣炊餅的人便白天忙生意，晚上忙算帳。只聞他屋裡算盤響，再也聽不到悠揚悅耳的笛聲。

而他在白天做生意時，心情也不好，既害怕出錯，又擔心虧本。過了些日子，他實在不願再過這種心無寧靜的日子，便把錢如數還給鄰居，又做起了賣炊餅的小生意。每逢晚上，他的屋裡又傳出了美妙的笛聲。

智慧沙：

不要強迫自己去做不願意做的事情，不要強迫自己去過適應不了的生活。要想生活得自由自在，就得選擇適合自己的生活與工作環境。只有如此，我們才會活得有滋有味。

10．為自己的簡歷工作

A對B說：「我要離開這間公司。我恨這間公司！」

A建議道：「我舉雙手贊成你報復！破公司一定要給它點顏色瞧瞧。不過你現在離開，還不是最好的時機。」

A問：「爲什麼？」

B說：「如果你現在走，公司的損失並不大。你應該趁在公司的時候，拼命爲自己拉一些客戶，成爲公司獨當一面的人物，然後再帶著這些客戶突然離開公司，這樣公司才會受到重大損失。」

A覺得B說的很有道理，於是努力工作。經過半年多的時間，A有了許多忠實客戶。再見面時，B問A：「現在是時機了，要跳就要趕快行動喔！」

A淡然笑道：「老總跟我長談過，準備提升我做總經理助理，我暫時沒有離開的打算了。」其實，這也正是B的初衷。

智慧沙：

一個人的工作，永遠只是為自己的簡歷而工作。只有付出大於得到，讓老闆真正看到你的能力大於職位，才會給你更多的機會替他創造更多的利潤。

11．挖一口真正屬於自己的井

有兩個和尚分別住在相鄰的兩座山上的廟裡。這兩座山之間有一條溪水，這兩個和尚每天都會

在同一時間下山到溪邊挑水，久而久之他們成了好朋友。

就這樣，時間在每天挑水中不知不覺經過了五年。突然有一天，左邊這座山的和尚沒有下山挑水，右邊那座山的和尚心想：「他大概睡過頭了。」便沒當回事。

哪知第二天，左邊這座山的和尚還是沒有下山挑水，第三天也一樣。過了一個星期還是一樣，直到過了一個月右邊那座山的和尚終於受不了，他心想：「我的朋友可能生病了，我要過去拜訪他，看看能幫上什麼忙。」於是他便爬上了左邊這座山，去探望他的老朋友。

等他到了左邊這座山的廟裡，看到他的老友之後大吃一驚，因為他的老友正在廟前打太極拳，一點也不像一個月沒喝水的人。他很好奇地問：「你已經一個月沒有下山挑水了，難道你可以不用喝水嗎？」

左邊這座山的和尚說：「來來來，我帶你去看。」於是他帶著右邊那座山的和尚走到廟的後院，指著一口井說：「這五年來，我每天做完功課後都會抽空挖這口井，即使有時很忙，能挖多少就算多少。一個月前我終於挖出井水，從此不用再下山挑水，我可以有更多時間練我喜歡的太極拳了。」

智慧沙：

我們現在領的薪水再多，那都是挑水。把握下班後的時間，挖一口真正屬於自己的井，這才是我們現在要做的大事——未來當年紀大了，體力拼不過年輕人了，還是有水喝，而且還喝得很悠閒。

12．車子還停留在老地方

有一次，天鵝、狗魚和蝦，一起想拉動一輛裝東西的貨車，三個傢伙套上車索，拼命用力拉，可車子還是拉不動。

車上裝的東西不算重，只是天鵝拼命向雲裡衝，蝦盡是向後倒拖，狗魚則直向水裡拉動。究竟哪個錯哪個對，用不著多講，只是車子還停留在老地方。

智慧沙：

無論一個組織的金錢、設備和材料的總和多麼強大，如果沒有一支願意進行思考和頭腦清醒的人們組成的隊伍去使用，它們只不過是一堆不會產生成果的僵死物質。

13．以退為進

一位留美的電腦博士，畢業後在美國找工作，結果好多家公司都不錄用他，思前想後，他決定收起所有證書，以一種「最低身份」再去求職。

不久，他被一家公司錄用爲程式輸入員，這對他來說，簡直是大材小用，但他仍幹得一絲不苟。不久，老闆發現他能看出程式中的錯誤，非一般程式輸入員可以比擬。這時他亮出了學士證，老闆於是給他換了個與大學畢業生相符的職位。

過了一段時間，老闆又發現他時常能提出許多獨到且有價值的建議，遠比一般大學生還要高明。這時他亮出了碩士證，老闆於是又提升了他。

再過一段時間，老闆覺得他還是與別人不一樣，就「質詢」他，這時他才拿出博士證。老闆對他的能力有了全面的認識，於是就毫不猶豫地重用了他。

智慧沙：

以退為進，由低到高，這是自我表現的一種藝術。

14．討主人喜歡

有戶人家養了一條狗、一隻貓。

狗是勤快的。每天，當主人家中無人時，狗便豎起耳朵，虎視眈眈地巡視主人家的周圍，哪怕有一丁點的動靜，狗也要狂吠著疾奔過去，就像一名盡忠職守的員警，兢兢業業地爲主人家做著看家護院的工作。

但是，每當主人家有人時，他的精神便稍稍放鬆了，有時還會伏地沈睡。於是，在主人家的每一個人眼裡，這條狗都是懶惰的，極不稱職的，便也經常不餵飽牠，更別提獎賞牠好吃的了。

貓是懶惰的。每當家中無人時，便伏地大睡，哪怕三五成群的老鼠在主人家中肆虐，牠也無動於衷。直到睡飽了，牠才到處散散步，活動活動筋骨。等主人家中有人時，牠的精神也養好了，這兒瞅瞅那兒望望，也像一名盡忠職守的員警，時不時地，牠還要去給主人舔舔腳、逗逗趣。在主人的眼中，這無疑是一隻極勤快、極盡職的貓。好吃的自然給了牠。

然而，由於貓的不盡職，主人家的老鼠越來越多。終於有一天，老鼠咬壞了主人家唯一值錢的家當，惹得主人相當震怒。他召集家人說：「你們看看，我們家的貓這麼勤快，老鼠還猖狂到這種地步，我認爲一個重要的原因就是那條懶狗，牠整天睡覺也不幫貓捉幾隻老鼠，所以我鄭重宣佈，將狗趕出家門，再養一隻貓。大家意見如何？」

家人紛紛附和說，這條狗是夠懶的，每天只知道睡覺，你看貓，每天多勤快，抓老鼠吃得多胖，都有些走不動了。是該將狗趕走，再養一隻貓。於是，狗被一步三回頭地趕出了家門。自始至終，牠都不明白被趕走的原因。牠只看到，那隻肥貓在牠身後竊竊地、輕蔑地笑。

智慧沙：

仔細留意一下生活，這樣的故事不只一個。我們可以唾棄貓，為狗鳴不平，但我們不也是那樣地判斷是非？看來，既要稱職地做好工作，也要學會討主人喜歡。

15．做個泉水守護人

在阿爾卑斯山東邊山坡，奧地利一側的森林裡曾住著一位老人。他在多年前被一個鎭議會聘用，負責清除山澗水池中的雜物。

清潔的泉水從山上的源頭流出，直達他們的市鎭。他默默地在山上巡迴，隨時清除樹葉和樹枝，並抹去可能淤塞和污染清新水流的泥沙。逐漸地，村莊成了度假勝地。美麗的天鵝在晶瑩的泉水上游動，附近各種營業的水車日夜轉動，農田自然得到灌溉，從餐廳裡望出去的風景賞心悅目。

許多年過去了，一天早上鎭議會舉行半年一度的會議。審查預算時，某人的視線停在鮮爲人注意的泉水守護者薪水上。這位負責財務的先生說：「這老頭是誰？我們爲何每年聘用他？沒人看見他。這位在山裡巡邏的陌生人對我們沒啥用處，我們並不需要他！」經過投票，衆人一致同意取消

了老人的職位。

一開始數週並沒有什麼改變。直至秋天來臨，樹木開始落葉，折斷的小樹枝掉落在水池裡，阻礙了泉水的奔流。一天下午，有人注意到泉水出現了些微棕黃的顏色。到了第二個星期，泉水更顯得陰暗。再過一週，泉水又多了一層浮在水面的泥土，不久更發出惡臭。水車轉得比以前慢了，終於嘎然止住。天鵝和遊客也都不再來訪，各樣疾病開始侵襲村莊。

尷尬的議會急忙召開特別會議，他們知道犯了一個重大錯誤，決定重新聘用泉水的老守護人……。數週之後，生命的河水又恢復了清潔。輪子重新轉動，新生命再次注入這阿爾卑斯山邊的小村莊。

智慧沙：

有的人在這個世界上，就好像泉水守護者與村莊的關係一樣。那保持清潔甘甜的泉水守護者，看來微不足道沒有必要。但缺少了他們，村莊就會陰暗惡臭，疾病泛濫。

16．你知道清潔工的名字嗎

有位醫生到母校進修，上課的正是一位原先教過他的教授。教授沒有認出他來。因爲畢業的學生太多了，何況已經過去整整十年了。

第一堂課，教授用了半堂課的時間，給學生們講了一個故事。可是，這個故事醫生當年就聽過。醫生覺得教授眞是古板，都十年了，怎麼又把故事拿出來講呢？醫生覺得索然無味。

教授的課在故事中結束，給學生留了幾道思考題。思考題很簡單，要求學生當堂課完成。前面的題目大家答得很順利，可是到了最後一題，大家卻都被難住了，這道題是這樣的：「你知道每天清早在醫院裡打掃衛生的清潔工叫什麼名字嗎？」同學們以爲教授是在開玩笑，都沒有回答。那位醫生也覺得好笑，都十年了，還出這樣的題目，教授的課怎麼一成不變呢？

教授看了學生的答題，表情很嚴肅。他在黑板上寫了一行字：「在你們的職業當中，每個人都是重要的，都值得關心，並關愛他們。」教授說：「現在我要表揚一位同學，只有他回答出來了。」這個人就是那位醫生。醫生這時才猛然發現，自己在平時工作中常會下意識地去記清潔工的名字。他工作的醫院有一千多人，他竟然記得每位清潔工的名字。因爲，這道題目十年前就曾難倒過他。沒想到當年第一堂課會影響他這麼多年。

智慧沙：

在我們的職業當中，每個人都是重要的，都值得關心，並關愛他們。沒有人是沒有價值的——人人都是一座寶藏，值得我們花一番工夫挖掘。

17．決定權在你

有兩個台灣觀光團到日本伊豆半島旅遊，路況很差，到處都是坑洞。

其中一位導遊連聲抱歉，說路面簡直像麻子一樣。另一個導遊卻詩意盎然地對遊客說：「諸位先生、女士，我們現在走的這條路正是赫赫有名的伊豆迷人酒窩大道。」

智慧沙：

雖是同樣的情況，但不同的意念卻會產生不同的態度。思想是何等奇妙的事，如何去想，決定權在你。

輯13 態度決定一切

並不是因為事情難我們不敢，而是因為我們不敢事情才難。

——羅馬哲學家塞涅卡

1．做個積極的解夢人

一位秀才第三次進京趕考，考試前兩天他做了三個夢。第一個夢他夢到自己在牆上種了顆白菜，第二個夢他夢到自己在下雨天戴著斗笠還打著傘，第三個夢他夢到自己跟心愛的表妹躺在一起，但卻是背靠背。

這三個夢似乎有些深奧，秀才第二天趕緊找算命先生解夢。算命的一聽，連拍大腿說：「你還是回家吧。你想想，高牆上種菜不是白費勁嗎？戴斗笠打雨傘不是多此一舉嗎？跟表妹躺在一張床上卻背靠背，這不是沒戲嗎？」

秀才一聽，心灰意冷，回到入住的客棧收拾包袱準備回家。店老闆覺得奇怪，於是問道：「不是明天才考試嗎，怎麼今天你就回鄉了？」秀才如此這般說了一番。

店老闆樂了：「我也會解夢的，我倒覺得你這次一定要留下來。你想想，牆上種菜不是高中嗎？戴斗笠打傘不是說明你這次有備無患嗎？跟你表妹背靠背躺在床上，不是說明你翻身的時候就要到了嗎？」

秀才一聽，覺得這番解析更有道理，於是精神振奮地參加了考試。結果，他竟然中了個探花。

智慧沙：
態度決定我們的生活。想要有好的生活，首先要擁有好的生活態度。

2．你能有什麼辦法

有個人嗜酒如命且毒癮甚深，有一次差點把命都斷送了——因爲在酒吧裡看不順眼一位酒保而殺了這個人，他被判終身監禁。

這個人有兩個兒子，年齡只相差一歲。其中一個跟父親一樣有很重的毒癮，靠偷竊和勒索維生，也因犯了殺人罪而坐牢。但另外一個兒子可就不一樣了，他擔任一家大企業的分公司經理，有美滿的婚姻，有三個可愛的孩子，既不喝酒更未吸毒。

爲什麼有同樣的一個父親，在完全相同的環境下長大，兩個人卻有著不同的命運呢？一次訪問中，記者問起造成他們現狀的原因，兩人竟是同樣的答案：「有這樣的父親，我還能有什麼辦法？」

智慧沙：
影響我們人生的絕不是環境，而是我們對這一切所持有的態度。態度決定一切。

3．拼對你的世界地圖

美國一位牧師正在家裡準備第二天的佈道。他的小兒子在屋裡吵鬧不止，令人不得安寧。牧師從一本雜誌上撕下一頁世界地圖，然後撕成碎片，丟在地上說：「孩子，如果你能將這張地圖拼好，我就給你一塊錢。」

牧師以為這件事會使兒子花費一個上午的時間，但是沒過十分鐘，兒子就敲響了他的房門。牧師驚愕地看到，兒子手中捧著已經拼好了的世界地圖。

「你是怎樣拼好的？」牧師問道。

「這很容易，」孩子說：「在地圖的另一面有一個人的照片。我先把這個人的照片拼到一起，再把它翻過來。我想，如果這個人是正確的，那麼世界地圖也就是正確的。」

牧師微笑著給了兒子一塊錢，說道：「你已經替我準備好了明天的佈道，如果一個人是正確的，他的世界就是正確的。」

智慧沙：

如果你是對的，你的世界就是對的。如果你能把你的世界地圖拼對了，那麼你的人生旅行也會因此豐盈圓滿。

4．千萬別開錯窗

一個小女孩趴在窗台上，看窗外的人正在埋葬她心愛的小狗，不禁淚流滿面，悲慟不已。

她的祖父見狀，連忙引她到另一個窗口，讓她欣賞他的玫瑰花園。果然小女孩的愁雲爲之一掃，心境頓時明朗。

老人托起外孫女的下巴說：「孩子，你剛才開錯了窗戶。」

智慧沙：

人生路上，我們也常常會開錯「窗」。不同的「窗口」，有不同的背景和不同的劇情，也會帶給我們不同的心態。人生路上，有的「窗」可以打開，有的「窗」不可以打開。

5·你來自怎樣的城鎮

從前有一位智慧的老人，每天坐在加油站外面的椅子上，向開車經過鎮上的人打招呼。一天，他的孫女兒在他身旁，陪他慢慢地共度光陰。他倆坐在那裡看著人們經過，一位身材很高看來像個遊客的男人（他們認識鎮上每個人）到處打聽，想要找地方住下來。

陌生人走過來說：「這是個怎樣的城鎮？」

老人慢慢抬起頭來回答道：「你來自怎樣的城鎮？」

遊客說：「在我原來住的地方，人人都很喜歡批評別人。鄰居之間常說別人的閒話，總之那地方很不好住。我眞高興能夠離開，那不是個令人愉快的地方。」搖椅上的老人對陌生人說：「那我得告訴你，其實這裡也差不多。」

過了個把小時，一輛載著一家人的大卡車在這裡停下來加油。車子慢慢轉進加油站，停在老先生和他孫女兒坐的地方。母親帶著兩個小孩子下來問哪裡有洗手間，老人指著一扇門，上面有根釘子懸著扭歪了的牌子。

父親也下了車，問老人說：「住在這市鎮不錯吧！」坐在椅子上的老人回答：「你原來住的地方怎樣？」

父親說：「我原來住的城鎮每個人都很親切，人人都願幫助鄰居。無論到哪裡，總會有人跟你打招呼，說謝謝。我眞捨不得離開。」老先生轉過來看著父親，臉上露出和藹的微笑：「其實這裡也差不多。」然後那家人回到車上，說了謝謝，揮手再見，驅車離開。

等到那家人走遠，孫女兒抬頭問祖父：「爺爺，爲什麼你告訴第一個人這裡很可怕，卻告訴第二個人這裡很好呢？」

祖父慈祥地看著孫女兒美麗湛藍的雙眼說：「不管你搬到哪裡，你都會帶著自己的態度；那地方可怕或可愛，全在於你自己！」

智慧沙：不管你搬到哪裡，你都會帶著自己的態度；那地方可怕或可愛，全在於你自己。你尋找什麼，你就會找到什麼。

6．在馬糞中尋找小紅馬

有位父親想要對一對孿生兄弟作「性格改造」，因爲其中一個過分樂觀，而另一個則過分悲觀。一天，他買了許多色澤鮮豔的新玩具給悲觀孩子，又把樂觀孩子送進了一間堆滿馬糞的車房裡。

第二天清晨，父親看到悲觀孩子正泣不成聲，便問：「爲什麼不玩那些玩具呢？」

「玩了就會壞的。」孩子仍在哭泣。

父親嘆了口氣，走進車房，卻發現那樂觀孩子正興高采烈地在馬糞裡掏著什麼東西。

「告訴你，爸爸。」那孩子得意地向父親宣稱：「我想馬糞堆裡一定還藏著一匹小紅馬呢！」

智慧沙：

樂觀者與悲觀者之間的差別是很有趣的：樂觀者看到的是油炸圈餅，悲觀者看到的是一個窟窿。

7．沒有所謂的天才與笨蛋

若干年前，羅伯特博士在哈佛大學主持一項爲期六週的「老鼠通過迷陣吃乾酪」實驗。實驗的對象是三組學生與三組老鼠。

他對第一組的學生說：「你們太幸運了，因爲你們將跟一大群天才老鼠在一起。這群老鼠非常聰明，牠們將迅速通過迷陣抵達終點。然後吃許多乾酪，所以你們必須多買一些乾酪放在終點餵牠們。」

他對第二組的學生說：「你們將和一群普通的老鼠在一起。這群老鼠雖不太聰明，但也不太愚笨，牠們最後還是會通過迷陣抵達終點，然後吃一些乾酪。只是因爲牠們的智慧平平，所以不要對牠們期望太高。」

他對第三組的學生說：「很抱歉！你們將跟一群愚笨的老鼠在一起。這群老鼠笨極了。因此，牠們的表現會很差，如果牠們能通過迷陣到達終點，那是意外，所以你們根本不用準備乾酪。」

六個星期之後，實驗結果出來了。天才老鼠迅速通過迷陣，很快就抵達終點；普通老鼠也到達了終點，不過速度很緩慢。至於愚笨的老鼠，只有一隻通過迷陣，找到終點。

有趣的是，在這項實驗中，根本沒有所謂的天才老鼠與愚笨老鼠。牠們通通是一窩普通的老鼠。

智慧沙：

態度能產生神奇的力量。你的態度決定了你是天才的，或是愚笨的。用心去體驗吧，然後端正心態，保持風度。

8．試著掙脫拴住你的鐵鏈

小象出生在馬戲團中，牠的父母也都是馬戲團中的老演員。

小象很淘氣，總想到處跑動。工作人員在牠腿上拴上一條細鐵鏈，另一頭繫在鐵柱上。小象對這根鐵鏈很不習慣，牠用力去掙，掙不脫，無奈的牠只好在鐵鏈範圍內活動。

過了幾天，小象又試著想掙脫鐵鏈，可還是沒有成功，牠只好悶悶不樂地老實下來。一次又一次，小象不管怎麼掙脫，就是掙脫不了鐵鏈。慢慢地，牠不再去試了，牠習慣鐵鏈了，再看看父母也是一樣嘛，好像本來就應該是這個樣子。

小象一天天長大了，以牠此時的力氣，掙斷那根小鐵鏈簡直不費吹灰之力，可是牠從來沒想過。牠認爲那根鏈子對牠來說，牢不可破，這個強烈的心理暗示早已深深地植入牠的記憶中。

一代又一代，馬戲團中的大象們就這樣被一根有形的小鐵鏈和一根無形的大鐵鏈拴著，活動在

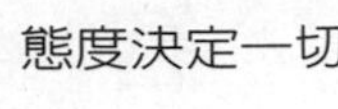

一個固定的小範圍中。

智慧沙：

時勢不斷變化。當初做不到的事，今天可能就會輕而易舉地做到；當初能辦到的事，今天可能就難以辦到。無論如何，關鍵是心中不要存下一個一成不變的概念。

9・人生如水

有個人總是落魄不得志，有人讓他去找智者。

智者深思良久，默然舀起一瓢水，問：「這水是什麼形狀？」這人搖頭：「水哪有什麼形狀？」智者不答，只是把水倒入杯子，這人恍然：「我知道了，水的形狀像杯子。」智者無語，又把杯子中的水倒入旁邊的花瓶。這人悟道：「我知道了，水的形狀像花瓶。」智者搖頭，輕輕端起花瓶，把水倒入一個盛滿沙土的盆，清清的水便一下融入沙土，不見了。

這個人陷入了沈默與思考。智者彎腰抓起一把沙土，嘆道：「看，水就這麼消逝了，這也是一生！」

這個人對智者的話咀嚼良久，高興地說：「我知道了，您是透過水告訴我，社會處處像一個個規則的容器，人應該像水，盛進什麼容器就是什麼形狀。而且，人還極有可能在一個規則的容器中消逝，就像這水一樣，消逝得迅速、突然，而且一切無法改變！」這人說完，緊盯著智者的眼睛，他現在急於得到智者的肯定。

「是這樣。」智者拈鬚，轉而又說：「又不是這樣！」語畢，智者出門，這人隨後。在屋簷下，智者伏下身子，手在青石板的台階上摸了一會兒，然後頓住。這人把手指伸向剛才智者觸摸過的地方，他感到有一個凹處。他不知道這本來平整的石階上的「小窩」藏著什麼玄機。

智者說：「一到雨天，雨水就會從屋簷落下，這個凹處就是水落下的結果。」此人遂大悟：「我明白了，人可能被裝入規則的容器，但又應該像小小的水滴，改變著這堅硬的青石板，直到破壞容器。」智者說：「對！這個窩就會變成一個洞！」

智慧沙：

人生如水，我們只有盡力適應環境，並且努力改變環境，才有可能實現抱負。

10．不過一碗飯，不過一念間

兩個不如意的年輕人，一起去拜望師父：「師父，我們在辦公室被欺負，太痛苦了，求你開示，我們是不是該辭掉工作？」兩個人一起問。

師父閉著眼睛，隔半天，吐出五個字：「不過一碗飯。」就揮揮手，示意年輕人退下了。

一回到公司，一個人就遞上辭呈，回家種田，另一個人則安然不動。

日子眞快，轉眼十年過去了。回家種田的以現代方法經營，加上品種改良，居然成了農業專家。另一個留在公司的也不差，他忍著氣，努力學，漸漸受到器重，成了經理。

有一天，兩個人相遇了。

「奇怪，師父給我們同樣『不過一碗飯』這五個字，我一聽就懂了。不過一碗飯嘛，日子有什麼難過？何必硬待在公司？所以我就辭職了！」農業專家問另一個人：「爲什麼你當時沒有聽師父

的話呢？」

「我聽了啊，」那經理笑道：「師父說『不過一碗飯』，多受氣，多受累，我只要想，不過爲了混口飯吃，老闆說什麼是什麼，少賭氣，少計較，就成了，師父不是這個意思嗎？」

兩個人又去拜望了師父，師父已經很老了，仍然閉著眼睛，隔半天，回答了五個字：「不過一念間。」然後揮揮手……。

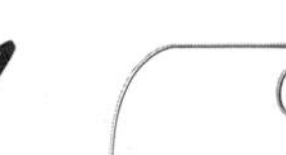

智慧沙：

很多事，真的是一念之間！成敗就在一念之間，苦樂就在一念之間。所以，在決定做什麼事時，要多想想才行。

11．參照標準別錯了

一個人去買碗，他懂得一些識別瓷器品質的方法，即用一個碗輕撞其他碗，發出清脆聲音的碗肯定是質地好的。但來到店裡，他卻發現每一個碗發出的聲音都不夠清脆。即便店員拿出價格高昂的工藝碗，結果還是讓他不甚滿意。店員最後不解地問：「你爲什麼拿著碗輕撞它呢？」那人說這是一種辨別瓷器品質的方法。

店員一聽，立即取出一個品質上乘的碗交給他：「你用這個碗去試試。」他換了碗，再去輕撞其他的碗，聲音變得鏗鏘起來。原來，他先前手中拿著的是一個質地很差的碗，它去輕碰每一個碗，都會發出混濁之音。

智慧沙：

合作者變了，參照標準變了，一切都變了。生活也是如此，你的參照標準如果錯了，那麼你眼中的整個世界也就錯了。

12．花兒努力地開

有個人想學醫，可是又猶豫不決，就去問他的一個朋友：「再過四年，我就四十四歲了，還行嗎？」

朋友對他說：

「怎麼不行呢？你不學醫，再過了四年，你也是四十四歲啊！」

朋友的話使他頓悟，第二天他就報了名。

智慧沙：

花兒總是在努力地開，美好的日子也在一天天地往前流。你是要痛苦地挨過一個個日子，還是願意欣喜地度過每一天？生活就是這樣，如果你能以一種豁達開朗、樂觀向上的心態去構築每一天，你的日子就會變得燦爛而光明。

13．心存感恩海闊天空

一次，美國前總統羅斯福家被盜，丟了許多東西，一位朋友聞訊後，忙寫信安慰他，勸他不必

太在意。

羅斯福給朋友寫了一封回信：「親愛的朋友，謝謝你來信安慰我，我現在很平安。感謝上帝：因為第一，賊偷去的是我的東西，而沒有傷害我的生命；第二，賊只偷去我部分的東西，而不是全部；第三，最值得慶幸的是，做賊的是他，而不是我。」

智慧沙：

生活就是一面鏡子，你笑，它也笑；你哭，它也哭。感恩不純粹是一種心理安慰，也不是對現實的逃避，它是一種歌唱生活的方式，它來自對生活的愛與希望。

14．在人心靈中灑一片陽光

一九三〇年代，每天早晨一位猶太傳教士總是按時到一條鄉間土路上散步。無論見到任何人，總是熱情地打一聲招呼：「早安！」

其中，有個叫米勒的年輕農夫，對傳教士這聲問候起初反映冷漠——在當時，當地的居民對傳教士和猶太人的態度是很不友好的。然而，年輕人的冷漠，未曾改變傳教士的熱情，每天早上，他仍然給這個一臉冷漠的年輕人道一聲早安。終於有一天，這個年輕人脫下帽子，也向傳教士道一聲：「早安。」

好幾年過去了，納粹黨上台執政。這一天，傳教士與村中所有的人，被納粹黨集中起來，送往集中營。在下火車、列隊前行的時候，有一個手拿指揮棒的指揮官在前面揮動著棒子，叫道：「左，右。」被指向左邊的是死路一條，被指向右邊的則還有生還的機會。

傳教士的名字被這位指揮官點到了，他渾身顫抖，走上前去。當他無望地抬起頭來，眼睛一下子和指揮官的眼睛相遇了。

傳教士習慣的脫口而出：「早安，米勒先生。」

米勒先生雖然沒有過多地表情變化，但仍禁不住回了一句問候：「早安！」聲音低得只有他們兩人才能聽到。最後的結果是：傳教士被指向了右邊，意思是生還者。

智慧沙：

往往一個熱情的問候和溫馨的微笑，就足以在人的心靈中灑下一片陽光。不要低估了一句話、一個微笑的作用，它會成為開啟你幸福之門的一把鑰匙，成為你走上柳暗花明之境的一盞明燈。

輯14　一生只做一件事

把每件平凡的事做好就是不平凡。
——海爾總裁張瑞敏

1．你會游泳嗎

博士乘船過河，在船上與船夫閒談。

「你懂文學嗎？」博士問船夫。

「不懂。」船夫答道。

「那麼歷史呢？」博士又問。

「也不懂。」船夫說。

「那麼地理、生物、數學呢？你總會其中的一樣吧。」

「不，我一樣也不會。」

博士於是感嘆起來：「一無所知的人生啊，將是多麼可悲！」

正說著，忽然一陣大風吹來，河中心波濤滾滾，小船危在旦夕。

於是船夫問博士：「你會游泳嗎？」

博士愣住了：「我什麼都會，就是不會游泳。」

話還未說完，一個大浪打來，船翻了，博士和船夫都落入了水中。船夫憑著自己嫻熟的游泳技術救起了奄奄一息的博士。

這時船夫對博士說：「我什麼都不會，可是沒有我，你現在早就淹死了。」

智慧沙：

多元化的社會既需要博學多識的人，也需要有專門知識的人。在通向成功的路上，當你做不了通才時，還不如像船夫那樣——學一門實用的游泳技術。

2．你的著力點放在哪裡

在一次空手道表演賽中，黑帶高手以七段的實力，徒手劈開十餘塊疊在一起的實心木板，贏得觀衆熱烈的喝彩與掌聲。觀衆席中，一個小男孩也想試試。黑帶高手於是將十餘塊木板疊了起來，親切地拍著男孩的肩膀，問他：「如果你想劈開這疊木板，你的著力點會放在哪裡？」

男孩指著木板的中心：「這裡，我想一定要打在中心。」

空手道高手笑道：「你將著力點放在最上面這塊木板的中心，當你的掌擊中那一點時，將遭受同等力道的反擊，讓你的手反彈且疼痛不已。」

男孩不解地問：「那究竟應該把注意力放在哪個部分？」

空手道高手指著最下面的那塊木板的下方：「這裡，把你所有的注意力都集中到木板的下面，你一定要想著自己將要達到這個地方。這樣，木板對你來說就不是一個障礙。」

智慧沙：

不能只盯住事情表面，更要看到解決問題的關鍵點及根源。如果將自己的才智與能力聚焦，並把它們集中在幾項最重要的活動上，你就比一般人花更少時間取得更多的成就。

3．把一字臨摹到爐火純青

明朝萬曆年間，中國北方的女眞族經常犯邊。皇帝爲了要抗禦強敵，決心整修萬里長城。當時號稱天下第一關的山海關，卻早已年久失修，其中『天下第一關』的「一」字，已經脫落多時。萬曆皇帝募集各地書法名家，希望恢復山海關的本來面貌。各地名士聞訊，紛紛前來揮毫，但是依舊沒有一人的字能夠表達「天下第一關」的原味。皇帝於是再下詔告，只要能夠雀屏中選的，就能夠獲得最大的重賞。經過嚴格的篩選，最後中選的，竟是山海關旁一家客棧的店小二，眞是跌破大家的眼鏡。

在題字當天，會場被擠得水洩不通，官家也早就備妥了筆墨紙硯，等候店小二前來揮毫。只見主角抬頭看著山海關的牌樓，捨棄了狼豪大筆不用，拿起一塊抹布往硯台裡一沾，大喝一聲：「一！」十分乾淨俐落，立刻出現絕妙的「一」字。旁觀者莫不給予驚嘆的掌聲。

有人好奇的問他：「爲何能夠如此成功？」他久久無法回答。後來勉強答道：「其實，我想不出有什麼秘訣，我只是在這裡當了三十多年的店小二，每當我在擦桌子時，我就望著牌樓上的『一』字，一揮一擦就這樣而已。」

原來這位店小二，他的工作地點，正好面對山海關的城門，每當他彎下腰，拿起抹布清理桌上的油污之際，剛好對準「天下第一關」的一字。因此，他不由自主地天天看、天天擦，數十年如一日，久而久之，就熟能生巧、巧而精通，這就是他能夠把這個「一」字，臨摹到爐火純青、惟妙惟肖的原因。

智慧沙：

練習造就完美，熟練才能精通。因為熱忱，所以能夠投入強大的動力與能量；因為專注，才能心無旁騖勇往直前；因為熱忱與專注，才能達到專業與精通的境界。

4．先把事情做對

一個小徒弟拜師學理髮。徒弟很聰明，學得很認眞，手腳也靈活，深得師傅喜歡。學習刮臉刮鬍子時，師傅先讓他在一個大葫蘆瓜上練習。小徒弟一招一式地練，動作很細很輕，頗得師傅，就是養成了一個壞習慣：每次練習完畢，刮刀總是往瓜蒂上一甩，將刀留在瓜的蒂頭上。

師傅一次一次地糾正他，他總不以爲然，笑著說：「這是瓜，不是人，有啥關係？」就這樣，小徒弟「畢業」了。

獨立爲第一位顧客理髮時，他告誡自己，此刻刮的是人的腦袋，不是瓜，千萬別再紮刀了。他邊想著邊欣賞自己的傑作，「嗑」的一聲，刀落到顧客腦袋上了。

智慧沙：

無論做什麼，前提是先把事情做對，然後再追求做好、做精。習慣成自然，培養好習慣就是「先做對」。你的好習慣越多，你離成功就會越近，你的命運就是由你的習慣決定的。

5．所長無用

有個魯國人擅長編草鞋，他妻子擅長織白絹。他想遷到越國去。

友人對他說：「你到越國去，一定會貧窮的。」

「爲什麼？」

「草鞋，是用來穿著走路的，但越國人習慣赤足走路；白絹，是用來做帽子的，但越國人習慣披頭散髮。憑你的長處，到用不到你的地方去，這樣，要使自己不貧窮，難道可能嗎？」

智慧沙：

一個人要發揮其專長，就必須適合社會環境需要。如果脫離社會環境的需要，其專長也就失去了價值。因此，我們要根據社會的需要，決定自己的行動，更好地發揮自己的專長。

6．你的優勢可能要了你的命

有隻小鹿爲了止渴充饑，來到一處泉水旁。當牠正盡情暢飲時，瞥見水中映出自己的那對鹿角，展現出一種高雅脫俗的氣質，牠不禁顧影自憐，得意非凡。可是，當牠又想到纖細的四肢，就不由得陣陣悲酸，湧上心頭。

這時，獅子突然出現了，小鹿拼命奔跑起來。那纖細的四肢，輕巧靈活，跑起來速度極快。眼看就要把獅子甩開時，那對鹿角竟然勾住了叢林中的枝叉，使小鹿無法動彈。進退不得之際，獅子終於追了上來。可憐的小鹿，成了獅子的一頓美餐。

智慧沙：

你引以自豪的優勢可以讓你脫穎而出，也可能要了你的命。要把優勢變成業內無人可以抵擋的強勢才行。

7．遵循自然之道

七個旅行者和一個生物學家嚮導，結隊到達南太平洋的加拉巴哥島。那個海島上有許多太平洋綠海龜。他們想實地觀察一下幼龜是怎樣離巢進入大海的。

太平洋綠龜的體重約一五〇公斤左右。幼龜不及牠的百分之一，牠們一般在四、五月間離巢而出，爭先恐後爬向大海。只是，從龜巢到大海需要經過一段不短的沙灘，稍不留心便可能成爲鷹等食肉鳥的食物。

那天上島時，已近黃昏，他們很快就發現一處大龜巢。突然，他們看見一隻幼龜率先把頭探出巢穴，卻又欲出而止，似乎在偵察外面是否安全。而正當幼龜踟躕不前時，一隻鷹突然從空中直撲而下，牠用利嘴啄龜的頭，企圖把牠拉到沙灘上。

旅行者們緊張地看著眼前的一幕，其中一位焦急地問嚮導：「你得想想辦法啊！」嚮導卻若無

其事地答：「叼就叼去吧，自然之道，就是這樣。」

嚮導的冷淡，招來了旅行者們一片「不能見死不救」的呼喚。嚮導極不情願地抱起小龜，把牠引向大海。然而，接著發生的事卻使他們極爲震驚——嚮導抱走幼龜不久，成群的幼龜從巢口魚貫而出——那隻小龜原來是龜群的「偵察兵」！一旦遇到危險，牠便會返回龜巢。現在做偵察的幼龜被引向大海，巢中的幼龜得到錯誤資訊，以爲外面很安全，於是爭先恐後地結伴而行。

沙灘上無遮無擋，很快引來許多食肉鳥，牠們確實可以飽餐一頓了。

「天啊！」有個旅行者說：「看我們做了什麼！」

這時，數十隻幼龜已成了鷹、海鷗的口中之物，嚮導趕緊脫下頭上的棒球帽，迅速抓起數十隻幼龜，放進帽中，向海邊奔去。旅行者也學著他的樣子，氣喘吁吁地來回奔跑，算是對自己過錯的一種補救吧。

看著數十隻食肉鳥吃得飽飽的，發出歡樂的叫聲，旅行者們都低垂著頭，嚮導發出悲嘆：「如果不是我們人類，這些海龜根本就不會受到危害。」

智慧沙：

人是萬物之靈。然而，當人自作聰明時，一切都可能走向反面。所以，一切選擇都比不上「遵循自然之道」明智。

8．很多事，其實與你無關

在一家銀行裡，工作人員都十分忙碌地在爲客戶服務。

忽然，一聲大喝：「不要動！馬上給我趴下！」

工作人員都大吃一驚，有些人見到櫃檯前站著個彪形大漢，有些人連看都不敢看，全都馬上趴在地上。

過了一會兒，大家聽到櫃檯外面有人說：「咦？怎麼才一會兒，人全都不見啦！」

這時，有幾個男性工作人員抬起頭來。只見那彪形大漢和幾位顧客，一臉莫名其妙地朝櫃檯裡張望。大家站起來仔細一瞧，原來彪形大漢的腳旁，一條狗正乖乖地趴著。

智慧沙：

在生活中，其實很多事與你無關。為了避免傷害，請收藏起你無聊的多情，因為在這個世界上，沒有人像你一樣那麼在意你自己。

9．這些都不重要

有個老母親共有三個孩子，兩個女兒特別能幹孝順，一個兒子有些窩囊無能。

兩個女兒常常塞錢給老母親讓她買好吃的，可老母親又特別疼小孫子，於是常常把女兒給的錢又塞給了兒子，讓他給小孫子買吃的。

鄰居氣不過就把這個秘密告訴了大女兒，大女兒說她給媽媽錢就是爲了讓媽媽高興，她願意怎麼花就怎麼花，如果媽媽把錢省給兒子和孫子能夠換來她的開心和尊嚴，那麼這個錢就算花得值得。老母親聽了大女兒的話特別高興，她說看著孫子吃比自己吃香多了。

過了一個月，二女兒回來了，她知道了這個秘密後非常生氣，於是她天天守在家裡教訓開導老

母親，規定她給自己買吃的買喝的，而且非要看著她吃下去不可，老母親氣得什麼都吃不下，最後抑鬱而死。

智慧沙：

人的一生中什麼最重要？當一個人做一件好事時，旁人考慮的可能是他這樣做值不值得，這種付出有沒有回報？然而，這些都不重要，一個人擁有他想擁有的是最開心的。在人生的所有事情中，人的心願是最重要的。

輯15 學會選擇，學會放棄

決定我們是誰的，不是我們的能力，而是我們的選擇。

——「哈利波特」的鄧不利多校長

1．放棄尋找那小小的碎片

有一個圓，被切去了好大一塊三角形。它想自己恢復完整，沒有任何殘缺，因此四處尋找失去的部分。

因為殘缺不全，它只能慢慢滾動，所以能在路上欣賞花草樹木，還能和毛毛蟲聊天，享受陽光。它找到各種不同的碎片，但都不合適，所以都留在路邊，繼續往前尋找。

有一天，這個殘缺不全的圓找到一個非常合適的碎片，它很開心地把那塊碎片拼上了，開始滾動。

現在它是完整的圓了，能滾得很快，快得使它注意不到路邊的花草樹木，也不能和毛毛蟲聊天。它終於發現滾動太快使它看到的世界好像完全不同了。於是，它停止了滾動，把補上的碎片丟在路旁，慢慢滾走。

智慧沙：

很多時候，我們不都像這個殘缺不全的圓一樣滾來滾去嗎？人生旅途中，追求完美固然重要，但不完美時，我們才能欣賞到路邊的風景。

2．推開那扇門就是馬路

爲了解決自己的婚姻問題，一位先生走進了一家取名爲「愛情」的婚姻介紹所。一位工作人員把他領進了屋，對他說：「現在，請您到隔壁的房間去，那裡有許多門，每一個門上都寫著您所需要的對象的資料，以便供您選擇。祝您好運！」先生謝過了工作人員，向隔壁的房間走去。

裡面的房間裡有兩個門，第一個門上寫著「終身的伴侶」，另一個門上寫著「至死不變心」。先生忌諱那個「死」字，於是便邁進了第一個門。

接著，又看見兩個門，右側寫的是「淺黃色的頭髮」。應當承認，不知道爲什麼，男士總是比較喜歡長著淺黃色頭髮的女性。於是，先生便推開了右側的那扇門。

進去以後，還有兩個門，左邊寫著「年輕美麗的姑娘」，右面則是「富有經驗、成熟的婦女和寡婦們」。可想而知，先生進入了左邊的那扇門。

可是，進去以後，又有兩個門，上面分別寫的是「疼愛自己的丈夫」和「需要丈夫隨時陪伴她」。之後還有「雙親健在」和「舉目無親」。「忠誠、多情、缺乏經驗」和「天才、具有高度的智力」。先生都一一作了選擇。

最後的兩個門對男士來說，是一個極爲重要的抉擇。上面分別寫的是「有遺產，或富裕，有一棟漂亮的住宅」和「憑工資吃飯」。理所當然地，先生選擇了前者。

當先生還準備繼續選擇而推開那扇門時，天啊……，他已經上了馬路了！

有位工作人員向先生走來。他交給先生一封信，信上寫著：「對不起，您的要求太高了，我們這裡沒有適合您的。」

智慧沙：

只有珍惜眼前，你才不會太痛苦。生活中，殘缺也是一種美。

3．選擇什麼得到什麼

美國人、法國人、猶太人，這三個人即將被關進監獄三年，監獄長說可以答應他們每個人一個要求。美國人愛抽雪茄，要了三箱雪茄。法國人最浪漫，要了一個美麗的女子相伴。而猶太人說，他要擁有一部與外界溝通的電話。

三年過後，第一個衝出來的是美國人，他嘴裡、鼻孔裡塞滿了雪茄，還大喊道：「給我火，給我火！」原來他忘了帶火了。

接著出來的是法國人。只見他手裡抱著一個小孩子，美麗女子手裡牽著一個小孩子，肚子裡還懷著第三個。法國人正愁眉苦臉地準備著如何讓孩子們長大成人。

最後出來的是猶太人，他緊緊握住監獄長的手說：「感謝你讓我擁有一部電話，這三年來我每天與外界聯繫，我的生意不但沒有停頓，反而還增長了很多，爲了表示感謝，我送你一輛勞施萊斯！」

智慧沙：

什麼樣的選擇決定什麼樣的生活，什麼樣的目標導致什麼樣的結果。今天的生活現狀是由三年前我們的選擇決定的，而今天我們的選擇將決定我們三年後的生活。選擇永遠是你將來生活的底片。

4．接受大師的刀刻斧切

安置在廟裡的一座神像，每天受到信徒的頂禮膜拜。它享受著尊崇的地位和榮耀，香火和供奉也紛至沓來。木魚卻沒有這樣的優厚待遇，它被放在神桌前，隨著和尚早課晚課的誦經聲，不斷地被敲打著……。

一天夜裡，木魚問神像：「我們來自同一塊木頭，你可以享受供奉，而我卻每天要被人敲打，難過死了。爲什麼我們的命運會相差這麼大呢？」

神像說：「昨天的抗挫折力和忍耐強度決定了今天成就的大小。當初你不肯接受刀斧加身，大師只能把你做成一只小小的木魚。我深知只有接受雕琢之苦才能成就未來，所以甘心接受大師的刀刻斧切，終於變成自己心目中一尊最滿意的神像。難怪今天我們所受的待遇會有天壤之別了。」

智慧沙：

同為雕刻大師在森林中漫步拾到的一塊木頭，一為神像，一則為木魚。願意當神像，或者當木魚，決定權完全在於你自己。

5．人生總有缺憾

有個人有張出色的、由檀木做成的弓。他非常珍惜這張弓——它射箭又遠又準。

有一次，這個人一邊觀察一邊想：還是有些笨重，外觀也無特色，請藝術家在弓上雕一些圖畫好了。

他請藝術家在弓上雕了一幅完整的行獵圖。拿著這張完美的弓時，他心中充滿了喜悅。「你終於變得完美了，我親愛的弓！」然而，當他一面想著一面拉緊弓時，突然「啪」地一聲，弓斷了。

智慧沙：

世界萬物皆不完美。人生總有缺憾，當你凡事苛求十全十美時，結果只會讓你失望。

6．適得其反

有個農夫，每天早出晚歸地耕種一小片貧瘠的土地。他的收成很少。一位天使可憐他的境遇，就對他說，只要他能不斷地往前跑，他跑過的所有地方，不管多大，那些土地都全部歸他。

於是，農夫興奮地向前跑，一直跑，一直不停地跑！跑累了，想停下來休息，但一想到家裡的妻子、兒女，都需要更大的土地來耕作，來賺錢，於是他又拼命地再往前跑！

不久，農夫上氣不接下氣，實在跑不動了！可又想到將來年紀大，可能沒人照顧、需要錢，於是又打起精神，不顧氣喘不已的身子，再奮力地向前跑！

最後，農夫體力不支，「咚」地一聲倒在地上，累死了！

智慧沙：

人活在世上，必須努力奮鬥。然而，如果對靈魂以外的東西過分貪戀，就會適得其反。

7．學會選擇，學會放棄

有個青年向一個富翁請教成功之道，富翁卻拿了三塊大小不一的西瓜放在青年面前，問道：「如果每塊西瓜代表一定程度的利益，你選哪塊？」

「當然是最大的那塊！」青年毫不猶豫地回答。

富翁一笑：「那好，請吧！」富翁把那塊最大的西瓜遞給青年，而自己卻吃起了最小的那塊。

很快，富翁就吃完了，隨後拿起桌上的最後一塊西瓜得意地在青年面前晃了晃，大口吃了起來。青年馬上明白了富翁的意思：富翁吃的瓜雖無青年的大，卻比青年吃得多。如果每塊西瓜代表一定程度的利益，那麼富翁佔有的利益自然比青年多。

吃完西瓜，富翁對青年說：「要想成功，就要學會放棄，只有放棄眼前利益，才能獲取長遠大利，這就是我的成功之道。」

智慧沙：

只有放棄眼前利益，才能獲取長遠大利。要想成功，就要學會放棄。

8．放手吧

有個小男孩正在玩耍一只貴重的花瓶。他把手伸進去之後，結果竟然拔不出來。父親費盡了力氣也幫不上忙，遂決定打破瓶子。但在此之前，他決心再試一次：「兒子，現在你張開手掌，伸直手指，像我這樣，看看能不能拉出來。」

小男孩卻說了一句令人驚訝的話：「不行啊，爸，我不能鬆手，那樣我會失去一分錢。」

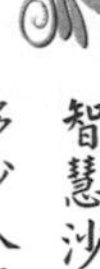

智慧沙：

多少人正像那男孩一樣，執意抓住那無用的一分錢，不願獲得自由。放掉那些無意義的東西，放手吧！別讓它們左右你的人生。

9．船票只決定你睡覺的地方

一對夫婦幾年來省吃儉用，用攢下來的錢買了張到美洲最便宜的旅行船票。

一天又一天，他們羨慕地看著頭等艙的旅客在甲板上吃著奢華的大餐。最後，當船快要停靠愛麗絲島時，小孩生病了。做父親的找到服務人員說：「先生，求求你，能不能賞我一些剩菜剩飯，好給我的小孩吃？」

服務人員回答說：「爲什麼這麼問，這些餐點你們也可以吃啊。」

「是嗎？」這人回答說：「你的意思是說，整個航程裡我們都可以吃得很好？」

「當然！」服務人員以驚訝的口吻說：「在整個航程裡，這些餐點也供應給你和你的家人，你

的船票只是決定你睡覺的地方。並沒有決定你的用餐地點。」

智慧沙：

我們完全可以和其他人一樣，享受許多同樣的選擇權利。但是，在得到這些享受前，我們必須放棄一些在自己看來非常理所當然的想法。

輯16 每天進步一點點

學習是一個人的真正看家本領，是人的第一特點、第一長處、第一智慧、第一本源。其他一切都是學習的结果，學習的恩澤。

——作家王蒙論學習

1．走一步路不需要勇氣

曾有一位六十三歲的老人經過長途跋涉，克服了重重困難，從紐約市步行到了佛羅里達州的邁阿密市。在邁阿密市，有位記者採訪了她。記者想知道，這路途中的艱難是否曾嚇倒過她，她是如何鼓起勇氣，徒步旅行的。

老人答道：「走一步路是不需要勇氣的。我所做的就是這樣。我先走了一步，接著再走一步，然後再一步，我就到了這裡。」

智慧沙：

為了要達成大目標，不妨先設定「小目標」，這樣就會比較容易達到目的。許多人都會因目標過於遠大而中途放棄，這是很可惜的。若設定「小目標」逐步完成，便可較快地獲得令人滿意的成績。

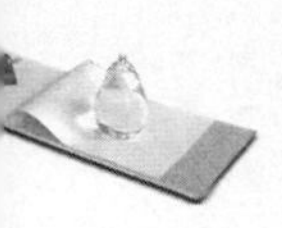

2．撿不撿有很大區別

有個人到海灘上散步，他看見許多海星被早潮沖上海灘，當潮水退去時，它們被留在海灘上。如果被正午毒辣的陽光照射到的話，它們很快就會死去。因爲剛剛退潮，所以絕大部分的海星都還活著。那人向前走了幾步，撿起一條海星，把它丟進了海裡。

他就這樣不停地撿啊撿，又一條條地把它們扔回海裡。有人正走在他的後面，不理解這個人這麼做的原由，就追上問：「你在幹什麼？海灘上有成千上萬條海星，你能夠救幾條？救不救幾個海星又有什麼區別？」

這個人並沒有直接回答他的問題，而是又向前走了幾步，撿起一條海星，把它丟進水裡，然後轉過頭來說：「對這條海星來說，撿不撿有很大區別。」

智慧沙：

任何偉大的事業都是由諸如「撿一條海星」這樣的小事組成的。積小善終成大德，積小成終成大功。每天做一點點，每天進步一點點，終將會有巨大的收穫。

3．帶一些空杯上路

有位年輕人跟一位著名的禪師學禪。禪師開導很長時間，年輕人還是找不到入門的路徑。於是，禪師端起茶壺，朝年輕人面前的碗裡倒。茶碗已經斟滿，禪師還在不停地倒。年輕人終於忍不住，提醒禪師說：「師父，別倒了！茶杯已經裝不下了。」

禪師這才停住手，慢悠悠地說：「是啊，裝不下了。你也是這樣，想要學到更多禪的奧妙，就必須先把你心中的杯子倒空。只有騰出空來，才能迎接八面來風。」

智慧沙：

人生路上，時時刻刻要記得帶一些空杯上路。杯子倒得越空，你學習的東西就會越多；學的東西越多，你維持生命力的時間才會越長久。

4．尋找你身邊的老師

一五〇〇年，義大利佛羅倫斯採掘到一塊質地精美的大型大理石，它的自然外觀很適合雕刻一個人像。大理石在那裡放了很久，沒有人敢動手。曾有一位雕刻家來過，但他只在後面打了一鑿，就感到自己無力駕馭這塊寶貴的材料而住手了。

後來，大雕刻家米開朗基羅用這塊大理石雕出了曠古無雙的傑作大衛像。沒想到先前那位雕刻家的一鑿打重了，傷及了人像肌體，竟在大衛的背上留下了一點傷痕。

有人問米開朗基羅：「那位雕刻家是否太冒失？」

「不，」米開朗基羅說：「那位先生相當慎重，如果他冒失輕率的話，這塊材料早已不存在了，我的大衛像也就無從產生。這點傷痕對我未嘗沒有好處，因為它無時無刻不在提醒我，每下一刀一鑿都不能有絲毫的疏忽。在我雕刻大衛的過程中，那位老師自始至終都在我的身邊幫我提高警惕。」

智慧沙：

許多人的成功都是建立在別人失敗的基礎上。多借鑒一些別人失敗的教訓，這會使自己少走彎路，更順利地抵達目標的終點。

5．塞滿你的時間

爲了解釋有效的時間管理對於職業生涯的重要性，老師在桌上放了一個裝水的罐子，然後裝進鵝卵石，問他的學生：「這罐子是不是滿的？」

「是！」學生回答說。

老師又拿出一袋碎石子，從罐口倒下去，問：「這罐子現在是不是滿的？」

學生沈默。

老師又從桌下拿出一袋沙子倒進罐子裡，再問學生：「這個罐子是滿的嗎？」

「好像滿了。」同學回答說。

老師又從桌底下拿出一大瓶水，把水倒在看起來已經填滿了的罐子裡……。

智慧沙：

無論工作多忙，行程排得多滿，如果要督促一下自己的話，還是可以多做許多事的。這就是時間管理的藝術。

6．每天做完六件事

伯利恆鋼鐵公司總裁查理斯．舒瓦普去會見效率專家艾維．利。艾維．利說可以在十分鐘內給舒瓦普一樣東西，這東西能把他的公司的業績提高至少五〇%。

艾維．利遞給舒瓦普一張空白紙，說：「在這張紙上寫下你明天要做的六件最重要的事。」過了一會兒又說：「現在用數字標明每件事情對於你和你的公司的重要性次序。」這花了大約五分鐘。

艾維．利接著說：「現在把這張紙放進口袋。明天早上第一件事是把紙條拿出來，做第一項。不要看其他的，只看第一項。著手辦第一件事，直至完成爲止。然後用同樣方法對待第二項、第三項……，直到你下班爲止。如果你只做完第五件事，那不要緊。因爲你總是做著最重要的事情。」

艾維．利又說：「每一天都要這樣做。你對這種方法的價值深信不疑之後，叫你公司的人也這樣做。這個試驗你愛做多久就做多久，然後給我寄支票來，你認爲値多少就給我多少。」

整個會見歷時不到半個鐘頭。幾個星期之後，舒瓦普給艾維．利寄去一張二．五萬元的支票。五年之後，這個當年不爲人知的小鋼鐵廠一躍而成爲世界上最大的獨立鋼鐵廠，艾維．利提出的方法爲查理斯．舒瓦普賺得一億美元。

智慧沙：

如何珍惜時間，只教給人怎麼利用好現有時間來工作；如何合理利用時間，卻教給人怎麼節省更多時間來工作。如何合理的利用時間比如何珍惜時間更重要。

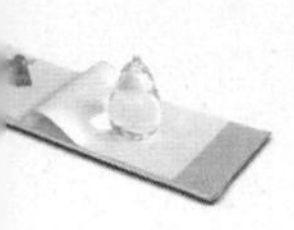

7．你做了多久並不重要

凱撒領軍出征，每每獲勝必以酒肉金銀犒賞三軍。隨行的親兵仗著酒膽，問凱撒：「這些年來，我跟著您征戰沙場，出生入死，歷經戰役無數。同期入伍的兄弟，做官的做官，做將的做將，爲什麼直到現在我還是小兵一個呢？」

凱撒指著身邊的一頭驢，說：「這些年來，這頭驢也跟著我征戰沙場，出生入死，歷經戰役無數。爲什麼直到現在牠還是一頭驢呢？」

智慧沙：

許多人都會問同樣的問題，為什麼近幾年忙來忙去總感覺自己還在原地踏步？為什麼那些原來並不出色的傢伙卻能春風得意？還要多久我才能揚眉吐氣？凱撒在兩千多年前就給出了答案——你做了多久並不重要，重要的是你有沒有在進步！

8．為下一個而努力

世界球王貝利在二十多年的足球生涯裡，參加過一三六四場比賽，共踢進一二八二個球，並創造了一個隊員在一場比賽中射進八個球的紀錄。他超凡的技藝不僅令萬千觀眾心醉，而且常使球場上的對手拍手稱絕。他不僅球藝高超，而且談吐不凡。

當他個人進球記錄滿一千個時，有人問他：「您哪個球踢得最好？」

貝利笑了，意味深長地說：「下一個。」

他的回答含蓄幽默，耐人尋味，就像他的球藝一樣精彩。

智慧沙：在邁向成功的道路上，每當實現了一個近期目標，都應把原來的成功當成是新的成功的起點，擁有一種歸零的心態，這樣才永遠有新的目標，才能攀登新的高峰，才能獲得成功者無窮無盡的樂趣。

9．踩著木樁子過去

有個博士被分到一家研究所，成為學歷最高的一個人。有一天，他到研究所後面的小池塘去釣魚，正好正副所長在他的一左一右，也在釣魚。他只是微微點了點頭，心想：這兩個本科生，有什麼好聊的呢？

不一會兒，正所長放下釣竿，伸伸懶腰，蹭蹭蹭從水面上如飛地走到對面上廁所，博士眼睛睜得都快掉下來了。水上飄？不會吧？這可是一個池塘啊。正所長上完廁所後，同樣也是蹭蹭蹭地從水上飄了回來。怎麼回事？博士生又不好去問，自己是博士生哪！過了一陣子，副所長也站起來，走幾步，蹭蹭蹭地飄過水面上廁所。這下子博士更是差點昏倒：不會吧，到了一個江湖高手集中的地方？

博士生著急了。這個池塘兩邊有圍牆，要到對面廁所非得繞十分鐘的路，而回研究所上又太遠，怎麼辦？博士生也不願意問兩位所長，憋了半天後，也起身往水裡跨，心想：我就不信本科生能過的水面，我博士生不能過。

只聽咚的一聲，博士生栽到了水裡。兩位所長將他拉了出來，問他爲什麼要下水，他問：「爲什麼你們可以走過去呢？」

兩所長相視一笑：「這池塘裡有兩排木樁子，由於這兩天下雨漲水正好在水面下。我們都知道這木樁的位置，所以可以踩著樁子過去。你怎麼不問一聲呢？」

智慧沙：

學歷代表過去，只有學習力才能代表將來。尊重經驗的人，才能少走彎路。一個好的團隊，也應該是學習型的團隊。

10．知道自己做得有多好

一個替人割草打工的男孩打電話給一位陳太太說：「您需不需要割草？」

陳太太回答說：「不需要了，我已請了割草工。」

男孩又說：「我會幫您拔掉花叢中的雜草。」

陳太太回答：「我的割草工也做了。」

男孩又說：「我會幫您把草與走道的四周割齊。」

陳太太說：「我請的那人也已做了，謝謝你，我不需要新的割草工人。」

男孩便掛了電話，此時男孩的室友問他說：「你不是就在陳太太那裡割草打工嗎？爲什麼還要打這電話？」

男孩說：「我只是想知道我做得有多好！」

智慧沙：只有不斷地探詢別人對你的評價，你才有可能知道自己的長處與短處。凡事想想清楚，多問幾個為什麼。

11．行勝於知

詩人白居易爲了求得更高深的學問，到處向人請教，但仍不能滿足他強烈的求知欲。有一天，他聽說有一位得道的禪師，學問非常高深，於是不惜千里跋涉去求見。好不容易見到了禪師，他便虛心地問：「師父，請告訴我如何才能得道？」

禪師回答：「諸惡莫作，衆善奉行。」

白居易不解地說：「這連三歲小孩也知道呀，怎能說是道呢？」

禪師回答：「三歲小孩也知道，但八十老翁也難奉行啊！」

智慧沙：有誰不要成功，又有誰不知道成功必須學習和努力？但是真正成功的人又有幾個？行勝於知。不要問成功有沒有自己的份，只要按照成功的原則踏實地做，你必定也是一個成功者。

12．別請教門外漢

從前，有個年輕人騎馬到處遊玩。有一天，他來到一條小河邊，他想涉河而過，但看到河水流

得很急，擔心河水太深，馬兒會被淹死。在猶豫不決時，他看到小河對面有個小孩在玩泥沙，便大聲問那個小孩：「小孩，這河深不深？我的馬兒可以過去嗎？」

那個小孩望望馬兒後，便說：「不深，不深，馬兒可以過河，沒有問題的。」聽後，年輕人便跳上馬背，騎馬過河了。豈知，走到河中間，河水已淹過馬背，剩下馬頭，他驚慌不已，便撤退回岸。

衣服全濕的他，很生氣地責罵那個小孩，以為他講假話。豈知，那個小孩聽後回答說：「我家的鴨子每天清晨都在河上游來游去，牠們的小腿那麼短，都沒問題，而你的馬兒這麼高大，怎會不可以呢！」

智慧沙：

當我們面對困惑時，一定要去詢問在那一方面有專長的人，而絕不是那些門外漢。後者似懂非懂，往往會像那個小孩一樣，根據個人推理而給我們指點迷津。

輯17 辦法總比問題多

是人製造出來的問題，人就可以解決，人沒有解決不了的問題。

——美國第三十五屆總統甘乃迪

1．如果沒有一條清晰的航線

哲學家漫步於田野中，發現水田當中新插的秧苗竟排列得如此整齊，猶如用尺規量過一樣。他不禁好奇地問田中的老農是如何辦到的。

老農忙著插秧，頭也不抬，他要哲學家自己插插看。哲學家捲起褲管，喜孜孜地插完了一排秧苗，結果竟慘不忍睹，參差不齊。他再次請教老農，老農告訴他，在彎腰插秧時，眼睛一定要盯住一樣東西。

哲學家照做，不料他這次插好的秧苗，竟成了一道彎曲的弧線。

老農問哲學家：「你是否盯住了一樣東西？」

「是啊，我盯住了那邊吃草的水牛，牠可是一個大目標啊！」

「水牛邊走邊吃草，而你插的秧苗也跟著牠移動，你想你插的秧苗能不成弧形嗎？」

哲學家恍然大悟。這次，他選定了遠處的一棵大樹作為目標，果然插出來的秧苗非常整齊。

智慧沙：

老農並不比哲學家有智慧，但他懂得比照清晰的目標做事。沒有清晰目標的航船，就永遠沒有一條清晰的航線。沒有一條清晰的航線，又何談抵達終點呢？

2・死了的人沒有問題

企業家坐在餐廳的角落裡，獨自喝著悶酒。一位熱心人走上去問道：「您有什麼難題不妨說出來，我也許能幫助您。」

企業家看了他一眼，冷冷地說：「我的問題太多了，沒有人能夠幫我的忙。」

這位熱心人立刻掏出名片，要企業家明天到他的辦公室一趟。

第二天，企業家依約前往。這位熱心人說：「走，我帶你到一個地方。」企業家不知道他葫蘆裡賣的是什麼藥。

熱心人用車子把企業家帶到荒郊野外的墓地。兩人下了車後，熱心人指著那些墳墓對企業家說：「你看看吧，只有躺在這裡的人才統統是沒有問題的。」

企業家恍然大悟。

智慧沙：

只有死了的人才沒有問題。成功旅途中只要有問題，就有成功的希望；只要敢於正視和解決問題，成功就有可能。

3．學著在腦海中彈鋼琴

有位鋼琴家在戰爭中被敵軍俘虜了，他被囚禁在剛好能棲身的籠子裡，一關就是七年。七年過去了，他的身體已被折磨得不成人形，周圍的同伴也一個接一個地死亡。可是，他的心中仍充滿著一定要活下去的強烈欲望。

戰爭結束後，鋼琴家被遣返回國，開始他新的生活。人們卻驚奇地發現，他彈鋼琴的造詣和熟練程度不但沒有減退，反而比被俘虜之前還精湛。

原來，在被俘虜的那段期間，為了克服極度的恐懼並且鼓勵自己繼續活下去，鋼琴家每天都在腦海中彈鋼琴：所有的動作都與真實的沒有兩樣，七年下來，每一個細節他都記得一清二楚。

智慧沙：

你的成功歷程正如你的所思所想。你將來想在生活中實現什麼，你的頭腦現在就要經常出現什麼畫面。

4．把自己當成做錯事的人

張李兩戶人家緊鄰而居，但家庭氣氛卻大大不同。張家的人相處其樂融融，生活幸福美滿，而李家的人則經常爭吵，每天都鬧得雞犬不寧。

有一天，李家的人忍不住來問張家的人說：「你們家為什麼從不爭吵？你們和睦相處的秘訣是什麼？」

張家的人回答：「其實答案很簡單，因為我們這一家人都認為自己是做錯事的人，而你們一家人都認為自己是做對事的人。」

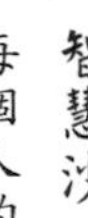

智慧沙：

一個人經歷一次忍讓，就會獲得一次人生的亮麗；經歷一次寬容，就會打開一道愛的大門。人際交往中，先認錯先禮讓，許多問題自然迎刃而解。

5．打開他的心

一把堅實的大鎖掛在大門上，一根鐵桿費了九牛二虎之力，還是無法將它撬開。鑰匙來了，他瘦小的身子鑽進鎖孔，只輕輕一轉，大鎖就「啪」地一聲打開了。

鐵桿奇怪地問：「為什麼我費了那麼大的力氣也打不開，而你輕而易舉地就把它打開了呢？」

鑰匙說：「因為我最瞭解他的心。」

智慧沙：

每個人的心，都像上了鎖的大門，任你再粗的鐵棒也撬不開。唯有關愛，瞭解別人，才能把自己變成一支細膩的鑰匙，進入別人的心中。

6．別在自己小圈子裡沈醉

有兩個饑餓的人得到了一位長者的恩賜：一根魚竿和一簍鮮活碩大的魚。其中，一個人要了一簍魚，另一個人要了一根魚竿，於是他們分道揚鑣了。

得到魚的人原地就用乾柴搭起篝火煮起了魚，他狼吞虎嚥，還沒有品出鮮魚的肉香，轉眼間，連魚帶湯就被他吃了個精光，不久，他便餓死在空空的魚簍旁。另一個人則提著魚竿繼續忍饑挨餓，一步步艱難地向海邊走去，可當他看到不遠處那片蔚藍色的海洋時，他渾身的最後一點力氣也使完了，他只能眼巴巴地帶著無盡的遺憾撒手人寰。

又有兩個饑餓的人，他們同樣得到了長者恩賜的一根魚竿和一簍魚。只是他們並沒有各奔東西，而是商定共同去找尋大海，他倆每次只煮一條魚，他們經過遠途跋涉，來到了海邊。從此，兩人開始了以捕魚維生的日子。幾年後，他們蓋起了房子，有了各自的家庭、子女，有了自己建造的漁船，過上了幸福安康的生活。

智慧沙：

彼此在自己小圈子裡沈醉的人死了，懂得合作的人卻過上了好日子。合作——在你最需要的時候，它能幫助你克服各種混亂。

7．只要我們能仔細傾聽

小貓長大了。

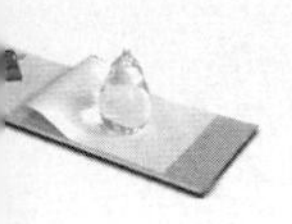

有一天，貓媽媽把小貓叫來，說：「你已經長大了，三天之後就不能再喝媽媽的奶，要自己找東西吃。」

小貓惶惑地問媽媽：「媽媽，那我該吃什麼東西呢？」

貓媽媽說：「你要吃什麼食物，媽媽一時也說不清楚，就用我們祖先留下的方法吧！這幾天夜裡，你躲在人們的屋頂上、樑柱間、陶罐邊，仔細地傾聽人們的談話，他們自然會教你的！」

第一天晚上，小貓躲在樑柱間，聽到一個大人對孩子說：「小寶，把魚和牛奶放在冰箱裡，小貓最愛吃魚和牛奶了。」

第二天晚上，小貓躲在陶罐邊，聽見一個女人對男人說：「老公，幫我的忙，把香腸和臘肉掛在樑上，小雞關好，別讓小貓偷吃了。」

第三天晚上，小貓躲在屋頂上，從窗戶看到一個婦人叨念著自己的孩子：「乳酪、肉鬆、魚乾吃剩了，也不會收好，小貓的鼻子很靈，明天你就沒得吃了。」

就這樣，小貓每天都很開心，牠回家告訴貓媽媽：「媽媽，果然像您說的一樣，只要我仔細傾聽，人們每天都會教我該吃些什麼。」

靠著傾聽別人談話，學習生活的技能，小貓終於成為一隻身手敏捷、肌肉強健的大貓，牠後來有了孩子，也是這樣教導孩子的：「仔細地傾聽人們的談話，他們自然會教你的。」

智慧沙：

只要我們仔細傾聽，世界每天也會教我們該如何生存的。高聲吆喝只會喪失學習機會，唯有保持聆聽才能獲得更多，看得更深。

8．相生互旺，相剋互損

在一間工具房裡，有一些工具聚在一起開會，大夥商量要怎樣對付一塊堅硬的生鐵。

斧頭首先耀武揚威地說：「讓我來，我可以一下子就把它解決了。」於是斧頭很用力地對著鐵塊砍下去。可是只有一會兒的工夫，斧頭便鈍了，刀刃都捲了起來。

「還是讓我來吧！」鋸子信心十足地說。它用鋒利的鋸齒在鐵塊上面來回地鋸，但是沒有多久，鋸齒都鋸斷了。

這時錘子笑道：「你們眞沒用，退到一邊去，讓我來顯顯身手。」於是錘子對鐵塊一陣猛錘猛打，其聲震耳。但錘了好久，錘子的頭也掉了，鐵塊依然無恙。

「我可以試試嗎？」小小的火焰在旁邊請求說。大家都瞧不起它，但還是給它一個機會試試。小火焰輕輕地盤繞著鐵塊，不停地燒，不停地燒。過了一段時間，整個鐵塊終於燒紅了。又過了一會兒，鐵塊開始熔化了。再過一會兒，鐵塊完全熔化了。

智慧沙：

萬物相生相剋，我們應學會利用老祖宗留給我們的這一規律辦事。「相生」互旺，「相剋」互損，就看我們如何取捨。

9．讓他三尺有何妨

清代康熙、雍正年間，桐城的張廷玉在京城做官。家人在桐城建相府時與鄰居發生爭執，彼此

爲三尺宅基地互不相讓，官司打到縣衙裡。張家總管連忙送信給張廷玉，盼望他給縣令寫信通融。張廷玉見家書後，覆詩一首寄回：

千里求書爲道牆，讓他三尺有何妨。長城萬里今猶在，誰見當年秦始皇？

總管接信後，深深領會張廷玉和睦禮讓、豁達明理的胸襟，立即讓出三尺地。鄰居看見張家退讓三尺，也隨即後退三尺，兩家不僅化解了訴訟，還爲過往行人留下了一條六尺寬的通行巷道，方便了鄰里鄉親。

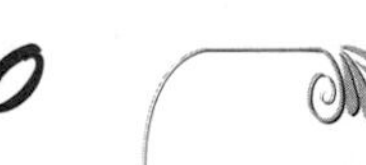

智慧沙：

量大福大，以寬大的胸懷、禮讓於對方，往往是後福無窮。能真正懂得禮讓的人，人生的道路會越走越寬，越走越廣。

10．擦乾淨你的窗

有個太太多年來不斷抱怨對面的太太很懶惰：「那個女人的衣服永遠洗不乾淨，看，她晾在院子裡的衣服總是有斑點，我眞的不知道，她怎麼連洗衣服都洗成那個樣子……。」

直到有一天，有個朋友到她家，才發現不是對面的太太衣服洗不乾淨。細心的朋友拿了一塊抹布，把窗戶上的灰漬抹掉，說：「看，這不就乾淨了嗎？」

原來，是自己家的窗戶髒了。

智慧沙：

擦乾淨你的窗。別光埋怨別人不明朗，也許你擦亮眼睛之後才明白：別人身上的問題，恰恰是因為我們自己的眼睛有問題啊。

11・制定合理的分粥方案

有七個人曾經住在一起，每天分一大桶粥。要命的是，粥每天都是不夠的。

一開始，他們抓鬮決定誰來分粥，每天輪一個。於是乎每週下來，他們只有一天是飽的，就是自己分粥的那一天。後來，他們開始推選出一個道德高尚的人出來分粥。但是，強權就會產生腐敗，大家便開始挖空心思地討好他，賄賂他，搞得整個小團體烏煙瘴氣。於是，大家開始組成三人的分粥委員會及四人的評選委員會，互相攻擊，結果，粥吃到嘴裡全是涼的。

最後，大家想出一個方法，那就是輪流分粥，但分粥的人要等其他人都挑完後拿剩下的最後一碗。爲了不讓自己吃到最少的，每個人都盡量分得平均，就算不平，也只能認了。大家快快樂樂，和和氣氣，日子越過越好。

智慧沙：

同樣是七個人，不同的分配制度，就會有不同的風氣。所以，一個組織如果有不好的工作習氣，一定是機制問題，一定是沒有完全公平、公正、公開，沒有嚴格的獎勤罰懶制度。

12．太容易到手的東西往往沒人珍惜

一位遊人到鄉間旅行，看到一位老農把餵牛的草料鏟到一間小茅屋的屋簷上，不免感到奇怪，於是就問道：「老公公，你爲什麼不把餵牛的草放在地上，方便牠直接吃呢？」

老農說：「這種草草質不好，我要是放在地上牠就不屑一顧；但是我放到讓牠勉強可以搆得到的屋簷上，牠就會努力去吃，直到把全部草料吃個精光。」

智慧沙：

太容易到手的東西往往沒人珍惜。很多時候，一個頭銜、一點獎勵，哪怕官職再小、獎品再薄，也不要輕易授人，最好能夠激勵別人透過公平競爭去獲得。授人以漁，不如授人以欲。

輯18 再苦也要笑一笑

辛辛苦苦，過舒服日子；舒舒服服，過辛苦日子。

——中國大陸著名電視節目主持人楊瀾

1．苦樂就在一念之差

有個叫塞爾瑪的美國年輕女子隨丈夫到沙漠腹地參加軍事演習。她孤零零一個人留守在一間像集裝箱一樣的鐵皮小屋裡。這裡炎熱難耐，周圍只有墨西哥人與印第安人。因爲他們不懂英語，無法與自己進行交流，所以她寂寞無助，煩躁不安，於是她寫信給父母，說想離開這個鬼地方。

父親的回信只寫了一行字：「兩個人同時從牢房的鐵窗望出去，一個人看到了泥土，一個人卻看到了繁星。」

塞爾瑪一開始並沒有讀懂其中的涵義，反覆讀了幾遍後，她才感到無比的慚愧，決定留下來在沙漠中尋找自己的「繁星」。她一改往日的消沈，積極地與當地人交朋友，學習他們的語言。她付出了熱情，她非常喜愛當地的陶器與紡織品，於是人們便將捨不得賣給遊客的陶器、紡織品送給她作禮物。

這些讓塞爾瑪很感動。她的求知欲也與日俱增。她十分投入地研究了讓人痴迷的仙人掌和許多沙漠植物的生長情況，還掌握了有關土撥鼠的生活習性，觀賞了沙漠的日出日落，並饒有興致地尋

找海螺殼……。

這樣一來，原先的痛苦與寂寞沒有了，取而代之的是積極的冒險與進取。塞爾瑪爲自己的新發現激動不已。她拿起了筆，一本名爲《快樂的城堡》的書兩年後出版了。塞爾瑪最終經過自己的努力看到了「繁星」。

智慧沙：

沙漠沒有變，當地的居民沒有變，只是塞爾瑪的人生視角變了。一念之差使一個人變成了另外一個人，人生也因此而不同。

2．取回屬於你的痛苦

佛陀爲了消除人間的疾苦，就從人間選了一百個自認爲最痛苦的人，讓他們把各自的痛苦寫在紙上。

寫完後，佛陀說：「現在，把你們手裡的紙條相互交換一下。」

這一百個人交換過手裡的紙條後，個個十分驚奇，都爭著從別人手裡搶回自己寫的。

智慧沙：

這個世界上，每個人都有自己的痛苦。沒有一個人活得容易，更沒有一個人整日被鮮花和掌聲所包圍。知道了這一點，就不要再抱怨命運的不公平了。

3．不要趕走那隻牛虻

一天，一個人走在鄉間小道上，看見一個農夫正趕著一匹馬犁地。當他走上前去準備問候這個農夫時，突然看到那匹馬的側腹有一隻很大的虻。很明顯地，那隻虻正在叮咬那匹馬，而且把那匹馬叮得很不自在，因此他就想把那隻虻趕走。

正當他舉起手來的時候，農夫制止了他。農夫說：「請不要趕走牠，朋友。您知道嗎，正因爲有了這隻虻，這匹老馬才一直不停地動著。」

智慧沙：

面臨挑戰的生活經歷可以使你的靈魂得到鍛鍊和成長，可以給予你好運和福氣。如果極力逃避，自然就得不到其中隱藏的好運和福氣。

4．抖落你生命中的泥土

有一天，農夫的一頭驢子不小心掉進一口枯井裡，農夫絞盡腦汁想辦法救出驢子，但幾個小時過去了，驢子還在井裡痛苦地哀嚎著。最後，農夫決定放棄；他想這頭驢子年紀大了，不值得大費周折地把牠救出來，但無論如何，這口井還是得塡起來，於是他就請來左鄰右舍幫忙一起將井中的驢子埋了，以免除驢子的痛苦。

農夫的鄰居們人手一把鏟子，開始將泥土鏟進枯井中。當這頭驢子瞭解到自己的處境時，剛開始哭得很淒慘，但出人意料的是，一會兒就安靜下來了。農夫見狀，好奇地探頭往井底一看，結果

令他大吃一驚：當鏟進井裡的泥土落在驢子的背部時，驢子的反應令人稱奇——牠將泥土抖落在一旁，然後站到鏟進的泥土堆上面。

就這樣，驢子將大家鏟倒在牠身上的泥土全數抖落在井底，然後再站上去。很快地，這隻驢子便得意地上升到井口，然後在眾人驚訝的表情中快步地跑開了！

智慧沙：

沒有經過困苦的磨礪，就不可能成為強者。只要我們鍥而不捨地將生命中的泥土抖落掉，然後站上去，即使是掉落到最深的井裡，我們也能安然地脫困。

5．給生活注滿希望

在一個偏僻的山村裡，住著一位孤苦伶仃的老奶奶。在她二十六歲時，丈夫外出做生意，卻一去不返。是死在亂槍之下，還是病死在外，都不得而知。當時，她唯一的兒子只有五歲。

丈夫不見蹤影的幾年之後，村裡人都勸她改嫁。沒有了男人，孩子又小，這守寡得守到什麼時候？然而，她沒有走。她說，丈夫生死不明，也許在很遠的地方做了大生意，說不定哪天就回來了。她被這個念頭支撐著，帶著兒子頑強地生活著。她甚至把家裡整理得更加井井有條。她想，假如丈夫發了大財回來，不能讓他覺得家裡這麼窩囊寒傖。

就這樣過去了十幾年，在她兒子十七歲的那一年，一支部隊從村裡經過，她的兒子跟部隊走了。兒子說，他到外面尋找父親。

不料兒子走後又是音信全無。有人告訴她說兒子在一次戰役中戰死了，她不信，一個大活人怎麼能說死就死呢？她甚至想，兒子不僅沒有死，而且還做了軍官，等打完仗，天下太平了，就會衣錦還鄉。她還想，也許兒子已經娶了媳婦，給她生了孫子，回來時就是一家子人了。

儘管兒子依然杳無音信，但這個想像給了她無窮的希望。她是一個小腳女人，不能下田種地，她就做繡花線的小生意，勤奮地奔走四鄉，積累錢財。她告訴人們，她要掙些錢把房子重新翻修，等丈夫和兒子回來時住。

有一年她得了大病，醫生判了她死刑，但她最後竟奇蹟般地活了過來，她說，她不能死，她死了，兒子回來到哪裡找家呢？

這位老人一直在這個村裡健康地生活著，已經滿百歲了。直到現在，她還是做著她的繡花線生意，她天天算著，她的兒子生了孫子，她的孫子也該生孩子了。這樣想著的時候，她那佈滿皺褶的滄桑的臉上，即刻就變成了像繡花線一樣絢爛多彩的花朵。

智慧沙：

沒有什麼比希望更能改變我們的處境的。當我們處於厄運的時候，當我們敗下陣來的時候，當我們面臨一場巨大災難的時候，我們都應該將人生寄託於希望。

6．不能讓心失業

有個人失業多年，一直都找不到工作，生活拮据。他整日灰頭土臉，神情極爲沮喪，直到一個偶然機會，聽到這樣一個眞實故事。

有個社區有位老大娘，生活很苦，丈夫老早就去世了，兒子又有些精神失常。社區爲貧困戶送

溫暖時，送給大娘一些錢物，但大娘婉言謝絕了。她說：「我是窮，但我從不缺少什麼，因為我有工作。」

大娘是有份「工作」：冬天在街邊賣烤紅薯，夏天賣冰棒，大娘從未「失業」過。是啊，失業有什麼可怕，這世間並不是沒有事做，而是看你想不想做。

他聽後什麼都沒說，第二天就到碼頭做起了搬運工，後來竟擁有了多家搬運公司。

智慧沙：失業並不可怕，可怕的是讓自己的心也跟著失業。只要擁有一顆熱愛生活的心，就會有做不完的事。

7．讓路邊開滿鮮花

有個小村莊裡有位中年郵差，他從二十歲開始便每天往返五十公里的路程，日復一日將憂歡悲喜的故事送到居民的家中。就這樣二十年一晃而過，人、事、物幾番變遷，唯獨從郵局到村莊的這條道路，從過去到現在，始終沒有一枝半葉，觸目所及，唯有飛揚的塵土罷了。

「這樣荒涼的路還要走多久呢？」他一想到必須在這無花無樹、充滿塵土的路上，踩著腳踏車度過他的人生，心中就有些遺憾。

有一天當他送完信，心事重重準備回去時，剛好經過了一家花店。「對了，就是這個！」他走進花店，買了一把野花的種籽，並且從第二天開始，便帶著這些種籽撒在往來的路上。就這樣，經過一天，兩天，一個月，兩個月……，他始終持續散播著野花種籽。

沒多久，這條已經來回走了二十年的荒涼道路，竟開起了許多紅、黃各色的小花；夏天開夏天的花，秋天開秋天的花，四季盛開，永不停歇。

種子和花香對村莊裡的人來說，比郵差一輩子送達的任何一封郵件，更令他們開心。

智慧沙：

在不是充滿塵土而是充滿花瓣的道路上，孤獨和愁苦的郵差一下子變成了吹著口哨踩著腳踏車的郵差。人生如白駒過隙，時光飛逝，不妨留下善行，提供後人乘涼。

8．生活並不像想像的那麼糟

從前，有一個窮人與他的妻子、五個孩子、兒媳，生活在一間破舊、低矮的小木屋裡，狹窄侷促的居住與貧困簡陋的生活讓他感到活不下去，於是他便去找智者求救。

窮人對智者說：「我們全家那麼多人住在一間小木屋裡，太擁擠了，整天爭吵不休，這樣的家簡直就是地獄，我實在無法再活下去了！」智者問他家裡還有什麼，他告訴智者說，他家還有一頭奶牛、一隻山羊和一群雞。智者說：「你只要按我說的去做，情況自然就會好起來。」

原來，智者是讓窮人回家去，把那些奶牛、山羊、雞全帶到屋裡，與人一起生活，這樣他就可以走出困境。窮人聽後大吃一驚，但他事先已經答應要按智者說的去做，所以也只好如此行事了。

幾天過後，窮人滿臉痛苦地找到智者說：「你給我出的什麼餿主意？事情不但沒有好起來，反而比以前更糟了，現在我家變成了真正的地獄，我真的活不下去了。」智者笑著對他說：「好吧，你回去把那些雞趕出小屋就好了。」

沒過多久時間，窮人又來找智者，他仍然一臉痛不欲生的樣子，哭訴說：「那隻山羊撕碎了我房間裡的一切東西，牠使我的生活如同噩夢。」智者溫和地說：「回去把山羊牽出屋就好了。」

後來，窮人又來了，他對智者說：「那頭奶牛把我的屋子搞成了牛棚，人怎麼可以與牲畜同處一室呢？」智者說：「那你趕快回家，把牛牽出屋去。」

最後，窮人一路小跑，滿面紅光地找到智者，對他說：「謝謝你，又把甜蜜的生活給了我。現在所有的動物都出去了，我那可愛的小屋顯得那麼安靜、寬敞、乾淨，我好開心啊！」

智慧沙：

當你身在糟糕處境時，你的處境雖然看起來很糟糕，但還不是最糟糕的。所以，你完全沒有必要對生活感到絕望。

9．像南瓜一樣將自己綁住

美國麻州阿默思特（Amherst）學院曾經進行了一個很有意思的實驗。實驗人員用很多鐵圈將一個小南瓜整個箍住，以觀察當南瓜逐漸長大時，對這個鐵圈產生的壓力有多大。最初他們估計南瓜最多能承受大約五〇〇磅的壓力。

在實驗的第一個月，南瓜承受了五〇〇磅的壓力；到第二個月時，南瓜承受了一五〇〇磅的壓力；當它承受到二〇〇〇磅的壓力時，研究人員必須對鐵圈加固，以免南瓜將鐵圈撐開。最後，當研究結束時，整個南瓜承受了超過五〇〇〇磅的壓力後，瓜皮才產生破裂。

他們打開南瓜並且發現它已經無法再食用，因為它的中間充滿了堅韌牢固的層層纖維，試圖想要突破包圍它的鐵圈。為了吸收充分的養分，以便突破限制它成長的鐵圈，它的根部甚至延展超過八萬呎，所有的根往不同的方向全方位地伸展，最後這個南瓜獨自控制了整個花園的土壤與資源。

智慧沙：

大多數的人都能承受超過我們所認為的壓力。因為我們擁有比我們想像中大得多的潛能。只要像小南瓜一樣將綁住我們的鐵圈掙脫，就沒有什麼困難能夠阻擋我們。

10．另外十七個羅漢在哪兒

有一個農夫，日出而作，日落而息。辛勤耕作於田間，日子過的雖說不上富裕，倒也和樂。一天晚上，農夫做了個夢，夢見自己得到了十八個金羅漢。說來也巧，第二天，農夫在田野裡竟然眞的挖到了一個價値連城的金羅漢，他的家人和親友都為此感到高興不已，可農夫卻悶悶不樂，整天心事重重。

別人問他：「你已經成了百萬富翁，還有什麼不滿意的呢？」

農夫卻回答說：「我在想，另外十七個羅漢到哪兒去了。」

智慧沙：

得到了一個金羅漢，卻失去了生活的快樂。看來，有時真正的快樂是和金錢無關的。

11・活著的感覺真好

一位得知自己不久人世的老先生，在日記上記下了這段文字：

「如果我可以從頭活一次，我要嘗試更多的錯誤，我不會再事事追求完美。」

「我情願多休息，隨遇而安，處世糊塗一點，不對將要發生的事處心積慮計算著。其實人世間有什麼事情需要斤斤計較呢？」

「可以的話，我會多旅行，跋山涉水，更危險的地方也不怕。以前我不敢吃冰，不敢吃豆，是怕健康有問題，此刻我是多麼的後悔。過去的日子，我實在活得太小心，每一分每一秒都不容有失，太過清醒明白，太過清醒合理。」

「如果一切可以重新開始，我會什麼也不準備就上街，甚至連紙巾也不帶一塊，我會放縱得享受每一分、每一秒。如果可以重來，我會赤足走在戶外，甚至整夜不眠，用這個身體好好地感受世界的美麗與和諧。還有，我會到遊樂園多玩幾圈木馬，多看幾次日出，和公園裡的小朋友玩耍。」

「只要人生可以從頭開始，但我知道，不可能了。」

智慧沙：

人生真的不可能再來一次，以有限追求無限，請珍惜活著的感覺！

輯19 戰勝青春的敵人

人生的第一課是——不再追尋！

——印度教哲學家克里希納穆提

1．找到關鍵點

美國福特汽車公司要排除一台大型發動機的故障，請了很多人都束手無策，最後請來了德國著名的電機專家斯坦門茨。

斯坦門茨圍著機器轉了兩圈後，用粉筆在電機外殼的某處畫了一個「×」，然後吩咐公司負責人說：「把做記號處的線匝減少十六匝。」難題迎刃而解。

斯坦門茨索要了一萬美元的報酬，許多人不解地議論紛紛，說畫一個「×」就要一萬美元，實在是太多了。斯坦門茨回答道：「用粉筆畫一個『×』值一美元，知道在哪裡畫『×』值九九九九美元。」

此語一出，眾人皆默然。

智慧沙：

畫「×」是人人都能做到的，知道具體在哪裡畫「×」卻是極少數人才具備的才能。許多人常常抱怨自己的待遇太低，卻很少在心底問過：自己是否具備獲取高報酬的本領？

2．尋找人生的金幣

夜晚，一個人在房間裡四處搜索著什麼東西。

有一個人問道：「你在尋找什麼呢？」

「我丟了一枚金幣。」他回答。

「你把它丟在客廳了，還是廚房了？」第二個人問。

「都不是。我把它丟在房間外面的草坪上了。」他又回答。

「那你爲什麼不到外面去找呢？」

「因爲那裡沒有燈光。」

智慧沙：

方向比努力更重要，在錯誤的地方怎能找到自己想要的東西。若要有所收穫，必須選擇正確的方向。

3．別讓恐懼害了你

二戰期間，德國科學家爲了執行希特勒的命令，做了一項慘無人道的心理實驗。他們告訴一位俘虜，將在他身上做一項實驗——割斷動脈，看他血流光後的生理反應。

士兵把戰俘綁在實驗台上，用黑布蒙了眼睛，然後用很薄的冰塊在腕上劃了一下。同時，科學家在他的手腕上放了一個吊瓶——瓶裡的水跟人體血液同溫，吊瓶管子的一端，放在這個戰俘的手腕上方。水從他的手腕慢慢地流下，滴到下面放著的一個鐵桶裡。這個戰俘聽著「滴答」、「滴答」的水聲，以爲是自己的血在往外流。然而，他的手腕並沒有被劃破。

過了一個小時，這個戰俘眞的死了，他死去的反應跟失血而死的人一模一樣。他相信自己被放了血，因恐懼導致死亡。

智慧沙：

人們通常都是被自己相信或懷疑的東西所戰勝。人的潛意識分不清事情的真假，任何的想像，只要不斷地重複，都有可能變為現實。

4．不斷丟棄你的錯誤

愛因斯坦被帶到普林斯頓高級研究所辦公室的那天，管理人員問他需要什麼用具。

愛因斯坦回答說：「我看，一張桌子或檯子，一把椅子和一些紙張鋼筆就行了。啊，對了，還要一個大廢紙簍。」

「爲什麼要大的？」

「好讓我把所有的錯誤都扔進去。」

智慧沙：

追求卓越的過程，其實就是不斷丟棄錯誤的過程。丟棄錯誤，我們才會看到一條向上的路。

5．把絆腳石變成墊腳石

一個走夜路的人碰到一塊石頭，重重地跌倒了。他爬起來，揉著疼痛的膝蓋繼續向前走。他走進了一個死胡同。前面是牆，左面是牆，右面也是牆。前面的牆剛好比他高一個頭，他費了很大力氣也攀不上去。

忽然，他靈機一動，想起了剛才絆倒他的那塊石頭：「爲什麼不把它搬過來墊在腳底下呢？」他返了回去，費了很大力氣，才把那塊石頭搬了過來，放在牆下。踩著那塊石頭，他輕鬆地越過了那堵牆。

智慧沙：

逆境人人都會遇到，但是更多的人被絆腳石絆倒以後就再也爬不起來了。如果能想到去化不利為有利——把絆腳石變成墊腳石，那人生豈不是有另外一番風景。

6．年輕沒有敵人

有一位跨國公司老總，在一次員工大會上講述了他在美國留學打工時的求職經歷。

剛到美國時，他和許多中國留學生一樣，在未拿到美國人承認的文憑之前，只有靠體力在餐館、貨場打工來維持自己的學業。半年後，他對這種在美國最底層的打工生活感到厭倦和不滿，急切地想換換環境。

一天，他在報紙上看到有位教授想招聘一名助教的廣告。心想：做助教，薪水不菲，還有利於自己的學業，於是他報了名。經過篩選，共有三十六人取得了報考資格，其中包括他在內的五名中國留學生。入圍者都在暗暗嘆息希望太渺茫了，甚至有人想退出。就在他一頭埋進圖書館裡查閱資料，爲決賽做準備時，另外四名入圍的中國留學生退出了決賽。因爲他們剛剛打聽到，這位教授曾在朝鮮戰場上當過中國人民志願軍的俘虜，肯定會對中國人存有偏見。

聽到這個不祥的消息，他不由得驚出一身冷汗。大家也都勸他放棄這場註定失敗的考試，還不如趁早去尋找別的機會。在失望之中，他逐漸冷靜了下來，堅持一定要搏一搏：「就是教授眞的對中國人有偏見，我也應該用行動證明給他看，我是優秀的。」

考試那天，他鎭定自若地回答教授的提問。最後，教授對他說：「ＯＫ，就是你了。」

「我眞的被錄取了，爲什麼？」他感到非常意外。

教授說：「是的，其實你在他們之中並不是最好的，但你不像其他入圍的中國學生連試一下的勇氣都沒有。我聘你是爲了我的工作，只要你能勝任我就會聘用。」

事實證明，在後來的工作中，他與教授配合得非常有默契。一次，他俏皮地問教授：「您眞的當過中國人的俘虜嗎？」教授說：「我確實在朝鮮戰場上當過中國人的俘虜，不過當時志願軍戰士

對我非常好，讓我很感動，也一直念念不忘。所以，我對中國人沒有偏見，相反，很有好感。」

故事講完了，會場響起一陣熱烈的掌聲。最後，老總對他的員工們說：「廣告語說得好，年輕沒有失敗，如果你眞的失敗了，記住：打敗你的不是別人，而正是你自己。」

智慧沙：

年輕沒有失敗，如果你真的失敗了。請記住：打敗你的不是別人，而正是你自己。

7．尋找不是生命

一個流浪漢在尋找點金石。他褐黃的頭髮亂蓬蓬的，上面蒙著塵土，他的身材瘦得像個影子。他雙唇緊閉，就像他緊閉的心扉。他那發紅的眼睛就像螢火蟲的光亮在尋找他的「愛侶」。無邊的海在他面前怒吼，喧嘩的波浪在不停談論著那隱藏的珠寶，嘲笑那些不懂得它們意思的愚人。

也許現在他不再有希望了，但是他不肯休息，因爲尋求變成他的生命，就像星辰繞著圈走，卻要尋找一個永遠不能到達的目標。在那寂寞的海邊，那頭髮垢亂的人仍舊徘徊著尋找點金石。

一天，一個村童問他：「告訴我，你腰上的那條金鏈是從哪裡來的呢？」

那人嚇了一跳！那條本來是鐵的鏈子眞的變成金的了。這不是一場夢，但他不知道是什麼時候變成的。他狂亂地敲著自己的前額，質問自己：什麼時候成功的？

原來，每當他拾起一塊小石頭去碰碰那條鏈子時，都不看鏈子變化與否，就把石頭扔掉了。這已成了習慣。就這樣，這個人找到了又失掉了那塊點金石。

太陽西沈，晚霞如金。這個人瘋了。他沿著自己的腳印走回去尋找他失去的珍寶。他氣力盡消，身體彎曲，他的心像連根拔起的樹一樣，垂絕在塵土裡。

智慧沙：

不能把尋找當作生命。生活中很多事情都是失去了才察覺到它的珍貴。人們每天都在為自己的欲望忙忙碌碌，但切記絕不能被眼前的欲望遮住雙眼，迷失了前進的方向。

8．切忌跟著感覺走

一頭驢聽說螳螂唱歌好聽，便頭腦發熱，要向螳螂學習唱歌。

螳螂對驢說：「學唱歌可以，但你必須每天像我一樣以露水充饑。」

於是，驢聽了螳螂的話，每天以露水充饑，結果呢，沒有幾天，驢就餓死了。

智慧沙：

切忌跟著感覺走。如果人也憑著一時興趣，一時愛好做事，試想，結果會比驢好到哪裡去呢？

9．收下銀子，放下架子

有一次，托爾斯泰在車站候車室裡休息，忽然想到月台上走走。這時剛好一列客車停在那裡，

眼看就要開車了，一位太太探身車窗外喊他：「老頭兒！快到洗水間把我的手提包拿來，我忘在那兒了……。」托爾斯泰急忙趕到那裡，幸好手提包還在。事後，那位太太遞給他一枚五戈比的大銅錢作為賞錢。托爾斯泰不慌不忙地將它裝進了口袋。

「您知道您把錢給誰了嗎？」一位同行的旅伴問這位太太：「他是列夫．尼古拉耶維奇．托爾斯泰呀！」

「天呀！」這位太太叫道：「我幹了什麼呀！列夫．尼古拉耶維奇！看在上帝的份上，原諒我吧，請把那枚銅錢還給我！」

「您不用感到不安，」托爾斯泰回答說：「您沒有做錯什麼事……，這五戈比是我掙來的，所以我收下了。」托爾斯泰微笑著，目送著遠去的火車。

智慧沙：

一個真正的名人是把自己放在一個合適的位置，不會比別人高，更不會比別人矮。名人的工作，就是為更多的人服務，或是日常瑣事，或是思想精神。

10．經驗和技術同樣重要

村裡有位捕魚的老人，因為捕魚技術特別好，人們都稱他為「漁王」。但令漁王傷心的是，他兒子的捕魚技術卻十分平庸。

一次，漁王向一位路過他家的客人抱怨自己的苦惱：「從小開始，我就親自教他怎樣撒網，怎樣捉魚。我把一個捕魚人所有的本領全教給了他，又把我自己多年總結的經驗一點不漏地傳授給了他。可令我想不通的是，他的技術還不如其他一般漁民的兒子。」

客人聽了，想了一會兒，問：「他每次出海都跟著你嗎？」

「那當然！」漁王說：「爲了不讓他走彎路，我一直在他旁邊教導，親自指揮他捕魚。」

客人點點頭，說：「這就是了。雖然你教給他一流的捕魚技術，卻忘了讓他自己去吸取經驗和教訓。要知道，無論做什麼事情，經驗教訓和知識技術同樣的重要。」

智慧沙：

知識和技術是讓我們明白道理的，這些只要找到老師就可以學到。經驗和教訓卻是靠我們自己去親身體驗和感受的，這才是我們生存和發展的根本。只是，我們通常低估了經驗教訓的價值。

11．沒有無斑點的珍珠

有個人找到了一顆有個小斑點的美麗珍珠，他想如果除掉這個小斑點，這顆珍珠就是世界上最珍貴的無價之寶。

於是，他削掉了珍珠的表層，但斑點仍在，他又削掉第二層，以爲斑點肯定可以除掉，殊不知斑點仍然存在。他不斷地削掉一層又一層，直到最後，斑點沒有了，但珍珠也不存在了。

智慧沙：

人至察則無徒，水至清則無魚。金無足赤，人無完人，世上不存在沒有缺點的人。交朋友，也要寬宏相待，不能過於苛求。

12．人生只有一個半朋友

從前有個仗義、廣交天下豪傑的武夫，臨終前對他的兒子說：「別看我自小在江湖闖蕩，結交的人如過江之鯽，其實我這一生就交了一個半朋友。」

兒子納悶不已。他的父親就貼近他的耳朵交代一番，然後對他說：「你按我說的去見我的這一個半朋友，朋友的定義你自然會懂得。」

兒子先去了父親認定的「一個朋友」那裡，對他說：「我是某某的兒子，現在正被朝廷追殺，情急之下投身於你，希望予以搭救！」這人一聽，容不得思索，趕忙叫來自己的兒子，喝令兒子速速將衣服換下，穿在這個並不相識的「朝廷要犯」身上，而讓自己的兒子穿上「朝廷要犯」的衣服。

兒子明白了：在你生死攸關的時候，那個能與你肝膽相照，甚至不惜割捨自己的親生骨肉來搭救你的人，可以稱作是你的一個朋友。

兒子又去了他父親說的「半個朋友」那裡，抱拳相求，把同樣的話說了一遍。這「半個朋友」聽了，對眼前這個求救的「朝廷要犯」說：「孩子，這等大事我可救不了你，我這裡給你足夠的盤纏，你遠走高飛快快逃命，我保證不會告發你……。」

兒子明白了：在你患難時刻，那個能夠明哲保身，但不落井下石加害你的人，可稱作是你的半個朋友。

智慧沙：

人生只有一個半朋友。你可以廣交朋友用心善待朋友，但絕不可苛求朋友給你同樣的回報。你待他人好和他人待你好是兩碼事。遇到像你一樣善待你的人是你的福氣，如果朋友讓你失望了這也很平常。

13．去點燃生命之光

有一對老夫婦，女的穿著一套褪色的條紋棉布衣服，而她的丈夫則穿著布製的便宜西裝，也沒有事先約好，就直接前去拜訪哈佛的校長。

校長的秘書在片刻間就斷定這兩個鄉下人根本不可能與哈佛有業務來往。

先生輕聲地對秘書說：「我們要見校長。」

秘書很禮貌地說：「校長整天都很忙，恐怕沒時間見你們！」

女士回答說：「沒關係，我們可以等。」

過了幾個鐘頭，秘書一直不理他們，希望他們知難而退。但他們卻一直等在那裡。

秘書終於決定通知校長：「也許他們跟您講幾句話就會走開。」

校長非常不情願地同意了。

校長嚴肅地而且心不甘情不願地面對這對夫婦。

女士告訴他：「我們有一個兒子曾經在哈佛上過一學年的課，他很喜歡哈佛，他在哈佛的生活

很快樂。但是去年，他出了意外而死亡。我丈夫和我想在校園裡爲他留一個紀念物。」

校長並沒有被感動，反而覺得很可笑，他不耐煩地說：「夫人，我們不能爲每一位曾讀過哈佛而後死亡的人建立雕像的。如果我們這樣做，我們這裡豈不成了墓園。」

女士解釋說：「不是，我們不是要豎立一座雕像，我們想要捐一棟大樓給哈佛。」校長仔細地看了一下條紋棉布衣服及粗布便宜西裝，然後吐一口氣說：「你們知不知道建一棟大樓要花多少錢？我們學校的建築物超過七五〇萬美元。」

這時，這位女士沈默不講話了。校長十分高興，因爲總算可以把他們打發了。

這時，只聽見女士轉向她丈夫說：「只要七五〇萬就可以建一座大樓，那我們爲什麼不建一座大學來紀念我們的兒子？」

就這樣，這對夫婦離開了哈佛，到了加州，成立了一所大學來紀念他們的兒子，這所大學就是後來全球知名的史丹佛大學。

智慧沙：

一根蠟燭不會因點燃另一根蠟燭而降低自己的亮度，甚至在點燃的瞬間，自己會變得更加輝煌！去點燃生命之光吧，你最終會美夢成真的。

輯20 多走一步就是天堂

去吧，去為做一個「上等人」而受苦受累吧！

——英國小說家狄更斯

1．只要彎一次腰

有對父子一同穿越沙漠。在經歷了漫長的跋涉之後，他們都疲憊不堪，乾渴難忍，每邁出一步都異常艱難。這時父親看到黃沙中有一枚馬蹄鐵在陽光的照耀下閃閃發光——那是沙漠先驅者的遺留品。

父親對兒子說，撿起它吧，會有用的。兒子用失神的眼睛，看了看一望無際的沙漠——有什麼用呢？兒子搖搖頭。於是，父親什麼也沒說，只是彎腰拾起了馬蹄鐵，繼續前行。

終於他們到達了一座城堡，父親用馬蹄鐵換了兩百顆酸葡萄。當他們再次跋涉在沙漠中遭遇乾渴時，父親拿出了酸葡萄，邊走邊吃，同時自己吃一顆還丟一顆在地上——兒子每吃一顆便要彎一次腰去撿。

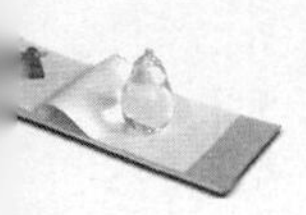

智慧沙：

拾一塊馬蹄鐵只要彎一次腰，而現在兒子卻不得不彎上一百次腰。一件不屑一做的小事，機緣一錯過，就不得不付出百倍的努力。

2．衛冕冠軍為何遺憾

一九五〇年，弗洛倫絲．查德威克因成爲第一個成功橫渡英吉利海峽的女性而聞名於世。兩年後，她從卡德林那島出發游向加利福尼亞海灘，夢想再創一項前無古人的紀錄。

那天，海面濃霧瀰漫，海水冰冷刺骨。在游了漫長的十六個小時之後，她的嘴唇已凍得發紫，全身筋疲力盡而且一陣陣戰慄。她抬頭眺望遠方，只見眼前霧靄茫茫，仿佛陸地離她還十分遙遠。「現在還看不到海岸，看來這次無法游完全程了。」她這樣想著，身體立刻就癱軟下來，甚至連再划一下水的力氣都沒有了。

「把我拖上去吧！」她對陪伴著她的小艇上的人說。

「咬緊牙，再堅持一下。只剩一哩遠了。」艇上的人鼓勵她。

「別騙我。如果只剩一哩，我就應該能看到海岸。把我拖上去，快，把我拖上去！」

於是，渾身發抖的查德威克被拖上了小艇。

小艇開足馬力向前駛去。就在她裹緊毛毯喝了一杯熱湯的工夫，褐色的海岸線就從濃霧中顯現出來，她甚至都能隱隱約約地看到海灘上歡呼等待她的人群。此時查德威克才知道，艇上的人並沒有騙她，她距成功確實只有一哩！她仰天長嘆，懊悔自己沒能咬緊牙再堅持一下。

智慧沙：

在受到挫折和失敗猛烈重擊的情況下，就更應在心裡為自己搖旗吶喊：挺住，再堅持一下，再堅持一下！因為只有不倒下，才有取勝的可能。

3．轉變一下角度

法國著名女高音歌唱家瑪．迪梅普萊有一座美麗的私人林園。每到週末，總會有人到她的林園摘花，拾蘑菇，有的甚至搭起帳篷，在草地上野營野餐，弄得林園一片狼籍，骯髒不堪。

管家曾讓人在林園四周圍上籬笆，並豎起「私人林園，禁止入內」的木牌，但都無濟於事，林園依然不斷遭踐踏、破壞。於是，管家只得向主人請示。

迪梅普萊聽了管家的匯報後，讓管家做一些大牌子立在各個路口，上面醒目地寫著：「如果在園中被毒蛇咬傷，最近的醫院距此十五公里，駕車約半小時即可抵達。」

從此，再也沒有人闖入她的林園。

智慧沙：

只要稍稍地轉變一下角度，事情就會有所不同。

4．失去不一定就是損失

在高速行駛的火車上，一個老人不小心把剛買的新鞋的其中一只弄出窗外。周圍的人倍感惋

惜，不料那老人立即把第二只鞋也扔出窗外。

老人的想法是：這一只鞋無論多麼昂貴，對自己而言都沒用了，如果有誰能撿到一雙鞋子，說不定他還能穿呢！

智慧沙：

與其抱殘守缺，不如就地放棄。事物的價值不在於誰占有，而在於如何占有。一切都是暫時，一切都會消逝，讓失去的變為可愛。失去不一定是損失，也可能是獲得。

5．把玫瑰的清香帶給人

一個路人發現路旁有一堆泥土散發出芬芳的香氣，他就把這堆土帶回了家。一時之間，他家裡竟然香氣滿堂。路人好奇而驚訝地問這堆土：「你是從大城市來的珍寶呢，還是一種稀有的香料，或是價格昂貴的材料？」

泥土說：「都不是，我只是一塊普通的泥土而已。」

路人又問：「那你身上濃郁的香味是從哪兒來的？」

泥土答：「我曾在芳香四溢的玫瑰園裡和玫瑰相處了很長一段時間。」

智慧沙：

泥土因為有了與玫瑰的親密接觸，才會擁有玫瑰的清香；生命因為有了朋友的陪伴，才會滋潤甜美一路高歌。且讓我們成為靠近玫瑰味的泥土，同時也成為可以帶給別人香味的玫瑰吧！

6．傷害別人就是傷害自己

一條船在海上航行，船艙裡藏著一隻老鼠。老鼠偷吃船夫的糧食，咬壞船夫的衣物。船夫恨透了老鼠，想捉住牠，把牠扔到海裡去。

老鼠有老鼠的辦法，牠使出看家本領，在船底打洞。牠要躲到洞裡去，還要把船夫的糧食也搬到洞裡藏起來。結果可想而知，這隻老鼠沒有想到，牠在船底打的洞，不僅毀了船，也毀了自己。

智慧沙：
與人交往時，千萬不要想著去危害別人。傷害別人就是傷害自己。

7．把信任撒向每一個角落

在一個小鎮上有一個出名的地痞，整日遊手好閒，酗酒鬧事，人們見到他避之唯恐不及。一天，他醉酒後失手打死了前來討債的債主，被判刑入獄。

入獄後的地痞幡然悔悟，對以往的言行深深感到懊悔。一次，他協助監獄制止了一次犯人的集體越獄事件，獲得減刑的機會。

從監獄中出來後，他回到小鎮上想重新做人。他先是找地方打工賺錢，結果全被對方拒絕。這些老闆全都遭受過他的敲詐，誰也不敢讓他來工作。食不果腹的他，於是來到親朋好友家借錢，可遭到的都是一雙雙不信任的目光，他那剛充滿希望的心，於是開始滑向失望的邊緣。

這時，鎮長聽說了，就取出一千元送給他，他接受這些錢時，沒有顯出過分的激動，只是平靜

地看了鎮長一眼後，便消失在鎮口的小路上。數年後，地痞從外地歸來。他靠一千元起家，苦命拼搏，終於成了一個腰纏萬貫的富翁，不僅還清了親朋好友的舊帳，還帶回來一個漂亮的妻子。他來到鎮長的家，恭恭敬敬地捧上了一萬元，然後說道：「謝謝您！」

事後，費解的人們問鎮長，當初爲什麼相信他日後能夠還上一千元，他可是出了名借款不還的地痞。鎮長笑了笑，說：「我從他借錢的眼神中，相信他不會欺騙我，我那樣做是讓他感受到社會和生活不會對他冷酷和遺棄。」

智慧沙：

信任別人，歸根究柢就是信任自己的判斷。信任是伸向失望的一雙手，一個小小的動作能改變一個人的一生，把信任撒向世界的每一個角落吧，說不定在你的身邊會出現一個奇蹟。

8．不能為此失去

兩位武士偶然在樹林裡相遇了，他們同時看見樹上有一面盾牌。

「呀！一面銀盾！」一位武士叫了起來。

「胡說！那是一面金盾！」另一位武士說。

「明明是一面銀製的盾，你怎麼硬說是金盾呢？」

「你才強詞奪理，那明明是一面金盾！」

「我們倆素不相識，你把銀盾說成金盾，是不是故意跟我過不去？」說罷，看見銀盾的武士手握劍柄，準備決鬥。

「你才是故意與我爲敵，明明是金盾，偏偏說成是銀盾！」看見金盾的武士「唰」地一聲拔出劍來。

於是，兩位武士在樹林中拔劍出鞘，展開了慘烈的決鬥，最後兩人都受了致命的重傷。當他們向前倒下的一剎那，才看清了樹上那個盾牌，一面是金的，一面是銀的。

智慧沙：

有時我們會被看到的現象欺騙，正如我們所聽到的一樣。眼睛和耳朵一樣可以騙人。有時換個角度，換個位置，我們會失去的更少，得到更多。

9．摘下一顆蘋果

一位老和尚，他身邊聚攏著一幫虔誠的弟子。一天，他囑咐弟子每人到南山打一擔柴回來。弟子們匆匆行至離山不遠的河邊，人人目瞪口呆。只見洪水從山上奔瀉而下，無論如何也休想渡河打柴了。

無功而返，弟子們都有些垂頭喪氣。唯獨一個小和尚與師傅坦然相對。師傅問其故，小和尚從懷中掏出一顆蘋果，遞給師傅說，過不了河，打不了柴，見河邊有棵蘋果樹，我就順手把樹上唯一的一顆蘋果摘來了。後來，這位小和尚成了師傅的衣缽傳人。

智慧沙：

世上有走不完的路，也有過不了的河。過不了的河掉頭而回，也是一種智慧。但真正的智慧還要在河邊做一件事情：放飛思想的風箏，摘下一顆蘋果。

10．善良使地獄成為天堂

一位老僧坐在路旁，盤著雙腿，兩手交握在衣襟之下，雙目緊閉，陷入沈思。

突然，他的冥思被打斷。打斷他的是武士嘶啞而懇求的聲音：「老頭！告訴我什麼是天堂，什麼是地獄？」

老僧好像什麼也沒聽到，毫無反應。但他漸漸地睜開雙眼，嘴角露出一絲微笑。武士站在旁邊，迫不及待，猶如熱鍋上的螞蟻。

「你想知道天堂和地獄的秘密？」老僧說道：「你這等粗野之人，頭髮蓬亂，鬍鬚骯髒，手腳沾滿污泥，劍上鐵銹斑斑，一看就知道你既不講衛生又沒有好好保管你的劍。你這醜陋的傢伙，你娘把你打扮得像個小丑，你還敢來問我天堂和地獄的秘密？」

武士滿臉血紅，脖子上青筋暴露，「刷」地拔出劍來，舉到老僧頭上。

利劍將要落下，老僧忽然輕輕地說道：「這，就是地獄。」

霎時，武士驚愕不已，肅然起敬，對眼前這個敢以生命來教導他的老僧充滿崇敬和愛意。他的劍停在那裡，眼裡噙滿了感激的淚水。

「這就是天堂。」老僧說道。

智慧沙：

一切惡念、惡言、惡行，對於自己和他人都是地獄；一切善念、善言、善舉，對於自己和他人都是天堂。天堂和地獄僅一步之遙，如果人人都能棄惡從善，即使是地獄也能成為天堂。

11．合作使地獄成為天堂

天堂與地獄的生活有什麼區別呢？很多人都想知道，包括王小二。

有一天，王小二巧遇觀音菩薩，向菩薩提出欲看看天堂與地獄生活的心願。菩薩因小二之虔誠而答應帶他到天堂與地獄一遊。當菩薩帶小二到陰森森的地府時，他看見了骨瘦如柴、飽受饑餓的小鬼們。

「爲什麼他們都這麼瘦呢？」小二問菩薩。

「你瞧！」

此時，正好午餐時間到了，那些餓鬼都湧到一個巨大的鍋旁。不過，此時他們的雙手都被綁上了一雙長達六尺的木匙。他們爭先恐後地爭吃，但由於被長匙所約束，無法將食物送進口，許多食物都被潑灑在地上。

觀了此景，小二才覺悟爲什麼這些餓鬼永遠是那麼瘦小。

片刻，菩薩又帶小二來到天堂。

天堂內鳥語花香，仙人們個個臉色紅潤，身體健康，精神飽滿。

「他們到底吃什麼食物呢？」小二問菩薩。

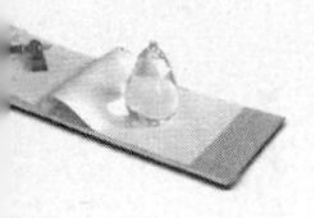

「食物沒有什麼差別，不同的是不像地獄之餓鬼一樣貪婪、自私。你瞧！」

時逢一群仙人正在一個巨大的鍋旁吃飯，他們的雙手也綁著一雙長達六尺的木匙，與餓鬼無異。但不同的是，當他們以木匙弄到食物時，他們是將食物往對方的嘴裡送去，而對方也將食物弄給他們，在大家彼此的默契合作下，個個都吃得飽飽的！

看了此景後，小二才真正明白：天堂與地獄的生活就是有區別啊！

智慧沙：

合作使地獄成為天堂。今日我們敬人一尺，他日他人肯定會回敬一丈。真誠的合作比明爭暗鬥要好得多。若因貪圖私利而互相爭奪，最終損失的還是自己。

輯21 告訴孩子，你眞棒

沒有教不好的孩子，只有不懂教育的家長。

——一位教育專家

1．媽媽，請記住這兩顆蘋果

一位來自監獄的犯人在信中寫道：

小時候，有一天媽媽拿來幾顆蘋果，紅紅的，大小各不同。小男孩一眼就看見中間一個又紅又大的，十分喜歡，非常想要。這時，媽媽把蘋果放在桌上，問他和弟弟：「你們想要哪個？」男孩剛想說最大最紅的一個時，弟弟搶先說出了自己想說的話。媽媽聽了，瞪了弟弟一眼，責備他說：「好孩子要學會把好東西讓給別人，不能總想著自己。」於是，男孩靈機一動，改口說：「媽媽，我想要那個最小的，把大的留給弟弟吧。」

媽媽聽了，非常高興，在小男孩的臉上親了一下，並把那個又紅又大的蘋果獎勵給他。他得到了自己想要的東西，從此，也學會了說謊。之後，他又學會了打架、偷、搶，爲了得到想要得到的東西，他不擇手段。後來，男孩被送進監獄。

另一個家庭的故事則是：

小時候，有一天媽媽拿來幾顆蘋果，紅紅的，大小各不同。小男孩和弟弟們都爭著要大的，媽

媽把那個最大最紅的蘋果舉在手中，對孩子們說：「這顆蘋果最大最紅最好吃，誰都想要得到它。很好，現在，讓我們來做個比賽，我把門前的草坪分成三塊，你們三人一人一塊，負責修剪好，誰做得最快最好，誰就有權得到它！」

孩子們開始比賽除草，結果，小男孩贏了那顆最大的蘋果。後來，這個男孩成了當地政府機構裡的重要官員。

智慧沙：

推動搖籃的手，就是推動世界的手。母親是孩子的第一任教師，你可以教他說第一句謊話，也可以教他做一個誠實且永遠努力爭第一的人。別讓推動世界的手，變成促成邪惡的手。

2．大畫家勝於小畫匠

有兩位媽媽。令這兩位媽媽驕傲的是，他們都各自生了一個愛畫畫的孩子。

第一個孩子的媽媽，給兒子準備了一疊紙、一捆筆，還有一面牆，然後告訴兒子：「你的每一張畫，都要貼在牆上，給所有來我們家的客人欣賞。」

第二個孩子的媽媽，給兒子拿來一疊紙、一捆筆，還有一個紙簍，然後告訴兒子：「你的每一張畫，都要扔在這個紙簍裡，無論你自己對它滿意，還是不滿意。」

三年之後，第一個孩子舉辦了畫展：一牆的畫，色彩鮮亮，構思完整，人人讚揚。第二個孩子沒法展覽，一紙簍的畫，滿了就倒掉，所有的人都只看到他手裡尚未畫完的那一張。

三十年之後，人們對第一個孩子一牆一牆地展覽的畫已不感興趣，第二個孩子的畫卻橫空出世，震驚了畫壇。人們把第一個孩子貼在牆上的畫揭下來，扔進紙簍，接著將第二個孩子扔在紙簍裡的畫拿出來，貼在牆上。

智慧沙：

那些一舉成名的故事背後，都有一個積累的過程。可愛的母親，儘管這個社會很需要行畫，但你的任務是培養一個讓後人懷念的大畫家，而不是一個小畫匠。

3・把自己推上手術台

他來自農村，學的是醫學專業，上了幾年學校，家裡值錢的東西都被他上沒了。醫院不好進，沒錢也沒關係的他，混了幾年還是一個默默無聞的衛生所職員。

一輩子土裡刨食、對他寄予太多希望的老父親為此很著急，從百里外的農村老家趕來，帶著他到醫院求職。他成功地為某醫院做了一例斷腸結合手術。有熱心人士提醒他們父子要及時送禮。禮是送了——一壺家鄉產的小磨香油，只是太輕，輕得微不足道。院長說，如果他能做斷肢再植手術，就可以把他調進醫院。

老父親聽不出弦外之音，更著急不知要等到何時才會有斷肢的病人來這間小醫院做接肢手術。即使有，也未必輪上兒子做。如果沒有上手術台的機會，就意味著兒子還要一直等下去。

為了兒子的前途，生性笨拙的老父親突發奇想，情急之下剁掉了自己的一個手指，在手術台上指名要兒子做手術……。手術後拆線，看著還能彎動的手指，老父親笑了，兒子哭了，院長無話可說了。

智慧沙：

當官的父親可以用權為兒子疏通前途，經商的父親可以用錢為兒子鋪墊道路。這個父親是農夫，兩手空空，但他的力量卻很驚人，而且創意出奇，無人敢於仿效，令人嘆為觀止。

4．先教會你的孩子剝雞蛋

一位年輕的母親向前蘇聯教育家蘇霍姆林斯基請教：「怎樣才能教育好我的孩子？」蘇氏回答說：「先教會你的孩子剝雞蛋殼吧！」

這個發生在前蘇聯的教育經典故事，在幾十年後的中國找到了原型：

北京某小學一位四年級的孩子，每天上學，母親總給他一個剝好了的熟雞蛋放在書包裡的飯盒中，以便在課間時給孩子充饑。

有一天，孩子看到了一個「奇怪的現象」——這雞蛋怎麼有堅硬的外殼呢，而且一點縫都沒有？無奈之下，孩子只好將雞蛋帶回家中，交給了母親。

智慧沙：

生活需要自己去體驗、去感悟、去經受挫折、失敗。學習也是如此，為師者要把屬於孩子們的時間，動手、思維的空間還給他們，把屬於他們的獨立生存權利還給他們。

5．別把大發明家槍斃

有個母親，因孩子把她剛買回家的一只金錶當成新鮮玩具拆卸擺弄壞了，就狠狠地揍了孩子一頓，並把這件事告訴了孩子的老師。

老師幽默地說：「恐怕一個『愛迪生』被槍斃了。」接著，這位老師進一步分析說：「孩子的這種行爲是創造力的表現，您不應該打孩子，要解放孩子的雙手，讓他從小有動手的機會。」

「那我現在該怎麼辦呢？」母親聽了老師的話，覺得很有道理，感到有些後悔。

「補救的辦法還是有的，」老師接著說道：「你可以和孩子一起把金錶送到鐘錶行，讓孩子站在一旁看修錶師傅如何修理，這樣，鐘錶行就成了課堂，修錶師傅就成了老師，你的孩子就成了學生，修錶費就成了學費，孩子的好奇心就可以得到滿足了。」

智慧沙：

保護孩子的好奇心，不要抹殺孩子的創造精神。我們的社會非常需要富有創造力的人。在這樣一個機遇與挑戰並存的社會，光有書本知識是遠遠不夠的，要想抓住機會，迎接挑戰，就必須具備創造力，能夠想他人不能想的事，做他人不能做的事，這樣才能擁有一定的實力。

6．船長到底幾歲

一位法國教育心理專家曾給上海的孩子出了一道題目：「一艘船上有七十五頭牛，三十二隻羊，那麼船長有幾歲？」專家斷言，如果有學生做出答案，那說明學校把孩子教笨了。

一九九八年，用這則笑話測驗中國沿海某市的小學生與初中生，結果做出答案的竟高達九○%，即使在上海某個重點中學的高三年級生，也還是有一○%得到 75 － 32 ＝ 43 歲的答案。只有一○%認爲此題非常荒謬，無法解答。

當然，這一○%的學生答對了，因爲該題目只不過是一則歐洲笑話，不可能有答案。而做出答案的學生在回答記者提問時則說：「教師出的題目總是對的，不可能不能做。」「教師平時教育我們題目做了才能得分，不做的話一分也沒有。」還有學生認爲，如果用加法應當是一○七歲，這麼大的年紀當船長不可能，因此只能是四十三歲。

法國專家感嘆：中國學生很聽教師的話，因爲同一題目在法國小學做實驗時，超過九○%的同學提出了異議，甚至嘲笑教師是「糊塗蛋」。

智慧沙：從不同的角度看問題，大膽去質疑，並且努力駕馭自己的思維，這樣的教育及教育出來的學生才會大有作為。

7 · 把糖果獎給孩子

陶行知在任育才小學校長期間，一天在校園裡看到王友同學用泥塊砸自己班上的男生，當即制止了他，並叫他放學後到校長室來。

放學後，陶行知來到校長室，王友已經等在門口準備挨訓了。可一見面，陶行知卻掏出了一塊糖送給他，說：「這是獎給你的，因爲你按時來到這裡，而我卻遲到了。」王友驚疑地接過糖。

隨後，陶行知又掏出一塊糖放到他手裡，說：「這塊糖也是獎給你的，因爲當我不讓你打人時，你立即就住手了，這說明你很尊重我，我應該獎勵你。」王友更驚疑了。

陶行知又掏出第三塊糖說：「我調查過了，你用泥塊砸那些男生，是因爲他們不守遊戲規則，欺負女生；你砸他們，說明你很正直善良，應該獎勵你啊！」王友感動極了，他流著眼淚承認錯誤。

陶行知滿意地笑了，他隨即掏出第四塊糖遞過去，說：「爲你正確地認識了錯誤，我再獎給你一塊糖，可惜我只有這一塊糖了，我的糖發完了，我看我們的談話也該結束了吧！」說完，就走出了校長室。

不到五分鐘的談話，卻讓王友心服口服，一生難忘。通過談話，王友不僅認識了錯誤，還意識到自己的優點，同時感受到理解和鼓勵，進而從校長身上學會了處理問題的方法。

智慧沙：

這就是教育家育人的藝術，這就是教育家的博愛、寬容與魅力。好習慣、好品格都是靠點滴積累的，讓我們多用一點心思吧。為孩子創造機會，從點滴做起。

8．別辜負永不凋謝的玫瑰

校園的溫室裡開出了一朵最大的玫瑰花，全校的學生都非常驚訝，每天都有許多學生來觀賞，那天早晨，蘇霍姆林斯基在校園裡散步，看見幼稚園的一個四歲女孩在溫室裡摘下了那朵玫瑰花，抓在手中，從容地往外走。

蘇霍姆林斯基很想知道這個小女孩爲什麼要摘花，他彎下腰，親切地問：「孩子，你摘這朵花是要送給誰的，能告訴我嗎？」

小女孩害羞地說：「奶奶病得很重，我告訴她學校裡有這樣一朵大玫瑰花，奶奶有點不信，我現在摘下來送給她看，看過我就把花送回來。」

聽了孩子天眞的回答，蘇霍姆林斯基的心顫動了，他牽著小女孩，從溫室裡又摘下兩朵大玫瑰花，對孩子說：「這一朵是獎給你的，你是一個懂得愛的孩子；這一朵是送給你媽媽的，感謝她養育了你這樣一個好孩子。」

智慧沙：

為了愛的教育，為了我們的孩子能像個真正的人一樣站立在這個世界上，我們的教育本來就應該這樣美好。

9．把歡笑帶給全世界

同樣是小學三年級的學生，在作文中，他們寫道將來的志願是當小丑。

中國的老師斥之曰：「胸無大志，孺子不可教也！」

外國的老師說：「願你把歡笑帶給全世界！」

智慧沙：

身負培育國家未來棟樑重任的老師，不但要常常鼓勵多於要求，更不要狹窄地界定了成功的定義。

10．找到孩子喜愛的「蘿蔔」

在一條擁擠繁鬧的街道上，躺在地上的一頭驢子嚴重地阻礙了交通。幾個壯漢推也推不動，拉也拉不走。圍觀的人越來越多，引來了交通警察。交警想盡辦法，驢子還是躺在那裡。最後，交警掏出槍來，對著驢子說：「你再不走，我開槍了！」驢子只晃了晃牠的耳朵，依然故我。

正當人們一籌莫展時，從人群外擠進了一個老農夫。老農夫手裡拿著兩根蘿蔔，在驢子眼前晃了晃，懶洋洋的驢子眼睛立刻亮了起來。牠剛站起來，老農夫就趕緊往後退了兩步，這時人群自動讓開一條通道，驢子就跟隨老農夫走了。

智慧沙：

我們的教育方法不一定要多高明，講的道理不一定多高深，但要巧妙。沒有教不好的學生，也沒有不會教的老師，只不過是我們某些老師還沒有找到學生喜愛的「蘿蔔」。

11．珍貴東西慢成長

從讀小學起，他就一直很努力地學習，可成績總是平平。有一段時間，他曾對自己失去信心。後來，父親帶他到公園，指著園內的兩排樹問：「你知道那些是什麼樹嗎？」他一看，一排是白楊，一排是銀杏，與高大的白楊相比，銀杏顯得十分矮小。

父親說：「我特意問過公園管理員，這兩排樹是同時栽下的。剛栽下時，都一樣高。它們享受同樣的陽光，同樣的水土，同樣的條件，到後來，白楊為什麼長得高大，而銀杏卻生得矮小呢？」

父親見他答不上來，接著說：「孩子，要知道，珍貴的東西總是慢慢成長的。」這詩意般的語言，像一道陽光，一下子照亮了他的心頭。他努力著，努力著，從不放棄，到了高中，他的學業成績終於有了長足的進步，在全年級中名列前茅。大學聯考那年，他以優異的成績考入了一所知名大學。

智慧沙：

珍貴的東西總是慢慢成長的。那些自以為愚笨的孩子，請好好記住這句話，它一定會照亮你人生的方向。

輯22 愛即是信

愛情的視覺不是靠眼睛，而是心靈。

——仙農・法菲

1・只有時間才能理解愛

從前有座小島，上面住著快樂、悲哀、知識和愛，還有其他各類情感。

一天，情感們得知小島快要下沉了，於是大家都準備船隻，離開小島。只有愛留了下來，她想要堅持到最後一刻。

過了幾天，小島眞的要下沉了，愛想請人幫忙。

這時，富裕乘著一艘大船經過。

愛說：「富裕，你能帶我走嗎？」

富裕答道：「不，我的船上有許多金銀財寶，沒有你的位置。」

愛看見虛榮在一艘華麗的小船上，說：「虛榮，幫幫我吧！」

「我幫不了你，你全身都濕透了，會弄壞我這艘漂亮的小船。」

悲哀過來了，愛向她求助：「悲哀，讓我跟你走吧！」

「哦……，愛，我實在太悲哀了，想自己一個人待一會兒！」悲哀答道。

快樂走過愛的身邊，但是她太快樂了，竟然沒有聽到愛在叫她！

突然，一個聲音傳來：「過來！愛，我帶你走。」

這是一位長者。愛大喜過望，竟忘了問他的名字。登上陸地後，長者獨自走開了。

愛對長者感恩不盡，問另一位長者知識：「幫我的那個人是誰？」

「他是時間。」知識老人答道。

「時間？」愛問道：「爲什麼他要幫我？」

知識老人笑道：「因爲只有時間才能理解愛有多麼偉大。」

智慧沙：

只有時間，也只有時間，才能理解愛有多麼偉大。因為在這個物欲横流、金錢泛濫的年代，沒有多少人會理解愛的能量。

2．有時間給家裡寫封信

「親愛的爸爸媽媽：我最近很忙□，一般□，空閒□；我的功課優秀□，中等□，差□；最近一次考試成績九十分以上□，六十分以上□，不及格□；身體很棒□，有一點不舒服□，很不好□；我準備在暑假□，寒假□，明年□回家……。」

「孩子，我們知道你沒有時間寫信回家，現在，請你花一點點時間，在前面的空格裡選擇你目前的狀況，畫個『∨』，寄回給我們。信封我們已經寫好並貼了郵票，隨信附上。孩子，我們老了，不知道還有多少時間，不要讓我們久等。非常想念你的爸爸媽媽。」

這是一封不尋常的家書，每一句話都詮釋著一個動人的關愛細節。

智慧沙：

有時間給家裡寫封信——常常記起那一直撕心扯肺掛念著你的父母吧。當你大難臨頭時，他們才是你要第一個求助的人。

3．記起藏在身邊的褲腰帶

遊子探親期滿離開故鄉，母親送他到車站。在車站，兒子行李的拎帶突然被擠斷，眼看就要到發車時間，母親急忙從身上解下褲腰帶，把兒子的行李包紮好。解褲腰帶時，由於心急又用力，她把臉都漲紅了。兒子問母親怎麼回家呢，母親說不要緊，慢慢走。

多少年來，兒子一直把母親這根褲腰帶珍藏在身邊。多少年來，兒子一直在想，他母親沒有褲腰帶是怎樣走回幾里地外的家的。

智慧沙：

親情無價，母愛無言。母愛就是如此徹底，因為它源自於生命的本能。

4．那扇沒上鎖的門等著你

鄉下小村莊的偏僻小屋裡住著一對母女，母親害怕遭竊，一到晚上總是在門把上連鎖三道鎖；

女兒則厭惡了像風景畫般枯燥而一成不變的鄉村生活，她嚮往都市，想去看看自己透過收音機所想像的那個華麗世界。某天清晨，女兒爲了追求那虛幻的夢離開了母親身邊。她趁母親睡覺時偷偷離家出走了。

「媽，你就當作沒我這個女兒吧！」可惜這世界不如她想像的美麗動人，她在不知不覺中，走向墮落之途，深陷於無法自拔的泥濘中，這時她才領悟到自己的過錯。

「媽！」經過十年後，已長大成人的女兒拖著受傷的心與狼狽的身軀，回到了故鄉。她回到家時已是深夜，微弱的燈光透過門縫滲透出來。她輕輕敲了敲門，卻突然有種不祥的預感。當她扭開門時，眼前的景象把她嚇了一跳。好奇怪，母親從來不曾忘記把門鎖上的。母親瘦弱的身軀蜷曲在冰冷的地板上，睡著的模樣令人心疼。

「媽……媽……。」聽到女兒的哭泣聲，母親睜開了眼睛，一語不發地摟住女兒疲憊的肩膀。在母親懷裡哭了很久之後，女兒突然好奇問道：「媽，今天你怎麼沒有鎖門，有人闖進來怎麼辦？」

母親回答說：「不只是今天，我怕你晚上突然回來進不了家門，所以十年來門從沒鎖過。」

母親多年如一日，等待著女兒回來，女兒房間裡的擺設一如當年。這天晚上，母女回復到多年前的樣子，緊緊鎖上房門睡著了。

智慧沙：

如果你是一個離家的遊子，請記住：那扇沒上鎖的門正等著你回家。家人的愛是希望的搖籃，感謝家的溫暖給予了我們不斷成長的動力。

5・把玫瑰花親手獻給母親

有位紳士在花店門口停了車，他打算向花店訂一束花，請他們送給遠在故鄉的母親。

紳士正要走進店門時，發現有個小女孩坐在路上哭，紳士走到小女孩面前問她：「孩子，爲什麼坐在這裡哭？」

「我想買一朵玫瑰花送給媽媽，可是我的錢不夠。」孩子說。紳士聽了感到心疼。

「這樣啊……。」於是紳士牽著小女孩的手走進花店，先訂了要送給母親的花束，然後給小女孩買了一朵玫瑰花。走出花店時，紳士向小女孩提議，要開車送她回家。

「眞的要送我回家嗎？」

「當然啊！」

「那你送我到媽媽那裡好了。可是叔叔，我媽媽住的地方，離這裡很遠。」

「早知道就不載你了。」紳士開玩笑地說。

紳士照小女孩說的一直開了過去，沒想到走出市區大馬路之後，隨著蜿蜒山路前行，竟然來到了墓園。小女孩把花放在一座新墳旁邊，她爲了給一個月前剛過世的母親，獻上一朵玫瑰花，而走了一大段遠路。

紳士將小女孩送回家中後，再度折返花店。他取消了要寄給母親的花束，而改買了一大束鮮花，直奔離這裡有五小時車程的母親家中，他要親自將花獻給媽媽。

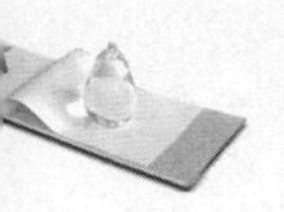

智慧沙：

知道嗎？每天回到家，當你喊出「媽媽」這兩個字還有人答應時，你是幸運和幸福的。因為在這個世界上，有許多人都沒有這樣的機會了。為逝者舉行盛大喪禮，不如在他在世時，善盡孝心。

6．騎單車的感覺更好

有一個人因爲生意失敗，迫不得已變賣了新購的住宅，而且連他心愛的小跑車也脫了手，改以單車代步。

一日，他和太太一起，約了幾對私交的夫妻出遊，其中一位朋友的新婚妻子因爲不知詳情，見到他們夫婦共乘一輛單車來到約定地點，便脫口而出：「爲什麼你們騎單車來？」

衆人一時錯愕，場面變得很尷尬，但這位妻子卻不急不緩地回應：「我們騎單車，因爲我想抱著他。」

智慧沙：

能甘苦與共的夫婦，他們的愛是一種不離不棄的感情，無論面前是順境抑或逆境，雙方都會互相支援、共同面對。愛是發自內心的，當你時時刻刻想起當初的那份真摯，你自然知道怎樣與伴侶攜手去走以後的路。

7．這三個字對於女人很重要

一個遠在國外的丈夫到郵局去給他的妻子拍電報，全文是：「親愛的，我在國外很想你，祝你聖誕快樂！」

在掏錢付款時，他發現身上帶的錢不夠，於是對郵局的小姐說：「爲了省錢，我可不可去掉幾個不必要的字呢？」

小姐說可以，但當她接過那男子刪改過的電文時，發現去掉了「親愛的」三個字。

於是，郵局那位小姐說：「先生，你還是把『親愛的』三個字添上吧，錢由我來付。你不知道，這三個字對於一個女人來說有多重要。」

智慧沙：

最真摯、最真實的愛往往就在簡單的幾個字中。「親愛的」只有三個字，卻是愛情中最無價的資產。它能把所有灰暗的日子照亮，把某個生命的季節點燃，把心與心之間的距離悄然拉近。

8．小姐別怕，有我呢

男孩終於娶了女孩。就在結婚那天，男孩告訴了女孩一個秘密：「我永遠忘不了一位老人。」男孩說：「多虧他的幫助，我才有認識你的機會。」

「什麼機會？」女孩笑眯眯地問。

「我曾拜託那位老人，當只有我倆上電梯時，請他悄悄地把電梯停止五分鐘，好讓我可以好好地看看你。」

「那老人立刻答應你，還關了電燈。」女孩說。

「你怎麼知道？」男孩吃了一驚。

「那人是我爺爺。是我讓他關的燈，我想考驗你，看你會不會趁黑暗偷偷地吻我。」

「可我沒敢吻。只說了一句：『小姐別怕，有我呢。』」

「也正因為這句話表明了你的莊重，我才決定走近你。」說著，女孩吻了吻男孩的眼睛。

智慧沙：

愛神蒙著眼睛，隨時都會闖入每個人的心裡。但愛神是莊重的，因為它怕自己不能永恆——來得突然，去得匆匆。

9．比浪漫還浪漫的愛情故事

一天夜裡，男孩騎摩托車帶著女孩超速行駛。他們彼此深愛著對方。

女孩：「慢一點……，我怕……。」

男孩：「不，這樣很有趣……。」

女孩：「求求你……，這樣太嚇人了……。」

男孩：「好吧，那你說你愛我……。」

女孩：「好……，我愛你……，現在你可以慢下來了嗎？」

男孩：「緊緊抱我一下……。」

女孩緊緊擁抱了他一下。

女孩：「現在你可以慢下來了吧？」

男孩：「你可以脫下我的安全帽並自己戴上嗎？它讓我感到不舒服，還干擾我駕車。」

……

第二天，報紙報導：一輛摩托車因爲煞車失靈而撞毀在一幢建築物上。車上有兩個人，一個死亡，一個倖存……。

原來，駕車的男孩知道煞車失靈了，但他沒有讓女孩知道，因爲那樣會讓女孩感到害怕。相反，他讓女孩最後一次說她愛他，最後一次擁抱他，並讓她戴上自己的安全帽，結果，女孩活著，他自己卻死了……。

智慧沙：

離去的人是幸福的，他用生命和鮮血保護了自己的愛人，他用神話般的浪漫捍衛了自己的神聖愛情——愛，就是生命的全部。

第三卷

心靈有窗

心靈是一本奇特的帳簿，只有收入，沒有支出。
任何一種文化，不經過心靈的重塑和體驗，就會喪失人性，缺乏人道精神。
永遠要記住，心靈就是一生的寶藏，要不斷地挖掘它。

輯23 在靈魂居住的地方

時間是用來浪費的，身軀是用來相愛的，生命是用來遺忘的，而靈魂，是用來歌唱的。

——吉卜賽人

1．失去希望也就失去了一切

有一年，一支英國探險隊進入了撒哈拉沙漠地區。茫茫的沙海裡，陽光下，漫天飛舞的風沙像燒紅的鐵砂一般，撲打著探險隊員的面孔。隊員們口渴似炙，心急如焚——大家的水都喝光了。這時，隊長拿出一個水壺，說：「這裡還有最後一壺水。但是在走出沙漠以前，誰也不能喝。」

一壺水，成了穿越沙漠的信念的源泉，成了隊員們求生的希望。水壺在隊員們的手中傳遞，那沈甸甸的感覺每每使隊員們瀕臨絕望的時候，又顯露出堅定的神色。終於，探險隊頑強地走出了沙漠，掙脫了死神的魔掌。大家喜極而泣，用顫抖的手擰開了那壺支撐他們精神和信念的水……。

結果，緩緩流出來的，卻是一壺滿滿的沙子。

智慧沙：

人活得就是一種精神、一種希望。不斷地給自己希望，就能克服任何困難，順利走出逆境。

如果失去了希望，也就失去了一切。

2．在心靈的廢墟上重建家園

第二次世界大戰剛剛結束的時候，德國到處是一片廢墟。有兩個美國人訪問了一家住在地下室的德國居民。離開那裡之後，兩個人在路上談起感受。

甲問道：「你看他們能重建家園嗎？」

乙說：「一定能。」

甲又問：「爲什麼回答得這麼肯定呢？」

乙反問道：「你看到他們在黑暗的地下室的桌子上放著什麼嗎？」

甲說：「一瓶鮮花。」

乙接著說：「任何一個民族，處於這樣困苦災難的境地，還沒有忘記鮮花，那他們一定能夠在這片廢墟上重建家園。」

智慧沙：

一個人在遭遇困難時，只要鬥志不低落，仍然保持開朗樂觀的精神狀態，就能盡快走出低谷。積極的態度是快樂的源泉，也是希望降臨的曙光。

3．讓自己安靜下來

一個木匠在工作時不小心把手錶掉落在滿是木屑的地上，他一面大聲抱怨自己倒楣，一面撥動地上的木屑，想找出他那只心愛的手錶。

許多夥伴也提了燈，與他一起尋找。可是找了半天，仍然一無所獲。等這些人去吃飯的時候，木匠的孩子悄悄地走進屋裡，沒一會兒工夫，他居然把手錶給找到了！

木匠又高興又驚奇地問孩子：「你怎麼找到的？」

孩子回答說：「我只是靜靜地坐在地上，一會兒，我就聽到『滴答』、『滴答』的聲音，就知道手錶在哪裡了。」

智慧沙：很多時候，我們都讓煩亂的心緒擾亂了自己的生命。想辦法讓自己安靜下來，傾聽內心的聲音。在靜謐和安詳的氛圍裡，你會獲得靈性的指引和無窮的力量。

4．臨終做好三件事

在中國大陸，有個普通的職員——大連市公汽聯營公司七〇二路四二二號雙層巴士司機黃志全，在行車途中突然心臟病發作。在生命的最後一分鐘裡，他做了三件事：

第一件事，把車緩緩地停在路邊，並用生命的最後力氣拉了手煞車。

第二件事，把車門打開，讓乘客安全地下了車。

第三件事，將發動機熄火，確保了車和乘客的安全。

黃志全師傅做完了這三件事，就趴在方向盤上停止了呼吸。

智慧沙：

一名平凡的公車司機，在生命最後一分鐘裡所做的一切也不驚天動地，然而許多人卻牢牢地記住了他的名字。

5．看清你自己

一位傲氣十足的大款，去看望一位哲學家。

哲學家將他帶到窗前說：「向外看，你看到了什麼？」

「看到了許多人。」大款說。

哲學家又將他帶到一面鏡子面前，問道：「現在你看到了什麼？」

「只看見我自己。」大款回答。

哲學家說：「玻璃窗和玻璃鏡的區別只在於那一層薄薄的水銀，就這點可憐的水銀，就叫有的人只看見他自己，而看不到別人。」

智慧沙：

人貴有自知之明。無論你的成就有多高，一定要清楚天外有天，人外有人，時刻用謙虛和謹慎的作風要求自己。

6．愛也是上等財富

早晨，一個婦人一開門就看到三個陌生的老者坐在她家門口，好像很餓的樣子。婦人便請他們進屋吃東西。

「我們不能一同進屋。」老人說。

「那是爲什麼？」

一個老人指著同伴說：「他叫財富，他叫成功，我是愛，你現在進去和家人商量商量，看看你們需要我們哪一個。」

婦人回去和家人商量後，決定把愛請進屋裡。誰知，愛起身朝屋裡走去，另外兩位也跟在後面。婦人很驚訝，問財富和成功：「你們兩位怎麼也進來了？」

老人們一同回答：「哪裡有愛，哪裡就有財富和成功。」

智慧沙：

愛是最偉大的信念。人們最為寶貴的財富是真情、是愛。只有心中有愛，你的人生才會有意義，財富也自然隨之而來。

7．家不是你居住的大房子

盧安達內戰期間，有一個叫熱拉爾的人，三十七歲，他家有四十口人，父親、兄弟、姐妹、妻兒幾乎全部離散喪生。

最後，絕望的熱拉爾打聽到五歲的小女兒還活著。輾轉數地，冒著生命危險找到了自己的親生骨肉後，他悲喜交集，將女兒緊緊摟在懷裡，第一句話就是說：「我又有家了。」

智慧沙：

家是愛和親情，不是你居住的大房子。它有時在竹籬茅舍，有時在高屋華堂，有時也在無家可歸的人群中。沒有親情的人和被愛遺忘的人，才是真正沒有家的人。

8．為生命的花朵播種

從前有一位賢明而受人愛戴的國王，把國家治理得井井有條，人民安居樂業。國王的年紀逐漸大了，但膝下並無子女，這件事讓國王很傷心。最後他決定，在國內挑選一個孩子作爲義子，培養他成爲自己的接班人。

國王選子的標準很獨特，他給孩子們每人發一些花種子，宣佈，誰用這些種子培育出最美麗的花朵，誰就成爲他的義子。

孩子們領回種子後，開始了精心的培育，從早到晚，澆水、施肥、鬆土，誰都希望自己能夠成爲幸運者。有個叫雄日的男孩，也整天精心地培育花種。但是，十天過去了，半個月過去了，一個月過去了，花盆裡的種子連芽都沒冒出來，別說開花了。苦惱的雄日請教了母親，母親建議他把土換一換，但依然無效，母子倆束手無策。

國王決定的觀花日子到了。無數個穿著漂亮衣裳的孩子們湧上街頭，他們各自捧著盛開鮮花的花盆，用期盼的目光看著緩緩巡視的國王。國王環視著爭奇鬥豔的花朵與精神漂亮的孩子們，但他並沒有像大家想像的那樣高興。

忽然，國王看見了端著空花盆的雄日。他無精打采地站在那裡，眼角還有淚花，國王把他叫到眼前，問他：「你爲什麼端著空花盆呢？」

雄日抽噎著，他把自己如何精心栽培，但花種怎麼也不發芽的經過說了一遍，還說，他想這是報應，因爲他曾在別人的花園中偷過一顆蘋果吃。沒想到國王的臉上卻露出了開心的笑容，他把雄日抱了起來，高聲說：「孩子，我找的就是你！」

「爲什麼是這樣？」大家不解地問國王，國王說：「我發下的種子全部是煮過的，根本就不可能發芽開花。」

捧著鮮花的孩子們都低下了頭，因爲他們播下的種子都是自己重新找來的。

智慧沙：

精明的現代人有時會故意用圈套來檢驗他人的誠信。如果你禁不住誘惑，說出違心的話，做出違心的事，不僅背叛了自己的心靈，而且只能換回恥笑。

9．保留自己的尊嚴

臨街的陽台，站著一位妙齡女郎，引得路人禁不住抬頭看上兩眼。一位紳士途經此處，他被女郎的美貌深深吸引，便與她搭訕，向她表明愛意。「如果你眞的愛我，請在陽台底下待上一百天，我自會下樓會你。」女郎高傲地說。

紳士二話不說，就地坐了下來。九十九天過去了，再有一天就要到期，女郎輕挑簾櫳，偷窺那三個月都紋絲不動的紳士，突然女郎驚呆了，只見那個「忠誠的騎士」緩緩地直起身，夾起椅子，若無其事地走了。女郎頓時暈倒。

智慧沙：

九十九天！紳士欠缺的不是耐心，他恰如其分地表達了自己的深情，又恰如其分地保留了自己的尊嚴。愛是平等的，尊嚴是高貴的，人不能為了其他把這最根本的都失去。

10．忍著不死

一位從越南歸來的美國戰地記者給ＭＢＡ學員放映一卷他在戰場上實拍的影片。畫面上有一群人奔逃，遠處突然傳來機關槍掃射的聲音，小小的人影，就一一倒下了。

放完了，他問同學們看見了什麼。

「是血腥的殺人畫面！」他沒有說話，把片子倒回去，又放了一遍，並指著其中的一個人影：「你看！大家都是同時倒下去的，只有這一個，倒得特別慢，而且不是向前撲倒，而是慢慢地蹲下……。」

看到同學們還是看不懂的神色，他居然抽搐了起來：「當槍戰結束之後，我走近看，發現那是一個抱著孩子的年輕媽媽，她在中槍要死之前，居然還怕摔傷了幼子而慢慢地蹲下。她是忍著不死啊！」

智慧沙：
「忍著不死！」何等偉大的母親！世界上遠不止人類有母愛。每一種生物，都有偉大的母愛。所有母愛的情感都是相通的，那就是：無所顧及地犧牲。

11・通過眼睛所看到的

很久以前的一天，在美國北維吉尼亞州，一位老人站在河邊等候過河。當時天氣很冷，又沒有橋，他只好想辦法跟別人共騎一匹馬才能到達對岸。等待了一段時間，他終於看到一群騎馬的人來了。他讓第一個通過，然後第二個、第三個、第四個，以及第五個也順利通過。最後，僅剩下一個騎馬的人了。

他來的時候，老人看看他，並說：「先生，你能不能讓我跟你一起騎馬過河呢？」騎馬的人不假思索地說：「當然可以，請上來吧！」過河之後，老人就滑到地面站好。離去之前，這位騎馬人說：「先生，我注意到你讓其他騎馬的人通過，而沒有要求他們。但是當我來到你面前時，你立刻要求跟我一起騎馬。你爲什麼不要求他們卻要求我呢？」

老人平靜地回答道：「我看他們的眼睛就瞭解他們並沒有愛，而且我自己心中知道『要求共騎一馬過河是沒有用的』。可是我一看到你的眼神，我看到同情、愛與樂於幫助。我知道你會願意讓我跟你一起騎馬過河。」這位騎馬的人非常謙虛地說：「我非常感謝你說的話，非常感謝。」

這第六位騎馬者就是湯瑪斯・傑佛遜，後來入主白宮。

智慧沙：

眼睛是靈魂的窗戶，心靈是容貌的底片。心裡想的是什麼，都會在容貌上表現出來。你的心靈瞞不過人，如果你的內心是同情、愛與善良的，人們總會接受你。

12 ·是什麼改變了命運

一九二一年，路易士·勞斯出任星星監獄的監獄長，那是當時最難管理的監獄。可是二十年後勞斯退休時，該監獄卻成爲一所提倡人道主義的機構。研究報告將功勞歸於勞斯，當他被問及該監獄改觀的原因時，他說：「這是因爲我已去世的妻子——凱瑟琳的緣故，她就埋葬在監獄外面。」

凱瑟琳是三個孩子的母親。勞斯成爲監獄長當年，每個人都警告她千萬不可踏進監獄，但這些話攔不住凱瑟琳。第一次舉辦監獄籃球賽時，她帶著三個可愛的孩子走進體育館，與服刑人員坐在一起。她的態度是：「我要與丈夫一道關照這些人，我相信他們也會關照我，我不必擔心什麼！」

一名被定有謀殺罪的犯人瞎了雙眼，凱瑟琳知道後便前去看望。

她握住他的手問：「你學過點字閱讀法嗎？」

「什麼是『點字閱讀法』？」他問。

於是她教他閱讀。多年以後，這人每逢想起她的愛心還會流淚。

凱瑟琳在獄中遇到一個聾啞人，結果她自己到學校學習手語。許多人說她是耶穌基督的化身。在一九二一年至一九三七年之間，她經常造訪星星監獄。後來，她在一樁交通意外事故中逝世。第二天，勞斯沒有上班，代理監獄長管教化的工作。消息似乎立刻傳遍了監獄，大家都知道出事了。

接下來的一天，她的遺體被運回家，她家距離監獄不到一哩路。代監獄長早晨散步時驚愕地發現，一大群看來最兇悍、最冷酷的囚犯，竟齊聚在監獄大門口。他走近看，有些人臉上竟帶著悲哀和難過的眼淚。他知道這些人深愛凱瑟琳，於是轉身對他們說：「好了，各位，你們可以去，只要今晚記得回來報到！」然後他打開監獄大門，讓一大隊囚犯走出去，在沒有守衛的情形下，去看凱瑟琳最後一面。結果，當晚每一位囚犯都回來報到，無一例外！

智慧沙：
只要是人，即便是最冷酷和殘暴的罪犯，他們的內心深處都極度渴望得到關注和愛，只是我們有時候忽視罷了。

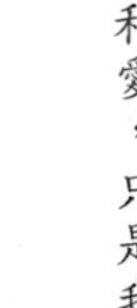

13．時常想起你的捨己樹

一個男孩年紀尚小的時候，喜歡一個人吊在樹枝上盪秋千，上樹摘果子，在樹蔭下睡覺。那真是一段快樂無憂的日子，樹也很喜歡那些時光。但隨著小男孩逐漸長大，他跟樹在一起的時間也愈來愈少。

「來啊！讓我們玩玩。」樹說。但年輕人一心只想賺錢。

「拿我的果子去賣。」樹說。他果然那樣做了，樹很快樂。

年輕人很久沒有回來。有一次他路過樹下，樹向他微笑說：「來啊！讓我們玩玩！」但年輕人已經長大，只想遁世隱居，離開眼前的一切。

「把我砍下來，拿我的樹幹去造一艘船，你就可以航行了。」樹說。那人果然這麼做了，樹很快樂。

許多季節過去了—夏去冬來，多風的日子和孤寂的晚上，樹在等待。最後，年輕人變成了老人。老人終於回來了，年老和疲憊使他不能再玩耍、追逐財富或出海航行。

「朋友，我還有一個不錯的樹樁，你何不坐下來休息一會兒。」樹說。

他果然那樣做了，樹很快樂。

這是一部簡單卻引人入勝的短片，短片的名字叫《捨己樹》。

智慧沙：

在我們的一生中有很多這樣的捨己樹，他們犧牲了自己的一部分，讓我們健康快樂成長，甚至有的我們已經忘記了他們的名字。從今夜起，就讓我們記起他們，並心存感激地入睡。

輯24 自己就是一座寶藏

我們大多數人的體內都潛藏著巨大的才能，但這種潛能酣睡著，一旦被激發，便能做出驚人的事業來。

——奧里森·馬登《一生的資本》

1.馬鈴薯和馬鈴薯是不一樣的

由於學業成績不理想，進入大學後阿凡一天天地消沈起來。蹺課、抽煙、喝酒，不該做的他全做了，不該會的他也全會了。雖然喜歡蹺課，但王教授的課他從沒蹺過。王教授的課生動有趣，對待他這樣的學生，王教授從不歧視，還不時地提問一些簡單的問題，然後表揚一番。

一次，阿凡在作業本裡夾了一張紙條：王教授，現在大學生比馬鈴薯還便宜，是嗎？

那天，王教授把他叫進家裡，四菜一湯，師生兩個喝得不亦樂乎。酒過三巡後，王教授拿出一粒又小又青的馬鈴薯說：「你知道它值多少錢嗎？皮多肉少又有毒，告訴你，白送也不要。」教授把馬鈴薯扔進垃圾筒。接著，教授又拿出一粒一斤多重的馬鈴薯說：「這樣的馬鈴薯，一塊錢一斤！」

然後，教授略帶酒意地說：「記住，馬鈴薯和馬鈴薯是不一樣的。」

智慧沙：

馬鈴薯的不同在於它們品質的差別，命運的不同在於個人的努力。即使是同樣的人，也會有不同的故事和人生。

2．你是一顆無價的寶石

一個孤兒向高僧請教如何獲得幸福。高僧指著一塊陋石說：「你把它拿到集市去，但無論誰要買這塊石頭，你都不要賣。」

孤兒來到集市賣石頭，第一天、第二天無人問津，第三天有人來詢問。第四天，石頭已經能賣到一個很好的價錢了。

高僧又說：「你把石頭拿到石器交易市場去賣。」第一天、第二天人們視而不見，第三天，有人圍過來問，以後的幾天，石頭的價格已被抬得高出了石器的價格。

高僧又說：「你再把石頭拿到珠寶市場去賣……。」

你可以想像得到，又出現了那種情況，甚至到了最後，石頭的價格已經比珠寶還要高了。

智慧沙：

世上人與物皆如此。如果你認定自己是一塊不起眼的陋石，那麼你可能永遠只是一塊陋石；如果你堅信自己是一顆無價的寶石，那麼你可能就是一顆寶石。

3．走出去，承受風雨的襲擊

院子裡有兩棵樹。因爲有垛高牆的庇護，一棵樹長得高大挺直，從容秀立；而另一棵樹就大不一樣，因爲要承受風雨的襲擊，只得隨風生存，所以樹幹彎曲斑駁，非常難看。

夏天，一場罕見的颱風襲擊了城市。颱風過後，人們被眼前的情形震住了：高牆倒了，那棵秀立的大樹也被齊腰折斷，然而那棵斑駁的老樹，雖然又傾斜了一些，但依舊傲然向上。

智慧沙：

一個人如果一味地尋求庇護，那麼在真正的風雨面前往往會不堪一擊。生存方式上，還是靠自己踏實地行走最好。

4．莫把沈香在羨慕中拋棄

有一位年老的富翁，非常擔心他從小嬌生慣養的兒子的前途。雖然他有龐大的財產，卻害怕留給兒子反而帶來禍害。他想，與其留財產給兒子，不如教他自己去奮鬥。於是，他把兒子叫來，對兒子說了他如何白手起家，經過艱苦的拼搏才有今天。父親的故事感動了這位從未出過遠門的青年，激發了他奮鬥的勇氣，於是他立下誓願：「如果找不到寶物，絕不返鄉。」

青年打造了一艘堅固的大船，在親友的歡送中出海。他駕船渡過了險惡的風浪，經過無數的島嶼，最後在熱帶雨林中找到一種樹木。這種樹木高達十餘公尺，在一片雨林中只有一、兩株。砍下這種樹木，經過一年時間讓外皮朽爛，留下木心沈黑的部分，會散出一種無比的香氣。放在水中，它不像別的樹木浮在水面，而會沈到水底去。青年心想：這眞是無價的寶物呀！

青年把這香味無以比擬的樹木運到市場出售，可是沒有人來買，這使他非常煩惱。偏偏在與他相鄰的攤位上有人在賣木炭，那小販的木炭總是很快就賣光了。剛開始的時候青年還不爲所動，日子一天天過去，他的信心終於動搖了，他想：「既然木炭這麼好賣，爲什麼我不把香樹變成木炭來賣呢？」

第二天他把香木燒成炭，挑到市場，果然一會兒就賣光了。青年非常高興自己能改變心態，得意地回家告訴他的老父。但老父聽了，卻忍不住落下淚來。原來，青年燒成木炭的香木，正是這個世界上最珍貴的樹木「沈香」，只要切下一小塊磨成粉屑，價值就會超過一車的木炭。

智慧沙：

許多人手裡有「沈香」卻不知道它的珍貴，反而羨慕別人手中的木炭，最後竟丟棄了自己的珍寶。

5・你可以自由

市場上，果販遇到了一位難纏的客人。

「這水果這麼爛，一斤也要賣二．五美元嗎？」客人拿著一個水果左看右看。

「我這水果是很不錯的，不然你去別家比較比較。」

客人說：「一斤二美元，不然我不買。」

小販還是微笑地說：「先生，我一斤賣你二美元，對剛剛向我買的人怎麼交代呢？」

「可是，你的水果這麼爛。」

「不會的，如果是很完美的，可能一斤就要賣五美元了。」小販依然微笑著。

不論客人的態度如何，小販依然面帶微笑，而且笑得像第一次那樣親切。客人雖然嫌東嫌西，最後還是以一斤二．五美元買了。有人問小販何以能始終面帶笑容，小販笑著說：「只有想買貨的人才會指出貨如何不好。」

智慧沙：

小販完全不在乎別人批評他的水果，並且一點也不生氣，對自己的水果大有信心。我們真的比不上小販——有人說我們兩句，我們就已經氣在心裡口難開，更不用說微笑以對了。

6．自己才是一支箭

春秋戰國時代，一位父親和他的兒子出征打戰。父親已做了將軍，兒子還只是馬前卒。一陣號角吹響，戰鼓雷鳴了，父親莊嚴地托起一個箭囊，其中插著一支箭。父親鄭重地對兒子說：「這是家襲寶箭，配帶身邊，力量無窮，但千萬不可抽出來。」

那是一個極其精美的箭囊，厚牛皮打製，鑲著幽幽泛光的銅邊。再看露出的箭尾，一眼便能認定用上等的孔雀羽毛製作。兒子喜上眉梢，貪婪地推想箭桿、箭頭的模樣，耳旁彷彿嗖嗖地箭聲掠過，敵方的主帥應聲折馬而斃。

果然，配帶寶箭的兒子英勇非凡，所向披靡。當鳴金收兵的號角吹響時，兒子再也禁不住得勝的豪氣，完全背棄了父親的叮囑，強烈的欲望驅趕著他呼一聲就拔出寶箭，試圖看個究竟。可是，

驟然間，他驚呆了：一支斷箭，箭囊裡裝著一支折斷的箭。我竟然帶著一支斷箭打仗！

兒子嚇出了一身冷汗，彷彿頃刻間失去支柱的房子，意志轟然坍塌了。結果不言自明，兒子慘死於亂軍之中。

智慧沙：

自己才是一支箭，若要它堅韌，若要它鋒利，若要它百步穿楊，百發百中，磨礪和拯救它的都只能是自己。不相信自己的意志，永遠也做不成將軍。

7．這不僅是上天的恩賜

有位勤勞的農夫在一塊無人肯播種的荒地上辛苦耕作。過路的人看到他在這塊堆滿了磚瓦和生滿樹根的瘦土裡耕作，都嘲笑他：「喂，老頭，你是在挖金子吧！」

對於路人的嘲笑，農夫是一聲不吭，埋頭苦幹，清除了磚瓦，剷除了地下盤繞的樹根，然後開始整理，施肥。一晃幾年過去了，到了收穫時節，農夫滿懷喜悅地在田裡收穫。這時，一位趕著牛車的年輕人對老農喊道：「喂，老大爺，你哪輩子積了大德，上天恩賜了你這麼一塊肥沃的土地。」

農夫擦了一下臉上的汗珠，大聲回答：「年輕人，上天恩賜我這塊寶地時，人家都罵我是個老傻瓜。」

智慧沙：許多人只看到別人成功後的顯赫、富足，而從不過問他成功之前的艱辛和苦累，這也許就是世界上八〇%的人們仍然在貧困平庸中掙扎的原因吧。

8·把音符再調高一度

一位音樂系的學生走進練習室。在鋼琴上，擺著一份全新的樂譜。

「超高難度……。」他翻著樂譜，喃喃自語，感覺自己對彈奏鋼琴的信心似乎跌到谷底，消弭殆盡。已經三個月了！自從跟了這位新的指導教授之後，不知道爲什麼教授要以這種方式整人。勉強打起精神，他開始用自己的十指奮戰……，琴音蓋住了教室外面教授走來的腳步聲。

指導教授是個極其有名的音樂大師。授課的第一天，他給自己的學生一份樂譜。「試試看吧！」他說。樂譜的難度頗高，學生彈得生澀僵滯、錯誤百出。「還不成熟，回去好好練習！」教授在下課時，如此叮囑學生。

學生練習了一個星期，第二週上課時，正準備讓教授驗收，沒想到教授又給他一份難度更高的樂譜，「試試看吧！」上星期的課教授也沒提。學生再次掙扎著接受更高難度的技巧挑戰。

第三週，更難的樂譜又出現了。同樣的情形持續著，學生每次在課堂上都被一份新的樂譜所困擾，然後把它帶回去練習，接著再回到課堂上，重新面臨兩倍難度的樂譜，卻怎麼樣都追不上進度，一點也沒有因爲上週練習而有駕輕就熟的感覺，學生感到越來越不安、越來越沮喪和氣餒。

教授走進練習室。學生再也忍不住了，他向鋼琴大師提出這三個月來何以不斷折磨自己。教授沒開口，他抽出最早的那份樂譜，交給了學生。「彈奏吧！」他以堅定的目光望著學生。

不可思議的事情發生了，連學生自己都驚訝萬分，他居然可以將這首曲子彈奏得如此美妙、如此精湛！教授又讓學生試了第二堂課的樂譜，學生依然呈現出超高水準的表現……。演奏結束後，學生怔怔地望著老師，說不出話來。

「如果我任由你表現最擅長的部分，可能你還在練習最早的那份樂譜，就不會有現在這樣的程度……。」鋼琴大師緩緩地說。

智慧沙：

人們往往習慣於表現自己所熟悉、所擅長的領域。但如果你願意回首就會恍然大悟：從前看似緊鑼密鼓的工作挑戰，永無歇止難度漸升的環境壓力，早在不知不覺間讓你練就了今日的高超技藝。

9．自己就是一座寶藏

美國《多倫多日報》曾刊登一則頭條新聞：身價十萬美金的老乞丐死了！

這條新聞轟動一時，成爲街頭巷尾人們茶餘飯後的熱門話題。這條新聞敘述了一名老乞丐，每天在街頭行乞及收集一些人們丟棄不要的東西，然後帶回破爛不堪的居所。人們基於同情，往往都會給他幾個硬幣，日復一日，年復一年，在人們的心目中，他只是一個窮乞丐罷了。

然而，第二次世界大戰過後不久，這名老乞丐病死了，由於他沒有親友，警方人員便前來處理善後，這時，警方人員竟在他那間木屋內發現了總値超過十萬美元的硬幣及舊錢！許多人知道後，都不約而同地問：爲什麼老乞丐不利用這些錢，過上好日子呢？

智慧沙：

每個人都擁有取之不盡、用之不竭的寶藏。我們不要像老乞丐那樣，只是向人乞討，希望別人的憐憫。反之，應盡情發揮自己的才華及潛能，讓自己的價值得到應有的體現。

10．真正的生命藥方

兩個盲人靠說書彈三弦糊口，老者是師父，七十多歲；徒弟不到二十歲。師父已經彈斷了九九九根弦子，離一〇〇〇根只剩下一根了。師父的師父臨死時曾對師父說：「我這裡有一張復明的藥方，我將它封進你的琴槽中，當你彈斷第一〇〇〇根琴弦時，才可取出藥方。記住，你彈斷每一根弦時都必須是盡心盡力的，否則，再靈的藥方也會失去效用。」

那時，師父只是二十歲的小青年，可如今，他已皓髮銀鬚。五十年來，他一直奔著那復明的夢想。他知道，那是一張祖傳的秘方。但是他的師父記錯了應彈斷弦子的數目，八〇〇根時就打開了那張紙，所以他至死也未復明。

「……。」一聲脆響，師父長嘆一口氣又長籲了一口氣，心頭一陣狂喜，甚至顧不上前來聽他彈琴的鄉親們說聲抱歉，也顧不上帶上徒兒，就一個人向城中的藥鋪匆匆趕去。

當他滿懷虔誠、滿懷期望等取草藥時，掌櫃告訴他：那是一張白紙。他的心咚地跌入冰窖，頭嗡地響了一下，他努力抓住櫃檯的護欄平衡身體，平靜下來他明白了一切：他不是早就得到了那個藥方了嗎？曾經因爲有這個復明藥方的召喚，他才有了生存的勇氣。他在謀生中，說書彈弦，受人尊敬，他學會了愛與被愛，在生存的快樂中，他早忘記自己是個盲人——他其實早已復明於那些勞碌的時刻。

回家後，他鄭重地對小徒說：「我這裡有一個復明的藥方。我將它封入你的琴槽，當你彈斷第一二〇〇根弦時，才能打開它，記住：必須用心去彈，師父將這個數錯記爲一〇〇〇根了……。」

徒弟虔誠地允諾著，他看不見師父的兩隻枯眼已滿噙淚水，師父心中暗暗的想：「也許他一生也彈不斷一二〇〇根弦……。」

智慧沙：

點悟心靈才是真正的生命藥方，它可讓盲人永遠活在光明中。而許多健康人卻一直生活在黑暗中——他們對身邊的美視若無睹！

11．學做一杯雞尾酒

在一次盛大的宴會上，中國人、俄國人、法國人、德國人、義大利人都爭相誇耀自己的酒，只有美國人笑而不語。中國人首先拿出古色古香、做工精細的茅台，打開瓶蓋，香氣四溢，衆人爲之稱道。

緊接著，德國人拿出伏特加，法國人拿出大香檳，義大利人亮出葡萄酒，德國人取出威士忌，眞是異彩紛呈呀！

最後，大家都把目光投向了美國人，想看看他到底能拿出什麼來。結果，那美國人不慌不忙地站起來，把大家先前拿出來的各種美酒分別倒了一點在一只酒杯裡，將他們兌在一起，說：「這叫雞尾酒，它體現了我們美國民族的精神——博採衆長，綜合創造……。」

的確，這酒既有茅台的醇，又有伏特加的烈；既有葡萄酒的酸甜，又有威士忌的後勁……。

智慧沙：

每個人都各有所長，如果我們能博採眾長，吸取別人的優點，集中大家的力量，認真傾聽別人的意見，那麼我們的人生何愁不豐盈圓滿呢？

輯25 首先學會愛自己

自己豐富才能感知世界的豐富；自己善良才能感知世界的美好；自己坦蕩才能逍遙地生活在天地間。

——王蒙《逍遙》

1．觀世音菩薩也念佛

有一天佛印禪師與蘇東坡在郊外散步。走著走著，他們來到了一座小廟。

蘇東坡走進廟裡，廟裡供著觀世音菩薩，菩薩手中握著一串念珠，好像正聚精會神地念著佛號。蘇東坡心生疑問，對佛印禪師說：「我們常常在拜觀世音菩薩，口中不停地念著觀世音菩薩。可是觀世音菩薩好像也在念佛啊！祂到底在念著誰的名號呢？」

佛印禪師笑著說：「祂也念自己觀世音菩薩的名號啊！」

蘇東坡不以爲然地說：「自己念自己的名號，又有什麼用呢？」

佛印禪師道：「求人不如求己啊！」

智慧沙：

求人不如求己。把希望寄託於別人，收到的只能是失望。只有相信自己的力量，才會創造出自己想要的成功。

2．放下這杯水

講師在課堂上拿起一杯水，問學生：「各位認爲這杯水有多重？」學生們有的說二十公克，有的說五百公克。講師則說：

這杯水的重量並不重要，重要的是你能拿多久？

拿一分鐘，你覺得沒問題；

拿一個小時，你可能覺得手酸；

拿一天，你可能就要叫救護車了。

智慧沙：

如果我們一直把壓力放在身上，不管時間長短，到最後，我們都會覺得壓力越來越沈重，以致無法承擔。我們應該放下這杯水，休息一下後再拿起這杯水，如此我們才能夠拿得更久。

3．再多的寶藏有什麼用

一個貪財的人，擁有數不清的土地和金錢。一個夏天的下午，他去尋找埋在田野裡的寶藏。一路上，他口渴得要命，好不容易遇到一個賣檸檬水和利口酒的商販，一問價錢，又覺得太貴了。

他自言自語地說：「這太貴了，我要快點趕路，等找到寶藏後回到家裡去喝水，這樣就一點錢也不用花了。」

他繼續趕路，口渴不停地折磨著他，等到了埋藏寶藏的地方，他已經渴得快要死了。等他掙扎

著把寶藏挖出來時，已經不能動彈了。他把金子放在面前，向蒼天哀求把它們變成一滴水給自己解渴。可是，唉！他已經死了。

智慧沙：

人死了，再多的寶藏又有什麼用？一個人的生命是有限的，不要讓有限的生命承載太多物欲的壓力，最終失去最珍貴的東西——生命。

4．與死神講和

一個疲憊的砍柴人，背負著一大捆柴。他不堪歲月和柴木的重負，呻吟著挪動那沈重的腳步，彎著腰朝山下低矮的小屋走去。終於，他走不動了。痛苦之中放下柴木，他想起了自己走過的坎坷人生：

從降生到這個世界，他就不曾有過幸福，恐怕世界上找不到比他更痛苦的人了。經常是吃了上頓愁下頓，整日為糊口奔忙。老婆孩子、茅屋陋室、苛捐雜稅，簡直是沒完沒了的痛苦……。閉上眼，一幅幅慘不忍睹的場景就會在腦海中浮現。

砍柴人跪了下來呼救死神，死神馬上趕來，問砍柴人需要得到什麼幫助。

「請您幫我抬起這捆柴，放到我背上，我想不會佔用您多少時間。」砍柴人用足氣力說。

智慧沙：

死亡本可使他一了百了，但砍柴人寧可受罪也不願去死，這難道不能給遭受痛苦和挫折的人一點啟示嗎？人人都有求生的欲望，也都有光宗耀祖、贏得一世英名的願景。如何善用這兩種動力，這是生命中最值得深思的問題。

5．不要太在意

一位白髮蒼蒼的諾貝爾物理學獎獲得者與一個年輕的歌星同機飛抵某市。他們走下飛機舷梯時，歌星被歌迷們圍得水洩不通，老科學家則無人問候。

事後有人爲科學家鳴不平，科學家卻說：「歌星是面對面地爲人們服務的，我們是背對背地爲大家服務的。所以人們當然面向他們，背向我們。面對著這麼多的人，歌星可以唱歌，我們可以做實驗、思考問題嗎？不能。」

智慧沙：

我們應當明白，社會上大多數人是背對背地為其他人服務的，你也許就是其中的一個。只有這樣想，當你得不到欣賞時，你自然也就心安理得了。

6．保持寧靜的心靈

老街上有一家鐵匠舖，舖裡住著一位老鐵匠。由於沒人再需要他打製的鐵器，現在他以賣拴狗

鏈子維生。

他的經營方式非常古老和傳統。人坐在門內，貨物擺在門外，不吆喝，不還價，晚上也不收攤。無論什麼時候，從這兒經過，都會看到他在竹椅上躺著，微閉著眼，手裡拿著一支半導體，旁邊有一把紫砂壺。他的生意也沒有好壞之說。每天的收入正夠他喝茶和吃飯。他老了，已不再需要多餘的東西，因此他非常滿足。

一天，一個文物商人從老街上經過，偶然看到老鐵匠身旁的那把紫砂壺。那把壺古樸雅致，紫黑如墨，有清代製壺名家戴振公的風格。商人走過去，順手端起那把壺。壺嘴內有一記印章，果然是戴振公的。商人驚喜不已，因為戴振公在世界上有捏泥成金的美名。據說他的作品現在僅存三件：一件在美國紐約州立博物館；一件在台灣故宮博物院；還有一件在泰國某位華僑手裡。

商人端著那把壺，想以十萬元的價格買下它，當他說出這個數字時，老鐵匠先是一驚後又拒絕了，因為這把壺是他爺爺留下的，他們祖孫三代打鐵時都喝這把壺裡的水。

雖沒賣壺，但商人走後，老鐵匠有生以來第一次失眠了。這把壺他用了近六十年，並且一直以為是把普普通通的壺，現在竟有人要以十萬元的價錢買下它，他轉不過神來。

過去他躺在椅子上喝水，都是閉著眼睛把壺放在小桌上，現在他總要坐起來再看一眼，這讓他非常不舒服。特別讓他不能容忍的是，當人們知道他有一把價值連城的茶壺後，總是擁破門，有人還問他有沒有其它的寶貝，有人甚至開始向他借錢，尤有甚者，晚上也推他的門。他的生活被徹底打亂了，他不知該怎麼處置這把壺。

當那位商人帶著二十萬現金第二次登門時，老鐵匠再也坐不住了。他招來了左右鄰居，然後拿起一把斧頭，當眾把那把紫砂壺砸了個粉碎。後來，老鐵匠一直在賣拴小狗的鏈子，據說他活了一〇〇多歲。

智慧沙：能在一切環境中保持寧靜心態的人，都有高貴的品格修養。我們要努力培養自己心理上的抗干擾能力，冷靜地應對世間的千變萬化。

7．學會為所失感恩

法國有一個偏僻的小鎮，據傳有一個特別靈驗的水泉常會出現奇蹟，可以醫治各種疾病。有一天，一個拄著拐杖、少了一條腿的退伍軍人，一跛一跛地走過鎮上的馬路，旁邊的鎮民帶著同情的口吻說：「可憐的傢伙，難道他要向上帝祈求再有一條腿嗎？」

這句話被退伍的軍人聽到了，他轉過身對他們說：「我不是要向上帝祈求有一條新的腿，而是要祈求他幫助我，教我沒有一條腿後，也知道如何過日子。」

智慧沙：學習為所失去而感恩，並接納失去的事實。不管人生的得與失，總是要讓自己的生命充滿了亮麗光彩，不再為過去掉淚，努力地活出自己的明天。

8．不猶豫不後悔

印度有一位哲學家，飽讀經書，富有才情，很多女人迷戀他。一天，一個女子來敲他的門，說：「讓我做你的妻子吧！錯過我，你將再也找不到比我更愛你的女人了！」哲學家雖然很喜歡

她，卻回答說：「讓我考慮考慮！」

哲學家用一貫研究學問的精神，將結婚和不結婚的好壞所在分別羅列下來，但結果卻發現兩種選擇好壞均等，他不知道該怎麼辦，於是陷入了長期的苦惱之中，無論找出什麼新的理由，都只是徒增選擇的困難。

最後，他得出一個結論——人若在面臨抉擇而無法取捨時，應該選擇自己尚未經歷過的那一個。不結婚的處境我是清楚的，但結婚會是怎樣的情況我還不知道。對！我該答應那個女人的央求。

於是，哲學家來到女人的家中，問女人的父親：「你的女兒呢？請你告訴她，我考慮清楚了，我決定娶她爲妻！」然而女人的父親卻冷漠地回答：「你來晚了十年，我女兒現在已經是三個孩子的媽了！」

哲學家聽了，幾乎崩潰。他萬萬沒有想到，向來引以爲傲的哲學頭腦，最後換來的竟是一場悔恨。後兩年，哲學家抑鬱成疾。臨終前，他將自己所有的著作丟入火堆，只留下一句對人生的批註——如果將人生一分爲二，那麼我們前半段人生哲學應該是「不猶豫」，而後半段的人生哲學應該是「不後悔」。

智慧沙：

人在旅途機會難得，不要猶豫，不要拖延；人生有很多事情值得去做，何必把時間浪費在後悔上。不猶豫，不後悔，實是睿智提醒。

9．把每個人都當成寶貝

有個女孩，無論她走到哪裡總是會有很多朋友，以前的老朋友會經常掛念她，給她打很多電話，身邊的新朋友也總是源源不斷，即使是在路邊邂逅的陌生人，也對她有好感。與她朝夕相處的好朋友意識到了這一點，好奇地問她爲什麼。

「我長得並不漂亮，所以別人喜歡我不是因爲我的外表，如果說我的內在足夠吸引人，我想那就是我格外珍惜和身邊人的緣分！」

女孩繼續說：「念書的時候，我想，和這些本來陌生的人能在一起學習多麼不容易啊。有了這樣的想法，就不可能和他們產生矛盾，也不可能不關心他們。當我踏入社會，我又覺得和同事、老闆在一起工作也是一種緣分。說不定兩年、三年之後大家又分開了，這樣想著，我就覺得每個人都像寶貝。」

智慧沙：

如果你真正珍惜和身邊人的緣分，你就會把每個人都當作寶貝。把每個人都當作寶貝的人，別人也都會把他當作寶貝！

10．什麼東西對你來說最重要

正値午餐時間，一個美國人和朋友走在紐約市中心的曼哈頓時代廣場上，街上擠滿了行人，汽車的喇叭聲此起彼伏，整個城市幾乎震耳欲聾地響。突然，這個美國人說：「我聽到了一隻蟋蟀的

叫聲。」

朋友說：「什麼？你瘋了！在這麼吵鬧的地方是不可能聽到蟋蟀的叫聲的。」

「不，我很肯定，」美國人說：「我是聽到了一隻蟋蟀在叫。」

這個美國人仔細聽了一會兒，然後穿過大街，來到一個長著灌木的水泥大花池前。他仔細地聽了一會兒，然後很自信地在灌木枝的底下找到了一隻蟋蟀。朋友見狀完全驚呆了。

「真是難以置信，」他的朋友說：「你一定有一對超人的耳朵。」

「不，」美國人說：「我的耳朵和你的沒什麼不一樣。關鍵是你在聽些什麼。」

「這是不可能的！」朋友說：「在這麼吵鬧的地方我就聽不到蟋蟀的叫聲。」

「是的，這倒是真的。這要看什麼東西對你來說才是最重要的。來，讓我做給你看。」這個美國人掏出錢包，倒出幾枚硬幣，然後小心翼翼地扔在人行道上，大街上的吵鬧聲依舊，然而，他們看到在附近的行人都不約而同地把頭轉了過來，盯著人行道上叮噹作響的硬幣，看會不會是自己掉下來的。

「明白我的意思了嗎？」這個美國人說：「關鍵是要看什麼東西對你來說才是最重要的。」

智慧沙：

什麼東西對你來說最重要，這是每個人都要考慮的問題。只是，有人把答案留在了墳墓裡，有人把它記在了人生的座標上。想要活得充實，你得知道你到底想得到什麼。

11·同樣值得驕傲

哈里·S·杜魯門當選美國總統後，有記者到他的家鄉採訪他的母親。

記者首先稱讚道：「有哈里這樣的兒子，您一定感到十分自豪。」

「是這樣。」杜魯門的母親贊同道：「不過，我還有一個兒子，也同樣讓我感到自豪。」

「他是做什麼的呢？」記者問。

「他正在田裡挖馬鈴薯。」

智慧沙：

認真地做事，快樂地生活，不論你的成就高低，你都值得母親驕傲。

12·生活原本沒有痛苦

法國記錄片「微觀世界」中有這樣一個場景：

一隻屎殼郎，推著一個糞球，在並不平坦的山路上奔走著，路上有許多沙礫和土塊，然而，牠推的速度並不慢。

在路正前方的不遠處，一根植物的刺，尖尖的，斜長在路面上，根部粗大，頂端尖銳，格外顯眼。也許是冥冥之中的安排，屎殼郎偏偏奔往這個方向來了，牠推的那個糞球，一下子扎在了這根「巨刺」上。

然而，屎殼郎似乎並沒有發現自己已經陷入困境。牠正著推了一會兒，不見動靜，又倒著往前

頂，還是不見效。牠推走了周邊的土塊，試圖從側面使勁……，該想的辦法牠都想到了，但糞球依舊深深地扎在那根刺上，沒有任何出來的跡象。

觀眾不禁為牠的鍥而不捨感到好笑，因為對於這樣一隻卑小而智力低微的動物來說，怎能解決好這麼大的一個「難題」呢？然而，就在此時，牠突然繞到了糞球的另一面，只輕輕一頂，咕嚕……頑固的糞球便從那根刺裡「脫身」而出。

牠贏了。沒有勝利之後的歡呼，也沒有衝出困境後的長籲短嘆。贏了之後的屎殼郎，就像剛才什麼事也沒發生一樣，幾乎不做任何停留，就推著糞球急匆匆地向前去了。

智慧沙：

原本的生命概念中，是根本就不存在輸贏的。推得過去，是生活；推不過去，也是一樣的生活。人比動物多的，也許只是計較得失的智慧以及感受痛苦的智慧。

13．生命不能太負重

一個青年背著一個大包裹千里迢迢跑來找無際大師，他說：「大師，我是那樣的孤獨、痛苦和寂寞，長期的跋涉使我疲倦到極點；我的鞋子破了，荊棘割破雙腳；手也受傷了，流血不止；嗓子因為長久的呼喊而喑啞……，為什麼我還不能找到心中的陽光？」

大師問：「你的大包裹裡裝了什麼？」

青年說：「它對我可重要了。裡面是我每一次跌倒時的痛苦，每一次受傷後的哭泣，每一次孤寂時的煩惱……，靠了它，我才能走到您這兒來。」

於是，無際大師帶青年來到河邊，他們坐船過了河。上岸後，大師說：「你扛了船趕路吧！」

「什麼，扛了船趕路？」青年很驚訝：「它那麼沉，我扛得動嗎？」

「是的，孩子，你扛不動它。」大師微微一笑，說：「過河時，船是有用的。但過了河，我們就要放下船趕路。否則，它會變成我們的包袱。痛苦、孤獨、寂寞、災難、眼淚，這些對人生都是有用的，它能使生命得到昇華，但須臾不忘，就成了人生的包袱。放下它吧！孩子，生命不能太負重。」

青年放下包袱，繼續趕路，他發覺自己的步子輕鬆而愉悅，比以前快得多。原來，生命是可以不必如此沈重的。

智慧沙：

痛苦、孤獨、寂寞、災難、眼淚，這些對人生都是有用的，它能在一定條件下使生命得到昇華。但是如果不把它們放下，就會成為人生的包袱。畢竟，生命不能太負重。

輯26 給心靈洗個澡

心靈像上帝，行動如乞丐。

——IBM總裁送給兒子的座右銘

1·不要忘了最初的本心

有個老魔鬼看到人間的生活過得太幸福了，他想：「我要去擾亂一下，要不然魔鬼就不存在了。」他先派一個小魔鬼去擾亂一個農夫，因爲他看到那農夫每天辛勤地耕作，可是所得卻少得可憐，但他還是那麼快樂，非常知足。

小魔鬼想，怎樣才能把農夫變壞呢？他就把農夫的田地變得很硬，讓農夫知難而退。那農夫挖了半天，做得好辛苦，但他只是休息一下，還是繼續挖，沒有一點抱怨。小魔鬼看到計策失敗，只好摸摸鼻子回去了。

老魔鬼又派了第二個去。第二個小魔鬼想，既然讓他更加辛苦也沒有用，那就拿走他所擁有的東西吧！於是，小魔鬼就把他午餐的麵包和水偷走，他想，農夫做得那麼辛苦，又累又餓，如果發現麵包跟水都不見了，他一定會暴跳如雷！

結果，農夫又渴又餓地到樹下休息，也發現麵包跟水都不見了！「不曉得是哪個可憐的人比我更需要那塊麵包和水？如果這些東西能讓他得到溫飽的話，那就好了。」小魔鬼又失敗了。

老魔鬼覺得奇怪，難道沒有任何辦法能使那農夫變壞嗎？這時第三個小魔鬼出來了，他對老魔鬼講：「我有辦法，一定能把他變壞。」

小魔鬼先去跟農夫做朋友，農夫很高興地和他作了朋友。因爲魔鬼有預知的能力，他就告訴農夫，明年會有乾旱，教農夫把稻種在濕地上，農夫便照做。結果第二年別人沒有收成，只有農夫的收成滿坑滿谷，他就因此富裕了起來。

之後，小魔鬼又每年對農夫說當年適合種什麼作物，三年下來，農夫已變得非常富有。他又教農夫把米釀成酒來販賣，賺取更多的錢。慢慢地，農夫開始不工作了，靠著販賣的方式，就能獲得大量金錢。

有一天，老魔鬼來了，小魔鬼就告訴老魔鬼說：「您看！我現在要展現我的成果。這農夫現在已經有豬的血液了。」只見農夫辦了個晚宴，所有富有的人都來參加；喝最好的酒，吃最精美的餐點，還有好多的僕人侍候。他們非常浪費地吃喝，衣裳零亂，醉得不省人事，開始變得像豬一樣痴肥愚蠢。

「您還會看到他身上有著狼的血液。」小魔鬼又說。這時，一個僕人端著葡萄酒出來，不小心跌了一跤。農夫就開始罵他：「你做事怎麼這麼不小心！」

「唉！主人，我們到現在都還沒吃飯，餓得渾身無力。」

「事情沒有做完，你們怎麼可以吃飯！」

老魔鬼見了，高興地對小魔鬼說：「唉！你太了不起了！你是怎麼辦到的？」

小魔鬼說：「我只不過是讓他擁有比他需要的更多而已，這樣就可以引發他人性中的貪婪。」

智慧沙：

我們在努力追求夢想的同時，千萬不要忘了最初的本心。心若改變，你的態度就會跟著改變；態度改變，你的習慣就會跟著改變；習慣改變，你的性格就會跟著改變；性格改變，你的人生就會跟著改變。

2．禮物歸誰

一個佛陀在旅途中，碰到一個不喜歡他的人。連續好幾天，好長一段路，那個人都用盡各種方法來侮辱他。最後，佛陀轉身問那個人：「若有人送你一份禮物，但你拒絕接受，那麼這份禮物最後會屬於誰呢？」

那個人回答：「屬於原本送禮的那個人。」

佛陀笑著說：「沒錯。若我不接受你的謾罵，那你就是在罵自己囉？」

那個人摸摸鼻子走了。

智慧沙：

只要心靈健康，別人怎麼樣都不會影響我們。相反，如果我們一味地在乎別人的說法或做法，就會失去自主權，受人支配。

3．險峰急流與你何干

這是一處地勢險惡的峽谷。湍急的水流奔騰而下，幾根光禿禿的鐵索橫亙在懸崖峭壁間，這就是過河的橋。

有三個人來到橋頭。一個盲人，一個聾子，一個耳聰目明的健全人。三個人一個接一個地抓住鐵索，凌空行進。結果是：盲人、聾子過了橋，那個耳聰目明的人跌了下去，喪了命。

難道耳聰目明的人不如盲人、聾人嗎？他的弱點恰恰源於耳聰目明。

盲人說：我眼睛看不見，不知山高橋險，心平氣和地攀索；聾人說：我的耳朵聽不見，不聞腳下咆哮怒吼，恐懼相對減少了很多。

智慧沙：

對於健全的人來說，心智的修煉恐怕要比本領的修煉更重要。你過你的橋，險峰和急流又與你何干？只管注意你的腳，讓自己踏得穩固就夠了。

4．用「裂縫」來澆灌鮮花

挑水工有兩個水罐，一個完好無缺，一個有一條裂縫。

每天早上，挑水工都拎著兩個水罐去打水，但到家的時候，有裂縫的水罐通常只剩下一半的水，所以完美的水罐常常嘲笑有裂縫的水罐，而有裂縫的水罐也因此十分自卑。

終於有一天，在挑水工打水的時候，有裂縫的水罐難過地哭了。他對挑水工嗚咽道：「真對不

起，因爲我的裂縫，每天浪費了您很多時間。」

挑水工聽了說：「不，沒有浪費。不信，你可以看一下回家路上的那些鮮花。」說完，挑水工又拎著水罐往回走。

果然，有裂縫的水罐發現，不知何時，自己這邊的小路上開滿了各種鮮花，而好水罐的那邊卻沒有。挑水工邊走邊說：「我在你這邊的路上撒下了花種，正因爲你的裂縫，才使它們每天都喝到足夠的水，開出了美麗的鮮花。若不是你，我怎麼可能每天採花，裝飾自己的家園呢？」有裂縫的水罐聽到這兒，高興地笑了。

智慧沙：

人生旅途中，難免有些不如意的「裂縫」。只要我們善於利用這些「裂縫」，它們依然可以開出妝點心靈家園的美麗「鮮花」。

5．為生命祈禱

清晨，約翰正像往常那樣散步，一輛大垃圾車停在了約翰身邊。約翰以爲那司機要問路，他卻向約翰出示了一張照片，那是一個非常可愛的五歲男孩。

「這是我的孫子傑樂米，」他說：「他躺在費尼克斯醫院裡，靠人工心臟生活。」約翰想他是想讓我捐款，就伸手去摸錢包。可他不要錢。

他說：「我向每一個我遇到的人請求他們爲傑樂米禱告。請你也爲他禱告一次，好嗎？」

約翰做了。那天，約翰覺得自己的問題好像沒那麼重要了。

智慧沙：

緊抱著自己的心，為生命祈禱——偉大的心像海洋一樣，博大、深遠，永遠也不會封凍，那是因為——愛。

6．做好份內該做的事

一個小男孩哭著回家了。因爲在學校的活動裡，老師派他扮演一個小角色，而他的同學卻扮演主要角色。

母親聽後，冷靜地把自己的錶放在男孩的手心裡，問男孩：「你看到什麼？」男孩回答說：「金錶殼和指標。」母親把錶背打開後，又問男孩同樣的問題，他看到許多小齒輪和螺絲。

母親對男孩說：「這個錶假使缺少這些零件中的任何一件，便不能走了。就連那些你幾乎看不到的零件也是一樣重要。」

智慧沙：

無論我們在工作中充當什麼樣的角色，只要是份內應該做的事，就應當盡力把它做到最好。再小的事、再不起眼的小角色，也有它存在的價值和意義。

7．為自己鋪路

在抗美援朝時期一場異常激烈的戰鬥中，一架敵機正飛速地向陣地俯衝下來。正當班長準備臥倒時，他突然發現離自己四、五公尺遠處有一個小戰士還直愣愣地站在那兒。班長顧不上多想，一下子撲了過去，將小戰士緊緊地壓在身下。

一聲巨響過後，班長站起身來拍拍落在身上的泥土，正準備教育這位小戰士時，回頭一看，嚇呆了：剛才自己所處的那個位置被炸成了一個大坑。

智慧沙：

在前進的路上，搬開別人腳下的絆腳石，有時恰恰就是為自己鋪路。心疼別人，有時就是心疼我們自己。

8．害人終害己

從前有個婆羅門，娶了個媳婦年輕漂亮，但是心存淫蕩。因爲有婆婆在家，不得恣意妄爲。於是她設計了一條奸計，要害婆婆。

她表面上對婆婆很好，這使得丈夫對她深信不疑，心存感激。然後，媳婦花言巧語地對丈夫說：「像我這樣供養老人，老人只是享了人間的福，算得了什麼。如果讓老人得到天堂的供養，那才是我的心願呢！有沒有什麼妙法，可以讓人升天？」

她的丈夫回答說：「婆羅門教有一種方法，跳入火坑，就可以升天。」

那女人說：「如果有這種方法，可以使婆婆升天，享受天的供養，豈不更好？」

丈夫相信了妻子的話，在野外挖了一個大坑，積滿了柴草，準備完畢，召集親友，開了一個升天的盛會。親友們盡歡一日，紛紛散去，夫妻倆便將老母扶到坑邊，推入火坑，轉身走了。

他們沒料到，火坑中還有一個小台階，老人掉在台階上，竟然沒有被火燒死。

老人從火坑中爬出來，沿著原路往家走，但是天已經很黑了，她怕遇上危險，就攀上一棵矮樹。正巧碰上一夥強盜偷了許多財寶，來到樹下休息。老人嚇得不敢動彈，但忍不住咳了一聲。強盜聽到咳聲，以爲是什麼鬼怪，嚇得捨棄財寶，各自逃散。到了早晨，老人從樹上下來，選取各種財寶，滿載而歸。

夫妻倆一見老人，以爲是鬼魂，不敢近前。老人就對他們說：「我死後升天，獲得許多財寶。」又對兒媳說：「這些寶珠、金玉、首飾等等，都是你的父母、姑姑、姨娘、姐妹們送給你的。由於我太老了，身體太弱，不能多拿，你在天上的親屬說了，讓你去一趟，隨便你挑。」

這個兒媳信以爲眞，便也學著婆婆的樣子，投身火坑，還對丈夫說：「老人因投火坑得到這麼多的財寶，如果我去，一定可以拿到更多的財寶。」但是，她沒有老婆婆那麼幸運，投入火坑，一下就被燒死了。

智慧沙：

老人因禍得福，將計就計，可以算是一種自衛反擊。兒媳卻以害人為始，害己為終。人生在世，不可生害人之心。害人終害己，機關算盡的結果只能是：誤了卿卿性命。

9．這樣做並不難

一位紐約商人看到一個衣衫襤褸的鉛筆推銷員，頓生一股憐憫之情。他把一塊錢丟進賣鉛筆人的懷中，就走開了。但他又忽然覺得這樣做不妥，於是連忙返回，從賣鉛筆人那裡取出幾支鉛筆，

並抱歉地解釋說自己忘記取筆了，希望不要介意。最後他說：「你跟我都是商人。你有東西要賣，而且上面有標價。」

幾年過後，在一個社交場合，一位穿著整齊的推銷商迎上這位紐約商人，並自我介紹：「你可能已經忘記我了，我也不知道你的名字，但我永遠忘不了你，你就是那個重新給了我自尊的人。我一直覺得自己是個推銷鉛筆的乞丐，直到你跑來並告訴我，我是一個商人為止。」

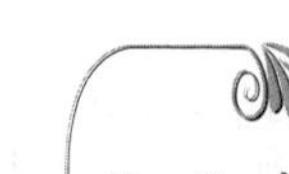

智慧沙：

給予陷入困境的人無私的幫助的確很重要，但更重要的是，我們還應讓他意識到自己的價值：只有充分相信自己，才有決心去擺脫困難，證明自己絕對不是一個弱者。

10．製造善眉慈目的面具

從前，有一個青年以製造面具謀生。有一天，他的一位遠方朋友來訪，見面就問他：「你近來臉色不太好。到底是什麼事使你生氣呢？」

「沒有呀！」

「眞的嗎？」他的朋友好像不大相信，也就回去了。

過了半年，那位朋友再度來訪，見面就說：「你今天的臉色特別好，和從前完全不同，有什麼事使您這麼高興啊？」

「沒有呀！」他還是這麼回答。

「不可能的，一定有原因。」他的朋友道。

在他們交談後，這個青年才想起，原來半年前，他正忙著做魔鬼強盜等兇殘的假面具，做的時候，心情總是在想咬牙切齒怒目相視的面相，因此自然也表露在臉上，看起來很可怕。而最近，他正在做善眉慈目的假面具，心裡所想的都是可愛的笑容，臉上自然也隨著顯得自然柔和許多。

智慧沙：

一個人心裡想什麼，有什麼意圖，很自然地就會呈現在臉上，這絕對無法掩飾。因此，當我們與別人交往時，只要以誠意和愛去交流，對方也會感受到這種情感，進而更加接近我們。

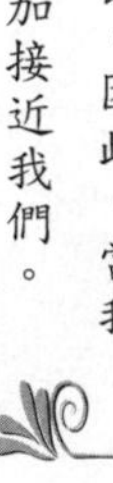

11．你錯怪了別人的好意

某日，張三在山間小路開車，正當他悠哉地欣賞美麗風景時，突然迎面開來一輛貨車，而且滿口黑牙的司機還搖下窗戶對他大罵一聲：「豬！」

張三越想越納悶，也越想越氣，於是他也搖下車窗回頭大罵：「你才是豬！」

剛剛罵完，張三便迎頭撞上一群橫過馬路的豬。

智慧沙：

錯誤的詮釋別人的好意，只會讓自己吃虧，並且使別人受辱。在不明所以之前，先學會按捺情緒，耐心觀察，以免事後發生悔意。

12．看著鏡子中的自己

這是一個眞實故事，故事發生在非洲一個國家。那個國家的白人政府實施「種族隔離」政策，不允許黑皮膚人進入白人專用的公共場所。白人也不喜歡與黑人來往，認爲他們是低賤的種族，避之唯恐不及。

有一天，有個長髮的洋妞在沙灘上做日光浴，由於過度疲勞，她睡著了。當她醒來時，太陽已經下山。由於她覺得肚子餓，於是走進了沙灘附近的一家餐館。

她推門而入，選了張靠窗的椅子坐下。她坐了約十五分鐘，卻沒有侍者前來招待她。她看著那些招待員都忙著招待比她來得還遲的顧客，對她則不屑一顧。她頓時怒氣滿腔，想走向前去責問那些招待員。

當她站起身來，正想向前時，眼前有一面大鏡子。她看著鏡中的自己，眼淚不由奪眶而出。原來，她已被太陽曬黑了。此時，她才眞正體會到黑人被白人歧視的滋味！

智慧沙：

無論做任何事，我們都要設身處地為他人著想。己所不欲，勿施於人。不要只為一點個人的小利益、小圈子而有所私心或怨恨，若你也遭受這種待遇，滋味會是如何呢？

13．懷念這雙手

一份報紙在感恩節的社論版上有一則故事，說到一位教師要求她所教的一班小學生畫下最讓他們感激的東西。她心想能使這些窮人家小孩心生感激的事物一定不多，她猜他們多半是畫桌上的烤火雞和其他食物。當看見杜格拉斯的圖畫時，她十分驚訝，那是以童稚的筆法畫成的一隻手。

誰的手？全班都被這抽象的內容吸引住了。

「這是上帝賜給我們食物的手。」一個孩子說。

「一位農夫的手。」另一個孩子說。

等到全班都安靜下來，繼續做各人的事時，老師才過去問杜格拉斯，那到底是誰的手。

「老師，那是你的手。」孩子低聲說。

這位教師記得自己經常在休息時間，牽著孤寂無伴的杜格拉斯散步。她也經常如此對待其他孩子，但對杜格拉斯來說，這也許特別有意義。

智慧沙：

這正是每個人都應當感恩的事。不是為了物質方面的領受，而是為了有機會給予別人一些東西，儘管它們是那樣的微不足道。

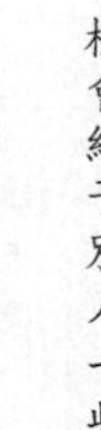

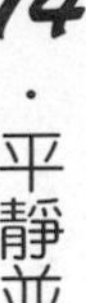

14．平靜並不等於沒有紛亂

國王提供了一份獎金，希望有畫家能畫出最平靜的畫。許多畫家都來應試。國王看完所有畫，只有兩幅最被他喜愛，他決定從中作出選擇。

一幅畫是一個平靜的湖，湖面如鏡，倒映出周圍的群山，上面點綴著如絮的白雲。大凡看到此畫的人都同意這是描繪平靜的最佳圖畫。

另一幅畫也有山，但都是崎嶇和光禿的山，上面是憤怒的天空，下著大雨，雷電交加。山邊翻騰著一道湧起泡沫的瀑布，看來一點都不平靜。但當國王靠近一看時，他看見瀑布後面有一細小的樹叢，其中有一雌鳥築成的巢。在那裡，在怒奔的水流間，雌鳥坐在牠的巢裡——完全的平靜。

哪幅畫贏得獎賞？國王選擇了後者。

「因為，」國王解釋道：「平靜並不等於一個完全沒有困難和辛勞的地方，而是在那一切的紛亂中，心中仍然平靜，這才是平靜的眞正意義。」

智慧沙：

平靜並不等於一個完全沒有困難和辛勞的地方，而是在那一切的紛亂中，心中仍然平靜，這才是平靜的真正意義。

15・放輕鬆些

從前，有對父子一起耕作一小塊地。一年幾次，他們會把蔬菜裝滿那老舊的牛車，運到附近的城市去賣。除姓氏相同，又在同一塊田地上工作外，父子二人相似的地方並不多。老人家認為凡事不必著急，年輕人則個性急躁、野心勃勃。

一天清晨，他們套上了牛車，載滿了一車子的貨，開始了漫長的旅程。兒子心想，他們若走快些，日夜兼程，第二天清早便可到達市場。於是，他用棍子不停催趕牛車，要牲口走快些。

「放輕鬆點，兒子，」老人說：「這樣你會活得久一些。」

「可是我們若比別人先到市場，我們更有機會賣好價錢。」兒子反駁。

父親不回答，只把帽子拉下來遮住雙眼，在座位上睡著了。年輕人見狀，十分不悅，愈發催促牛車走快些，固執地不願放慢速度，他們在四小時內走了四里路，來到一間小屋前面，父親醒來，微笑著說：「這是你叔叔的家，我們進去打聲招呼。」

「可是我們已經慢了一小時。」兒子著急地說。

「那麼再慢幾分鐘也沒關係。我弟弟跟我住得這麼近，卻很少有機會見面。」父親慢慢地回答。

兒子生氣地等待著，直到兩位老人慢慢地聊足了一個小時，才再次起程，這次輪到老人駕牛車。走到一個岔路口，父親把牛車趕到右邊的路上。

「左邊的路近些。」兒子說。

「我曉得，」老人回答，「但這邊路的景色好多了。」

「你不在乎時間？」年輕人不耐煩地說。

「噢，我當然在乎，所以我喜歡看美麗的風景，盡情享受每一刻。」

蜿蜒的道路穿過美麗的牧草地、野花，經過一條發出淙淙聲的河流——這一切年輕人都沒有看到，他心裡翻騰不已，心不在焉，焦急至極，他甚至沒有注意到當天的日落有多美。

黃昏時分，他們來到一個寬廣、多彩的大花園。老人吸進芳香的氣味，聆聽小河的流水聲，把牛車停了下來。「我們在此過夜好了。」

「這是我最後一次跟你作伴，」兒子生氣地說：「你對看日落、聞花香比賺錢更有興趣！」

「對了，這是你許久以來所說的最好聽的話。」父親微笑說。

幾分鐘後，父親開始打鼾，兒子則瞪著天上的星星，長夜漫漫，好久都睡不著。天未亮，兒子便搖醒父親。他們馬上動身，大約走了一里，遇到了另一位農夫——素昧平生的陌生人，力圖把牛

車從溝裡拉上來。

「我們去幫他一把。」老人低聲說。

「你想失去更多時間？」兒子勃然大怒。

「做輕鬆些，孩子，有一天你也可能掉進溝裡。我們要幫助有所需要的人，不要忘記。」

兒子生氣地扭頭看著一邊。等到另一輛牛車回到路上時，已是早晨八點鐘了。突然，天上閃出一道強光，接下來似乎是打雷的聲音。群山後面的天空變得一片黑暗。

「看來城裡在下大雨。」老人說。

「我們若是趕快些，現在大概已把貨賣完了。」兒子大發牢騷。

「放輕鬆些……，這樣你會活得更久，會更能享受人生。」仁慈的老人勸告道。

到了下午，他們才走到俯視城市的山上。站在那裡，看了好長一段時間。二人不發一言。終於，年輕人把手搭在老人肩膀上說：「爸，我明白您的意思了。」

他把牛車掉頭，離開了那從前叫作廣島的地方。

智慧沙：

人生不是比賽，沒必要像爭第一名那樣拼命地奔跑——跑得快，死的就快！放輕鬆些……，這樣你會活得更久，會更能享受人生。

16 ·不必太在意那一個髮夾

國王有七個女兒，這七位美麗的公主是國王的驕傲。她們那一頭烏黑亮麗的長髮遠近皆知。所以國王送給她們每人一百個漂亮的髮夾。

有一天早上，大公主醒來，一如往常地用髮夾整理她的秀髮，卻發現少了一個髮夾，於是她偷偷地到了二公主的房裡，拿走了一個髮夾。二公主發現少了一個髮夾，便到三公主房裡拿走一個髮夾；三公主發現少了一個髮夾，也偷偷地拿走四公主的一個髮夾；四公主如法炮製拿走了五公主的髮夾；五公主一樣拿走六公主的髮夾；六公主只好拿走七公主的髮夾。於是，七公主的髮夾只剩下九十九個。

第二天，鄰國英俊的王子忽然來到皇宮，他對國王說：「昨天我養的百靈鳥叼回了一個髮夾，我想這一定是屬於公主們的，而這也眞是一種奇妙的緣分，不曉得是哪位公主掉了髮夾？」公主們聽到了這件事，都在心裡想說：「是我掉的，是我掉的。」

可是頭上明明完整地別著一百個髮夾，所以都很懊惱，卻說不出。只有七公主走出來說：「我掉了一個髮夾。」話才說完，一頭漂亮的長髮因爲少了一個髮夾，全部披散了下來，王子不由得看呆了。

故事的結局，想當然的是王子與七公主從此一起過上幸福快樂的日子。

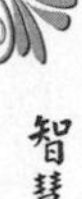

智慧沙：

一百個髮夾，就像完美圓滿的人生。少了一個髮夾，這個圓滿就有了缺憾。正因缺憾，未來就有了無限的可能性。原來，缺憾也可以是一件值得高興的事。

17．佛無處不在

有個年輕人離別了母親，來到深山，想要拜菩薩以修得正果。在路上，他向一個老和尚問路：「請問大師，哪裡有得道的菩薩？」

老和尚打量了一下年輕人，緩緩地說：「與其去找菩薩，還不如去找佛。」

年輕人頓時來了興趣，忙問：「請問哪裡有佛？」

老和尚說：「你現在就回家去，在路上有個人會披著衣服，反穿著鞋子來接你，那個人就是佛。」

年輕人拜謝了老和尚，開始啓程回家。路上他不停地留意著老和尚說的那個人，可是他已經快到家了，那個人也沒出現。年輕人又氣又悔，以爲是老和尚欺騙了他。

等他回到家時，夜已經很深了。他灰心喪氣地伸手敲門。他的母親知道自己的兒子回來了，急忙抓起衣服披在身上，連燈也來不及點著就去開門，慌亂中連鞋子都穿反了。年輕人看到母親狼狽的樣子，不禁熱淚盈眶，心裡也立刻覺悟了。

智慧沙：

珍惜你的擁有，懷著一顆感恩的心生活，你便成了佛。珍惜你的家，帶著一顆惜福的心上路，你才會越走越扎實。因為，你的根扎在了大地上，扎進了泥土裡。

輯27 你今天心情不好嗎

別擔心，放輕鬆，要快樂！
——曼德拉精神矍鑠地生活到八十五歲的生活秘訣

1．很好，這是件好事

很久以前，有個國王非常信任自己手下一位充滿智慧的大臣。這位大臣的口頭禪是：「很好，這是件好事。」

有一天，國王在擦拭寶劍時，不小心將自己左手的小指頭割斷了，智慧大臣聞訊趕到皇宮。見到國王正在包紮鮮血淋漓的左手，智慧大臣的口頭禪又來了：「很好，這是件好事。」國王的傷口正疼得厲害，聞言頓時大怒，下令將他關進大牢。智慧大臣仍然說：「很好，這是件好事。」

幾個月後，國王到森林裡狩獵。國王著迷於追逐一隻羚羊，無意間竟然穿越了國界，進入了食人族的地盤。食人族將國王及隨從的大臣全都抓了起來。見到國王服飾華麗，巫師便決定用國王來獻祭。正要舉行祭禮的時候，巫師突然發現國王左手少了一根小指頭——根據食人族的規矩，肢體不健全的人是不能用來獻給祖先的。當下酋長大怒，將國王逐了出去。而那些跟隨的大臣，一個也沒有活著回來。

九死一生的國王回到宮中，想起了智慧大臣的話。他連忙下令將大臣從牢裡釋放出來。國王深

覺從前智慧大臣所說的話頗有道理，就眞誠地向他道歉。智慧大臣還是那句口頭禪：「很好，這是件好事。」

國王說：「你說我少了小指頭是件好事，我相信。但是我關了你這麼久，讓你受了這麼多苦，難道對你也是件好事？」智慧大臣笑著點點頭：「當然是件好事！如果我不是在牢裡，一定會陪您去打獵，那麼我今天就回不來了。」

智慧沙：

無論遇到什麼事情，只要保持積極的心態，一切都會苦盡甘來。每件事都有其兩面性的看法，是好，是壞，都在於你自己。

2．讓心情永遠十八歲

一次在聽來自香港美容師的美容講座時，那位說話清純、滿臉笑容的美容教師頗得大家的好感。在講座中，她提了這樣一個問題：「請在座的各位猜一下我的年齡？」

室內氣氛頓時活躍了起來，有的說「三十二歲」，有的猜「二十八歲」，結果，統統被那位美容教師微笑著搖頭否認。

「現在，我來告訴大家，我只有十八歲零幾個月。」

室內譁然，繼而，發出一片不信任的驚訝聲。

「至於這零幾個月是多少，請大家自己去衡量吧，也許是幾個月，也許是幾十個月，或者更多，但是我的心情只有十八歲！」美容教師接著說。

原來她採用的是心情美容法！

智慧沙：如果一個人的心情是憂鬱的，那麼再昂貴的化妝品也掩飾不住她的滿臉愁雲，再高超的美容師也無法撫平她緊鎖的眉頭。反之，心情是快樂的、流暢的，即使素面朝天，也會顯示出她的柔美和年輕。

3・把握好你心中的天氣

有位老太太生了兩個女兒，大女兒嫁給了傘店老闆，小女兒當上了洗衣作坊的女主管。每逢遇上下雨天，老太太就擔心洗衣作坊的衣服晾不乾；每逢遇上晴天，老太太就怕傘店的雨傘賣不出去。於是老太太整天憂心忡忡，日子過得十分憂鬱。

後來，一位聰明人告訴她：「老太太，您真是好福氣！下雨天，您大女兒家生意興隆；晴天，你小女兒家顧客盈門。哪一天你都有好消息啊！」

智慧沙：天還是老樣子，只是腦筋變了變，生活的色彩竟然煥然一新。你對事情的認知取決於你心中的天氣。

4．擔心不如寬心

小明洗澡時不小心呑下一小塊肥皂，他的媽媽慌慌張張地打電話向家庭醫生求助。醫生說：「我現在還有幾個病人在，可能要半小時後才能趕去。」

小明媽媽說：「在你來之前，我該做什麼？」

醫生說：「給小明喝一杯白開水，然後用力跳一跳，你就可以讓小明用嘴巴吹泡泡消磨時間了。」

智慧沙：

放輕鬆，放輕鬆，生活何必太緊張。有些事，既然已經發生了，何不坦然自在地面對。有些事，擔心不如寬心，窮緊張不如窮開心。

5．繞著房子跑三圈

有個富人一生氣就跑回家繞著自己的房子和土地跑三圈。後來，他的房子越來越大，土地也越來越廣，而一生氣，他仍要繞著房子和土地跑三圈，哪怕累得氣喘吁吁，汗流浹背。當他已經很老了，走路都要拄拐杖了，他生氣時還是堅持要繞著房子和土地轉三圈。

一次，富人拄著拐杖繞房子走到太陽下山了還在堅持，他的孫子怕他有閃失就跟著他。孫子問：「爺爺，您生氣就繞著房子和土地跑，這裡面有什麼秘訣嗎？」

富人對孫子說：「年輕時，我一生氣，就繞著自己的房子和土地跑三圈，我邊跑邊想：自己的房子這麼小，土地這麼少，哪有時間和精力去跟人生氣呢？一想到這裡，我的氣就消了。氣消了，我就有了更多的時間和精力來工作、學習。」

孫子又問：「爺爺，您年老了，成了巨富，爲什麼還要繞著房子和土地跑呢？」

富人笑著說：「老了，生氣時，我繞著房子和土地跑三圈，邊跑我就邊想：我房子這麼大，土地這麼多，又何必跟人斤斤計較呢？一想到這裡，我的氣就消了。」

智慧沙：

其實任何事都不會使你生氣，惹你生氣的其實是你的想法。你可以讓自己快樂，也可以讓自己痛苦，這些都是你自己的選擇。

6．只有你的心

有位書生忽然對佛教產生了興趣，於是便決定到寺廟學習入定。可是每當入定不久，他就感到有隻大蜘蛛出來騷擾自己。書生施盡所能也無法改變，只得請教老和尙。

老和尙建議他下次入定時，拿支筆在手裡，如果大蜘蛛再出來搗亂，就在牠的肚皮上畫個圈，看看是什麼妖怪？

遵循老和尙的話，書生準備了一支筆。一次入定時，大蜘蛛果然又出現了。書生迅速拿起筆來在蜘蛛的肚皮上畫了個圈圈。剛一畫好，大蜘蛛就沒蹤影了。沒有了騷擾，書生便安然入定，再無困擾。

書生出定一看，原來畫在大蜘蛛肚皮上的那個圈記，赫然出現在自己的臍眼周圍。

書生明白了，入定時的那個破壞份子大蜘蛛，不是來自外界，而是發於自心。

智慧沙：
煩惱和焦慮均來自你的內心。只有收心斂性，才能解除心病。你的心，只有你的心，是你生命的發動機！

7．學會收集快樂

他曾是日本最大零售集團八百伴的總裁。當他七十二歲時，突然遭到了致命的打擊——他苦心經營的集團倒閉了。一夜之間，他從一位國際知名企業家變成了一文不名的窮光蛋。有人以爲他從此將一蹶不振，窮困潦倒餘生。可是出乎人們意料，他很快就調整了心態，又和幾個年輕人辦起了一家網路諮詢公司。

他成了商界的不倒翁，他的名字叫和田一夫。後來有人問和田一夫爲什麼能這麼快就調整心態，他說他靠的是兩大秘訣：一個是光明日記；一個是快樂例會。

原來，和田一夫從二十歲開始，就堅持每天寫一篇日記，與衆不同的是，他只揀快樂的事情記，他把這種日記叫「光明日記」。此外，他每個月都要召集一次例會，要求所有與會者在談工作之前，必須用三分鐘時間向大家講述自己本月內最快樂的事情，他把這種例會叫「快樂例會」。

智慧沙：

快樂只鍾情於有心人——它常常散落於人生的每一天，生活中的每一個角落，稍不留意，就會與我們擦肩而過。所以，快樂也需要我們提著籃子去精心採擷、收集和積累。

8．有些事你不必太認真

話說孔子東遊，來到一個地方感覺腹中饑餓，就對弟子顏回說：「前面一家飯館，你去討點飯來。」顏回就到飯館，說明來意。

那飯館的主人說：「要飯吃可以啊，不過我有個要求。」顏回忙道：「什麼要求？」主人回答：「我寫一字，你若認識，我就請你們師徒吃飯，若不認識，亂棍打出。」顏回微微一笑：「主人家，回我不才，可我也跟師傅多年。別說一字，就是一篇文章又有何難？」主人也微微一笑：「先別誇口，認完再說。」說罷，便拿筆寫了一個「眞」字。

顏回哈哈大笑：「主人家，你也太欺我顏回無能了，我以爲是什麼難認之字，此字我顏回五歲就識。」主人微笑問：「此爲何字？」顏回說：「是認眞的『眞』字。」店主冷笑一聲：「哼，無知之徒竟敢冒充孔老夫子門生，來人，亂棍打出。」

顏回就這樣回來見老師，說了經過。孔老夫子微微一笑：「看來他是要爲師前去不可。」說罷來到店前，說明來意。那店主一樣寫下「眞」字。孔老夫子答說：「此字念『直八』。」那店主笑到：「果眞是夫子來到，請！」就這樣，吃完喝完不出一分錢走了。

事後，顏回問道：「老師，你不是教我們那字念『眞』嗎？什麼時候變『直八』了？」孔老夫子微微一笑：「有時候的事是認不得『眞』啊！」

智慧沙：

人生在世，難得糊塗。有些事情需要你認真，而有些事情倒是不需要你認真。認真與否，全看對於問題的解決有無效果——結果需要你認真，你就得認真；結果不要你認真，那認真又有何意義。

9．把你心頭的釘子拔出來

有個壞脾氣的男孩，他父親給了他一袋釘子，並且告訴他，每當他發脾氣時，就釘一個釘子在後院的圍欄上。

第一天，這個男孩釘下了三十七根釘子。慢慢地，每天釘下的數量減少了，他發現控制自己的脾氣要比釘下那些釘子容易。終於，有一天，這個男孩再也不會失去耐性，亂發脾氣了。

父親又說：「現在開始，每當你能控制自己脾氣時，就拔出一根釘子。」一天天過去了，最後男孩告訴他的父親，他終於把所有釘子都拔出來了。

父親握著他的手，來到後院說：「你做得很好，我的好孩子，但是看看那些圍欄上的洞。這些圍欄將永遠不能恢復到從前的樣子。你生氣的時候說的話，就像這些釘子一樣留下疤痕。如果你拿刀子捅別人一刀，不管你說了多少次對不起，那個傷口將永遠存在。話語的傷痛就像眞實的傷痛一樣令人無法承受。」

智慧沙：

人與人之間常常因為一些無法釋懷的堅持，而造成永遠的傷害。如果我們都能從自己做起，開始寬容地看待他人，相信一定能收到許多意想不到的結果。為別人開啟一扇窗，也就會讓自己看到更完整的天空。

10．和蝸牛一起散步

上帝交給麥克一個任務，叫他牽一隻蝸牛去散步。可是蝸牛爬得實在太慢了。麥克又是催促又是嚇唬又是責備，可蝸牛只是用抱歉的目光看著他，仿佛在說：「我已經盡全力了！」

麥克又氣又急，對蝸牛又拉又扯又踢，蝸牛受了傷，爬得越來越慢了。麥克真想丟下蝸牛不管，但又擔心沒法向上帝交代。他只好耐著性子，讓蝸牛慢慢爬，自己則以一種接近靜止的速度跟在後面。

就在這個時候，麥克突然聞到了花香，原來這裡是個花園。接著，他聽見了鳥叫蟲鳴，感到微風拂面的舒適。後來，麥克還看到美麗的夕陽、燦爛的晚霞及滿天的星斗。麥克這才體會到上帝的巧妙用心：「祂不是叫我牽蝸牛去散步，而是叫蝸牛牽我去散步呀！」

智慧沙：

偶爾和蝸牛一起散散步，你一定會發現許多平時沒有注意到的美麗。人生不能一味匆匆趕路，那會使你錯過很多東西。

輯28 打開你自己

相信，你就能看見。

——亞洲首富孫正義

1．功夫在詩外

一位著名的詩人最近思路打不開，怎麼也衝不出思想的牢籠，於是想到外面尋找靈感。

這一天，他到鄉間野外散步，陽光下，忽然遠遠看見一塊牌子掩映在樹林裡，上書四個大字特別醒目「陽光不鏽」。詩人當場呆住，心想，這是多麼有寓意的詞語，絕對不是一般人能夠想到的。

於是，他非常想拜訪一下書寫這個精闢之極的詞語的高人。

等他走近這塊牌子，發現被樹叢擋住的那部分牌子寫著「鋼製品廠」。

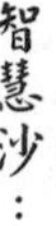

智慧沙：

功夫有時在詩外。生活中的創意和靈感無處不在，就看我們在靈感來臨時怎麼把握了。

2．讓自己從車上下來

一家公司招聘職員時，有一道這樣的試題：

一個暴風雨的晚上，你開車經過一個車站，發現有三個人正苦苦地等待公車的到來：第一個是看上去瀕臨死亡的老婦；第二個是曾經挽救過你生命的醫生；第三個是你的夢中情人。你的汽車只容得下一位乘客，你選擇誰？

每個應聘者的回答都有自己的理由：選擇老婦，是因爲她很快就會死去，我們應該挽救她的生命；選擇醫生，是因爲他曾經救過我們的命，現在是我們報答他的最好機會；選擇夢中情人，是因爲如果錯過這個機會，也許就永遠找不回她（他）了。

在二百個應聘者中，最後被聘用的人的答案是什麼呢？

「我把車鑰匙交給醫生，讓他趕緊把老婦人送往醫院；而我則留下來，陪著我心愛的人一起等候公車的到來。」

智慧沙：

我們常常會被「非此即彼」的思維模式所限。讓自己「從車上下來」，打破思維的固有模式，我們還可以獲得更多。

3．將思想打開一公釐

美國有間生產牙膏的公司，產品優良，包裝精美，深受廣大消費者的喜愛，每年營業額蒸蒸日上。記錄顯示，前十年每年的營業額增長率爲一〇～二〇％，令董事會雀躍萬分。

不過，業績進入第十一年、第十二年及第十三年時，卻停滯下來，每個月維持同樣的數位。董事會對此業績感到不滿，便召開全國經理級高層會議，以商討對策。會議中，有名年輕經理站起來對董事會說：「我手中有張紙，紙裡有個建議，若您要使用我的建議，必須另付我五萬元！」

總裁聽了很生氣地說：「我每個月都支付你薪水，另有紅包、獎勵。現在叫你來開會討論，你還要另外要求五萬元，是否過分？」

「總裁先生，請別誤會。若我的建議行不通，您可以將它丟棄，一分錢也不必付。」年輕的經理解釋說。

「好！」總裁接過那張紙後，閱畢，馬上簽了一張五萬元支票給那年輕經理。那張紙上只寫了一句話：將現有的牙膏開口擴大一公釐。

總裁馬上下令更換新的包裝。

試想，每天早上，每個消費者多用一公釐的牙膏，每天牙膏的消費量將多出多少倍呢？這個決定，使該公司第十四個年頭的營業額增加了三二％。

智慧沙：

一個小小的改變，往往會引起意想不到的效果。當我們面對新知識、新事物或新創意時，千萬別將腦袋密封，應該將腦袋打開一公釐，接受新知識，新事物。

4．別把瘋子當呆子

一個心理學教授到瘋人院參觀，瞭解瘋子的生活狀態。一天下來，覺得這些人瘋瘋癲癲，行事出人意料，可算大開眼界。想不到準備返回時，發現自己的車胎被人拿掉了。「一定是哪個瘋子幹的！」教授這樣憤憤地想道，動手拿備胎準備裝上。

事情嚴重了。下車胎的人居然將螺絲也都卸了。沒有螺絲有備胎也上不去啊！教授一籌莫展。在他萬分著急之下，一個瘋子蹦蹦跳跳地過來了，嘴裡唱著不知名的歡樂歌曲。他發現了困境中的教授，停下來問發生了什麼事。

教授懶得理他，但出於禮貌還是告訴了他。

瘋子哈哈大笑說：「我有辦法！」他從每個輪胎上面卸了一個螺絲，這樣就拿到三個螺絲將備胎裝了上去。

教授感激之餘，大爲好奇：「請問你是怎麼想到這個辦法的？」

瘋子嘻嘻哈哈地笑道：「我是瘋子，可我不是呆子啊！」

智慧沙：

其實，世上有許多的人，由於他們發現了工作中的樂趣，總會表現出與常人不一樣的狂熱，而且讓人難以理解。許多人在笑話他們是瘋子的時候，別人說不定還在笑他呆子呢。

5．強大來自於內心

一隻小老鼠總是愁眉苦臉，因爲牠非常害怕貓。

天神非常同情牠的遭遇，便施法把牠變成一隻貓。

老鼠變的貓又非常怕狗，天神就把牠變成狗；但變成狗的牠又開始怕老虎，天神就讓牠做老虎，但做老虎的牠又整天害怕會遇上獵人。最後，天神只好把牠又變成老鼠，並說：「不論我怎麼做都幫不了你，因爲你擁有的只是老鼠膽。」

智慧沙：

強大，來自於內心。披上外衣和封號的全是「紙老虎」。

6．觀念變了才有希望

在夏日枯旱的非洲大陸上，一群饑渴的鱷魚身陷在水源快要斷絕的池塘中。較強壯的鱷魚開始追捕同類來吃。物競天擇、強者生存的一幕幕正在上演。這時，一隻瘦弱勇敢的小鱷魚卻起身離開了快要乾涸的水塘，邁向未知的大地。

乾旱持續著，池塘中的水愈來愈混濁、稀少，最強壯的鱷魚已經吃掉了不少同類，剩下的鱷魚將難逃被呑食的命運。這時，仍不見有別的鱷魚離開。在牠們看來，棲身在混水中等待遲早被吃掉的命運，似乎總比離開、走向完全不知在何處的水源還安全些。

池塘終於完全乾涸了，唯一剩下的大鱷魚也難耐饑渴而死。牠到死還守著牠殘暴的王國。

可是，那隻勇敢離開的小鱷魚，在經過長途的跋涉後，幸運的牠不但沒死在半路上，還在乾旱的大地上找到了一處水草豐美的綠洲。

智慧沙：

守舊無異於等死。改變觀念，到可以生存的地方尋找出路，就有了希望。陳舊的觀念如強壯的鱷魚那麼可怕，而新的觀念則是充滿希望的田野。

7．不要做被燙過的猴子

科學家將四隻猴子關在一個密閉房間裡，每天餵食很少食物，讓猴子餓得吱吱叫。幾天後，實驗者從房間上面的小洞放下一串香蕉，一隻餓得頭昏眼花的大猴子一個箭步衝向前，可是當牠還沒拿到香蕉時，就被預設機關所潑出的滾燙熱水燙得全身是傷，當後面三隻猴子依次爬上去拿香蕉時，一樣被熱水燙傷。於是眾猴子只好望「蕉」興嘆。

幾天後，實驗者換了一隻新猴子進入房內，當新猴子肚子餓得也想嘗試爬上去吃香蕉時，立刻被其他三隻老猴子制止，並告知有危險，千萬不可嘗試。實驗者再換一隻猴子進入房內，當這隻新猴子想吃香蕉時，有趣的事情發生了，這次不僅剩下的兩隻老猴子制止它，連沒被燙過的半新猴子也極力阻止牠。

實驗繼續著，當所有猴子都已換過之後，沒有一隻猴子曾經被燙過，上頭的熱水機關也取消了，香蕉唾手可得，卻沒有一隻猴子敢前去享用。

智慧沙：

不要做被燙過就再也不敢去吃香蕉的猴子。太相信習慣和經驗，你就會固步自封。大膽去做，別怕犯錯。

8·別忽視大片的白板

有位老師進了教室，在白板上點了一個黑點。

他問班上的學生說：「這是什麼？」

大家都異口同聲地說：「一個黑點。」

老師故作驚訝地說：「只有一個黑點嗎？這麼大的白板大家都沒有看見？」

智慧沙：

每個人身上都有一些缺點，但是你是否只看到了別人身上的黑點，而忽略了他擁有了一大片的白板？其實每個人必定有很多的優點，換一個角度去看，你會有更多新的發現。

9·你能成為什麼

有位王子，長得十分英俊，但卻是一個駝子，這個缺陷使他非常自卑。

有一天，國王請了全國最好的雕刻家，刻了一座王子的雕像。雕刻家刻出的雕像沒有駝背，背是直挺挺的。國王將此雕像豎立於王子的宮殿前。

當王子在宮門前看到這座雕像時，他心中產生一種震撼。幾個月之後，百姓們說：「王子的駝背不像以往那麼嚴重了。」

當王子聽到這些話時，他內心受到了鼓舞。有一天，奇蹟出現了，當王子站立時，背是直挺挺的，與雕像一樣。

智慧沙：

人的許多缺陷都是由自己的心理造成的，正所謂「相由心生，相隨心滅」，一個人能成為什麼，是因為他相信自己是什麼。

輯29 把快樂還給自己

快樂沒有父親。沒有一個快樂曾經向前一個學習，它死去，沒有繼嗣。而悲哀卻有悠久的傳統，從眼傳到眼，從心傳到心。

——以色列詩人阿米亥的詩

1·體味捉蜻蜓的樂趣

一位富商，英年早逝。臨終前，見窗外的市民廣場上有一群孩子在捉蜻蜓，就對他四個未成年的兒子說，你們到那兒給我捉幾隻蜻蜓來吧，我許多年沒見過蜻蜓了。

不一會兒，大兒子就帶了一隻蜻蜓回來。富商問：「怎麼這麼快就捉了一隻？」大兒子說：「我用你給我的遙控賽車換的。」富商點點頭。

又過了一會兒，二兒子也回來了，他帶來兩隻蜻蜓。富商問：「你怎麼這麼快就捉了兩隻蜻蜓回來？」二兒子說：「我把你送給我的遙控賽車賣給了一位小朋友，他給我三分錢，這兩隻是我用二分錢向另一位有蜻蜓的小朋友買來的。爸，你看這是那多出來的一分錢。」富商微笑著點點頭。

不久，老三也回來了，他帶來十隻蜻蜓。富商問：「你怎麼捉那麼多的蜻蜓？」三兒子說：「我把你送給我的遙控賽車在廣場上舉起來，問，誰要玩賽車，要玩的只需繳交一隻蜻蜓就可以了。爸，要不是怕你著急，我至少可以收到十八隻蜻蜓。」富商拍了拍三兒子的頭。

最後回來的是老四。他滿頭大汗，兩手空空，衣服上沾滿了塵土。富商問：「孩子，你怎麼搞的？」四兒子說：「我捉了半天，也沒捉到一隻，就在地上玩賽車，要不是見哥哥們都回來了，說不定我的賽車能撞上一隻蜻蜓呢！」富商笑了，笑得滿眼是淚，他摸著四兒子掛滿汗珠的臉蛋，把他摟在了懷裡。

第二天，富商死了，他的孩子們在床頭發現一張小紙條，上面寫著：孩子，我並不需要蜻蜓，我需要的是你們捉蜻蜓的樂趣。

智慧沙：

錢當然可以買到蜻蜓，但買不到的是捉蜻蜓的樂趣。生命的樂趣在於結果還是過程？只有努力了才會知道。

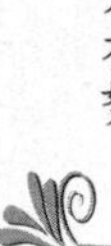

2．別把生活定格

已經是三伏天了，廟堂前的草地上仍是一片枯黃。

小和尚說：「師父，快撒點草籽兒吧，這草地多難看哪！」

師父讚許地看著小和尚說：「好啊！等天涼了，隨時吧！」

中秋，師父買了包草籽兒叫小和尚去種。在陣陣秋風吹動下，草籽兒邊撒邊飄……，小和尚急得喊了起來：「師父，不好了！許多草籽兒都叫風給吹走了！」

師父不動聲色地說：「嗯，沒關係。吹走的多半是空的，撒下去也發不了芽兒。隨性吧。」

種子剛剛撒完，就引來了一群麻雀。小和尚急得直跺腳：「壞了，壞了！草籽兒都被麻雀給吃

了。這，這可怎麼辦呢？」

師父和顏悅色地說：「別急。種子多，吃不完，隨遇吧。」

播種那天夜裡，忽然下了一陣暴雨。清晨，小和尚到院裡一看，就三步併作兩步地衝進禪房：「師父，這下可完了！草籽兒都被雨水給沖走了！」

師父毫不介意地說：「沖到哪兒就會在哪兒發芽，隨緣吧。」

七八天過去了，枯黃的草地上居然長出了一片青翠可人的綠色苗苗！原先沒有播種的地方也泛出了綠意。小和尚高興得直拍手：「好看！太好了！」

師父眯起笑眼，慢慢地點著頭說：「隨喜，隨喜！」

智慧沙：

隨時，隨性，隨遇，隨緣，隨喜——別把生活定格在某一個特定的時間、空間、標準上，堅強中隨遇而安，平凡中感悟快樂。永遠不去計較生活的不快，我們就會本能地收穫幸福和喜悅。

3．不為生氣栽盆景

有個老人用很長時間栽種盆景。

一天要外出，他臨行前交待兒子一定要細心照顧好家裡的盆景。

在這期間，兒子總是精心照顧盆景。儘管這樣，花架還是在澆水時不小心被碰倒了，所有的盆景都打碎了。兒子因此非常害怕，他準備等父親回來後接受處罰。

老人回來知道此事，便叫來兒子。他不但沒有責備兒子，反而說：「我栽盆景是用來欣賞和美化家裡環境的，不是爲了生氣。」

智慧沙：

盆景的得失，並不影響老人心中的悲喜。氣由心生。人生旅途中，只有平和順氣，才不會愚蠢地用別人的錯誤來懲罰自己。

4．錢不是整個世界

窮人躺在草地上曬太陽，富人走過來說：「你之所以這麼窮，都是因爲你太懶了。你爲什麼不能像別人一樣從早到晚地工作呢？」

窮人問：「爲什麼要工作？」

「工作可以賺錢呀！」

「賺錢幹什麼？」

「賺錢就可以買房子、買車、買好看的衣服……。」

「買那些東西幹什麼？」

「這樣你就可以無憂無慮地過悠閒的生活了。」

「可我現在過的就是無憂無慮的悠閒生活呀！」

智慧沙：

人生本應是豐富多彩的，但如果只是為了賺錢，往往會失掉太多；然而，不去工作，還自詡為過「休閒」生活，恐怕也是「寄生」的。

5．分開去做

一個小夥子初次到工廠做車工，師傅要求他每天車完三萬個鉚釘。一個星期後，他疲憊不堪地找到師傅，說幹不了想回家。師傅問他：「一秒鐘車完一個可以嗎？」小夥子點點頭，這是不難做到的。師傅給他一支錶，說：「那好，從現在開始。你就一秒鐘車一個，別的都不用管，看看你能車多少吧。」

小夥子照師傅說的慢慢幹了起來。一天下來，他不僅完成了任務，而且居然沒有感到勞累。

師傅笑著對他說：「知道爲什麼嗎？那是你一開始就給自己心裡蒙上了一層陰影，覺得『三萬』是個多麼大的數字。如果這樣分開去做，不就是七八個小時嗎？」

小夥子恍然大悟。

智慧沙：

分開去做。當我們被瑣事壓得無暇喘息，不要懼怕，伸出手理理頭緒，輕輕地，像撥開水面上的一塊塊浮冰。這個時候，陽光自然就會亮亮地照進我們的心田。

6．因為難割捨所以放不下

一個人覺得生活很沈重，便去見哲人，尋求解脫之法。哲人給他一個簍子讓他背在肩上，然後指著被石頭鋪成的路說：「你每走一步就撿一塊石頭放進去，看看有什麼感覺。」

過了一會兒，那人走到了頭，哲人問他有什麼感覺。那人說：「越走越覺得沈重。」哲人說：「這也就是爲什麼感覺生活越來越沈重的道理。當我們來到這個世界上時，我們每個人都背著一個空簍子，而我們每走一步都要從這個世界上撿一樣東西放進去，所以才有越來越累的感覺。」

那人問：「有什麼辦法可以減輕呢？」

哲人說：「那你願意把工作、愛情、家庭、友誼哪一樣拿出來呢？」

那人不語。

智慧沙：生命有時顯得很沈重，那是因為我們有很多難以割捨的負擔。拿得起放得下，才能使生活永遠充滿歡樂。

7．過猶不及

爲了示人快樂與痛苦的關係，在一個旅行者要遠行時，智者把他領到一座金庫的門前，對他說：「你可隨便拿取，但有一個條件，那就是你必須在路上永遠帶著它們，陪伴你全部的旅程，不能丟棄。」

於是，旅行者拿了三塊黃金；他很遺憾，由於行囊太多，他只能拿三塊。可就在行程的第二天早晨，一覺醒來，黃金全變成了石頭。這些石頭對他來說毫無用處。旅行者在不得不背負石塊前行的痛苦中，也暗自慶幸：「啊，我畢竟只拿了三塊。」

智慧沙：

凡事都要有一個限度，如果超過了這個限度，好事就有可能變成壞事，正所謂過猶不及。悲傷面前不能氣餒，快樂面前不能忘形。

輯30 永遠不做大多數

所謂獨特的作家，不是說他從不模仿，而是說誰也無法模仿他。

——中國當代散文家賈平凹

1．敢於突破經驗

一次，一艘遠洋海輪不幸觸礁，沈沒在汪洋大海裡，倖存下來的九位船員拼死登上一座孤島，才得以存活下來。但接下來的情形更糟，島上除了石頭還是石頭，沒有任何可以用來充饑的東西。更要命的是，在烈日的曝晒下，每個人口渴得冒煙，水成為最珍貴的東西。儘管四周是水——海水，可誰都知道，海水又苦又澀又鹹，根本不能用來解渴。現在，九個人唯一的生存希望是下雨或別的過往船隻發現他們。

等啊等，沒有任何下雨的跡象，天際除了海水還是一望無邊的海水，沒有任何船隻經過這個猶如死寂一般的島嶼。漸漸地，已有八個船員支撐不下去，他們紛紛渴死在孤島。當最後一位船員快要渴死時，他實在忍受不住了，就撲進大海，「咕嚕咕嚕」地喝了一肚子海水。

船員喝完海水，一點也感覺不出海水的苦澀味，相反地還覺得這海水又甘又甜，非常解渴。也許這是自己渴死前的幻覺吧。他靜靜地躺在島上這樣想著，等著死神的降臨。當睡了一覺醒來發現自己還活著時，船員非常奇怪，於是他每天就靠喝島邊的海水度日，終於等來了救援的船隻。

人們化驗海水才發現，這兒由於有地下泉水的不斷翻湧，海水實際上全是可口的泉水。

智慧沙：

誰都知道「海水是鹹的」，「根本不能飲用」，這是基本的「常識」。因此，八名船員被渴死了。是環境，是經驗害死了他們。敢於突破「經驗」，才有生存和成功的希望。

2．不破不立

在一次宴會上，一位客人對哥倫布說：「你發現了新大陸有什麼了不起，新大陸只不過是客觀的存在物，剛巧被你撞上了。」

哥倫布沒有同他爭論，而是拿出一顆雞蛋，讓它立在光滑的桌面上。這位客人試來試去，無論如何也不能把雞蛋立起來，終於無能爲力地住手了。

這時，只見哥倫布拿起雞蛋猛力往桌面上一磕，下面的蛋殼破了，但雞蛋穩穩地立在了桌面上。之後，哥倫布說了一句頗富哲理的話：「不破不立也是一種客觀存在，但有人就是發現不了。」

智慧沙：

不破不立客觀存在著，並不是每個人都能發現的。在許多人的腦子裡，傳統思維已成定勢，當一種新生事物來臨時，他除了嘲笑、懷疑之外，便是無動於衷，無能為力。

3・這才是真正的淘金人

兩個墨西哥人沿密西西比河淘金，到了一個河叉分了手，因爲一個人認爲阿肯色河可以掏到更多金子，一個人認爲到俄亥俄河發財的機會更大。

十年後，到俄亥俄河的人果然發了財，在那兒他不僅找到大量的金沙，而且建了碼頭，修了公路，還使他落腳的地方成了一個大集鎮。現在俄亥俄河岸邊的匹茲堡市商業繁榮，工業發達，無不起因於他的拓荒和早期開發。

但進入阿肯色河的人似乎就沒有那麼幸運，自分手後就沒了音訊。有的說已經葬身魚腹，有的說已經回了墨西哥。直到五十年後，一個重二・七公斤的自然金塊在匹茲堡引起轟動，人們才知道他的一些情況。當時，匹茲堡《新聞週刊》的一位記者曾對這塊金子進行追蹤，他寫道：「這顆全美最大的金塊源自於阿肯色，是一位年輕人在他屋後的魚塘裡撿到的，從他祖父留下的日記看，這塊金子是他的祖父扔進去的。」

隨後，《新聞週刊》刊登了那位祖父的日記。其中一篇是這樣的：昨天，我在溪水裡又發現了一塊金子，比去年淘到的那塊更大，進城賣掉它嗎？那就會有成百上千的人湧向這兒，我和妻子親手用一根根圓木搭建的棚屋，揮灑汗水開墾的菜園和屋後的池塘，還有傍晚的火堆、忠誠的獵狗、美味的燉肉山雀、樹木、天空、草原，大自然贈給我們珍貴的靜逸和自由都將不復存在。我寧願看到它被扔進魚塘時蕩起的水花，也不願眼睜睜地望著這一切從我眼前消失。

智慧沙：

一九六〇年代正是美國開始創造百萬富翁的年代，每個人都在瘋狂地追求金錢。可是，這位淘金者卻把淘到的金子扔掉了。這位淘金者才是一位真正的淘金人。

4．把鞋子賣給沒有腳的人

英國和美國的兩家皮鞋工廠，各自派了一名推銷員到太平洋的某個島嶼去開闢市場。兩個推銷員到達後的第二天，各給自己的工廠拍回一封電報。

一封電報是：「這座島上沒有人穿鞋子，我明天搭第一班飛機回去。」

另一封電報是：「好極了，這個島上沒有一個人穿鞋子，我將駐在此地大力推銷。」

智慧沙：

聰明人創造的機會比他找到的多。把鞋子賣給沒有腳的人——任何人都能在商店裡看時裝，在博物館裡看歷史。但具有創造性的開拓者在五金店裡看歷史，在飛機場上看時裝。

5．不為上帝而活

有一天，上帝創造了三個人。他問第一個人：「到了人間，你準備怎麼度過自己的一生？」第一個人想了想，回答說：「我要充分利用生命去創造。」

上帝又問第二個人：「到了人間，你準備怎麼度過你的一生？」第二個人想了想，回答說：

「我要充分利用生命去享受。」

上帝又問第三個人：「到了人間，你準備怎麼度過你的一生？」第三個人想了想，回答說：「我既要創造人生又要享受人生。」

上帝給第一個人打了五十分，給第二個人打了五十分，給第三個人打了一百分。他認為第三個人才是最完美的人，他甚至決定多生產一些「第三個」這樣的人。

第一個人來到人間，表現出了不平常的奉獻感和拯救感。他為許許多多的人作出了許許多多的貢獻。對自己幫助過的人，他從無所求。他為眞理而奮鬥，屢遭誤解也毫無怨言。慢慢地，他成了德高望重的人，他的善行被人們廣為傳頌，他的名字被人們默默敬仰。他離開人間，所有人都依依不捨，人們從四面八方趕來為他送行。直至若干年後，他還一直被人們深深懷念著。

第二個人來到人間，表現出了不平常的佔有欲和破壞欲。為了達到目的，他不擇手段，甚至無惡不作。慢慢地，他擁有了無數的財富，生活奢華，一擲千金，妻妾成群。後來，他因作惡太多而得到了應有的懲罰。正義之劍把他驅逐人間的時候，他得到的是鄙視和啐罵。若干年後，他還一直被人們深深痛恨著。

第三個人來到人間，沒有任何不平常的表現。他建立了自己的家庭，過著忙碌而充實的生活。若干年後，沒有人記得他的存在。

人類為第一個人打了一百分，第二個人打了零分，第三個人打了五十分。這個分數，才是他們的最終得分。

智慧沙：

「上帝」的打分和人類的打分存在著天壤之別。人類也許會說上帝是失誤的，可是人類卻聽不到上帝的回答。最好的解釋是：人要自己活著，可不是為上帝而活。

6·不要變成別人的「複製品」

有一隻烏鴉很仰慕那些在屋頂籠子裡尋吃的白鴿。爲了讓自己「躋身」白鴿群，牠便將黑羽毛染成白色，偷偷地混進白鴿群中，尋找食物。

那群白鴿都以爲烏鴉是其同類，於是讓牠跟著一起住一起吃。

有一天，烏鴉在吃食物時，突然「哇」了一聲，身份終於暴露，被那群白鴿趕了出去。

在傷心之餘，烏鴉回到原來居住的地方，昔日與他一起飛翔的烏鴉都認不得他了。

「烏鴉怎會是白色的呢？」

牠又被這群烏鴉驅逐出族類。

最後，這隻烏鴉走投無路，投海自盡了。

智慧沙：

每個人都有其長處與優點，我們可以學習某個人的方式或技巧，但絕不可以像崇拜「明星」一樣去盲目崇拜，刻意地改變自己及模仿他人。一個人如果喪失其本身的獨特性，就會變成別人的「複製品」，從而遭到大家的嘲笑和厭棄。

7．泥濘的路才能留下腳印

鑒眞和尙剛剛剃度遁入空門時，寺裡的住持讓他做了寺裡誰都不願做的行腳僧。

有一天，日已三竿，鑒眞依舊大睡不起。住持很奇怪，推開鑒眞的房門，見床邊堆了一大堆破破爛爛的芒鞋，於是叫醒鑒眞問：「你今天不外出化緣，堆這麼一堆破芒鞋做什麼？」

鑒眞打了個哈欠說：「別人一年一雙芒鞋都穿不破，我剛剃度一年多，就穿爛了這麼多的鞋子，我是不是該為廟裡節省些鞋子？」

住持一聽就明白了，微微一笑說：「昨天夜裡下了一場雨，你隨我到寺前的路上走走看看吧。」

寺前是一座黃土坡，由於剛下過雨，路面泥濘不堪。

住持拍著鑒眞的肩膀說：「你是願意做一天和尙撞一天鐘，還是想做一個能光大佛法的名僧？」

鑒眞說：「我當然希望能做光大佛法的一代名僧。」

住持撚鬚一笑：「你昨天是否在這條路上走過？」鑒眞說：「當然。」

住持問：「你能找到自己的腳印嗎？」

鑒眞十分不解地說：「昨天這路又平又硬，小僧哪能找到自己的腳印？」

住持又笑笑說：「今天我倆在這路上走一遭，看能不能找到你的腳印？」

鑒眞頓悟。

智慧沙：

泥濘的路才能留下腳印。一生碌碌無為的人，就像一雙腳踩在又坦又硬的大路上，腳步抬起，什麼也沒有留下。而那些經風沐雨的人，就像一雙腳行走在泥濘裡，他們走遠了，但腳印卻印證著行走的價值。

8．留個缺口給別人

一位著名企業家在作報告，一位聽眾問：「你在事業上取得了成功，請問，對你來說，最重要的是什麼？」

企業家沒有直接回答，他拿起粉筆在黑板上畫了一個圈，只是並沒有畫圓滿，留下一個缺口，反問道：「這是什麼？」

「零」、「圈」、「未完成的事業」、「成功」，台下的聽眾七嘴八舌地答道。

他對這些回答未置可否：「其實，這只是一個未畫完整的句號。你們問我為什麼會取得輝煌的業績，道理很簡單：我不會把事情做得很圓滿，就像畫個句號，一定要留個缺口，讓我的下屬去填滿它。」

智慧沙：

留個缺口給他人，並不說明自己的能力不強。這是一種更高層次上帶有全局性的圓滿。給猴子一棵樹，讓牠不停地攀登；給老虎一座山，讓牠自由縱橫。這就是人性化的最高境界。

9．為自己創造機會

春秋時期，楚王請了很多臣子來喝酒吃飯，席間歌舞妙曼，美酒佳餚，燭光搖曳。同時，楚王還命令兩位他最寵愛的美人許姬和麥姬輪流向臣子們敬酒。

忽然一陣狂風刮來，吹滅了所有蠟燭，漆黑一片，席上一位官員便乘機揩油親澤，摸了許姬的玉手。許姬一甩手，扯了他的帽帶，匆匆回到座位上，並在楚王耳邊悄聲說：「剛才有人乘機調戲我，我扯斷了他的帽帶，你快叫人點起蠟燭來，看誰沒有帽帶，就知道是誰了。」

楚王聽了，連忙命令手下先不要點燃蠟燭，卻大聲向各位臣子說：「我今天晚上，一定要與各位一醉方休，來，大家都把帽子脫了痛快飲一場。」

眾人都沒有戴帽子，也就看不出是誰的帽帶斷了。後來楚王攻打鄭國，有一位猛將獨自率領幾百人，爲三軍開路，斬將過關，直通鄭國的首都。此人就是當年摸許姬手的那一位。他因楚王施恩於他，而發誓畢生效忠於楚王。

智慧沙：

人非聖賢，孰能無過。很多時候，我們都需要寬容。寬容不僅是給別人機會，更是為自己創造機會。

10・向你的敵人敬杯酒

康熙大帝在位執政六十年之際，特舉行「千叟宴」以示慶賀。

宴會上，康熙敬了三杯酒：

第一杯敬孝莊太皇太后，感謝孝莊輔佐他登上皇位，一統江山。

第二杯敬衆位大臣及天下萬民，感謝衆臣齊心協力盡忠朝廷，萬民俯首農桑，天下昌盛。

當康熙端起第三杯酒時，說：「這杯酒敬我的敵人，吳三桂、葛爾丹還有鰲拜。」

衆臣目瞪口呆，康熙接著說：「是他們逼著朕建立了豐功偉績，沒有他們，就沒有今天的朕，我感謝他們。」

智慧沙：

你的競爭對手總會給你帶來壓力，逼迫你努力投入「鬥爭」中，並想辦法成為勝利者。你的敵人是你前進的動力，在同對手的對抗中，才能真正地磨練自己。一個人身價的高低，就看他的對手。

輯31 每天擁抱死亡

我祈禱：「我死時雖然很老，但看起來仍然傻氣和熱情。」

——英國詩人濟慈

1．誰救了第三隻青蛙的命

三隻青蛙都掉進了鮮奶桶。

第一隻青蛙說：「這是命。」於是牠盤起後腿，一動不動等待著死亡的降臨。

第二隻青蛙說：「這個桶子看來太深了，憑我的跳躍能力，不可能跳出去。看來今天死定了。」於是，他沈入桶底淹死了。

第三隻青蛙打量著鮮奶桶四周說：「真是不幸！但我的後腿還有勁，我要找到墊腳的東西，跳出這個可怕的桶子！」

於是，第三隻青蛙一邊划一邊跳。慢慢地，鮮奶在他的攪拌下變成了奶油塊。在奶油塊的支撐下，這隻青蛙奮力一躍，終於跳出了鮮奶桶。

智慧沙：

正是「要找到墊腳的東西，跳出這個可怕的桶子」救了第三隻青蛙的命。沒有期盼，就只能像前兩隻青蛙一樣，靜靜地等待著死亡的降臨。

2．每個日子可能都是末日

在一個偏遠、封閉的小鎮只能聽到兩個電台：第一電台專門廣播名人消息、CALLIN節目，或是熱門歌曲排行榜，它的收聽率相當高；第二電台則是氣象專業電台，它的聽衆只有一小群人。

一天晚上，氣象電台發出緊急警告：一場威力驚人的「龍捲風」將在午夜來襲本鎮，電台呼籲鎮民立即疏散他處。這一小群聽衆立刻集結起來，有的去找鎮長，有的到街上敲鑼打鼓，有的打電話給第一電台，請求播出龍捲風消息，好保存身家性命。

鎮長說：「本鎮從未有過龍捲風，龍捲風的消息是氣象電台誤報或捏造，爲的是提高收聽率。」敲鑼打鼓的人則被視爲瘋子。而第一電台則以現場正在訪問名人爲由，不肯插播這一條「生死存亡」的消息。

誰知，一天以後，小鎮就被一場惡魔般的「龍捲風」夷爲平地——後來者沒有人知道這塊地曾經是一個小鎮。

智慧沙：

每個日子都可能是最後的日子，我們要用心地看看這個世界，用心看看自己，不要把每一件事都視為是理所當然。畢竟，所有的事情都會改變。

3．世界末日你在做什麼

一份新創刊的《漫畫週刊》，爲了盡快提升讀者對刊物的熱情和發行量，經過一番策劃之後，推出了一項「徵畫活動」：要求應徵作品以《世界的最後時刻》爲題，表現主題是在世界即將毀滅的最後時刻，你或你的親人們會做些什麼。

在限定的日期內，來自世界各地的作品堆積如山。爲了獲取高額獎金，所有的應徵者都將想像力發揮到了極致：在世界的最後時刻情侶緊緊抱在一起，一邊喝酒一邊接吻；在最後時刻將鈔票堆在大街上燃燒；在最後時刻坐上太空船逃離地球……。

但最後獲得十萬美元的，是一位家庭主婦用鉛筆在一張包裝紙上畫的漫畫：她在廚房洗完碗筷後，正伸手關緊水龍頭開關，她的丈夫正坐在餐桌旁的地板上，有兩個小男孩，正在做著玩積木的遊戲……。

評審們對這看似平常的作品的評語是：我們震驚於這一家的平靜。他們理解了世界存在的意義和人們的最高追求。

智慧沙：

世界仍沒有毀滅，每個人現在還是要生活，活在當下。不要被沒有到來的東西所誘惑，也不要為即將到來的東西所嚇倒。

4．只有今天屬於你

有個富翁對自己窖藏的葡萄酒非常自豪。窖裡保留著一壇只有他知道、某種場合才能喝的陳酒。

一天，州府的總督登門拜訪。富翁提醒自己：「這壇酒不能僅僅為一個總督啓封。」又一天，地區主教來看他，他自忖道：「不，不能開啓那壇酒。他不懂這種酒的價值，酒香也飄不進他的鼻孔。」後來，王子來訪，和他同進晚餐，他也想：「區區一個王子喝這種酒過分奢侈了。」甚至在他兒子結婚那天，他還對自己說：「不行，接待這種客人，不能抬出這壇酒。」

許多年後，富翁死了，像花的種子一樣被埋進了地裡。下葬那天，陳酒壇和其他酒壇一起被搬了出來，左鄰右舍的農夫把酒統統喝光了。誰也不知道這壇陳年老酒的久遠歷史。對他們來說，所有倒進酒杯裡的僅是酒而已。

智慧沙：

大多數人都無法明白自己應該扮演的角色，他們就在過去、現在和未來這三個不同的時空裡穿梭著。昨天已成過去，明天只是一種期許，只有今天才是真正擁有的。何不學著一次只過一天呢？

5．安逸是災難來臨的前兆

一條活得無聊的魚總想找個機會離開大海。一天，牠被漁夫打撈上來，放養在一口破舊的水缸中。每天，漁夫總會往水缸裡放些魚蟲，魚大口地吃著，累了則可以停下，打個盹。魚開始慶幸自己的美妙命運，慶幸現在的生活，慶幸自己有一身花衣。

可是，日子一天一天地過，牠一天一天地游，似乎有些厭倦，但再怎麼樣也不願回到海中。「我是一條漂亮魚。」牠總是這樣對自己說。

有天，漁夫要出遠海，十天半月才能回家。魚只好吃漁夫兒子的殘羹剩飯，心情極糟。終於，消息傳來，漁夫出海遇難了。漁夫兒子收拾東西搬走了。什麼都帶上了，只忘了那條漂亮魚。

想到昔日漁夫待牠實在不薄，現在卻遇難身亡，魚十分悲傷。但緊接著，牠也開始抱怨；抱怨水缸太小，抱怨伙食太差，抱怨漁夫的兒子對自己無禮，抱怨漁夫輕易出海，甚至抱怨牠決意離開大海時夥伴們為何不加勸阻。魚抱怨自己所認識的一切，只忘了抱怨牠自己。

時間靜悄悄地過去了，破水缸裡的這條魚看上去的確很漂亮，但牠卻成了一條死魚。

智慧沙：

居安思危，永遠把安逸當作是災難來臨的前兆。這樣，當困難和災難來臨時，你才會想方設法擺脫現狀，而不是抱怨，不會一籌莫展。

6．讀懂上帝的三封信

一位老先生因為心肌梗塞而死，他向上帝大發牢騷說：「上帝啊！你叫我回來，我一點也不埋怨你。但是為什麼在召我回來之前，不先通知我一聲？叫我作好心理準備，對子女也有個交代，你讓我完全措手不及。」

上帝溫柔地回答說：「我曾寫了三封信給你，提醒你預備好回老家呀！」

老人驚訝地說：「沒有啊！我怎麼沒收到呢？」

上帝說：「第一封信是讓你腰酸背痛；第二封信是讓你的頭髮開始斑白；第三封信是使你的牙齒逐漸脫落。這些都是提醒你快回老家的信號啊！」

智慧沙：

生老病死，是人一生中不可避免的。如果要我們在生命的彌留之際不心存遺憾，那麼從現在開始就該：做我們最想做的，玩我們最想玩的，不要被那些虛無縹緲的東西左右著。

7．什麼是最好的醫生

一個年過半百的人身患絕症，四處求醫，卻未見效。一個智者告訴他：「你這種病有人能治，但你必須四方遊吟，才能引他露面。」於是這個人開始流浪，四處吟唱，唱給富人、窮人、病人、孩子。

數十年過去了，他從壯年變成老年，成了著名的遊吟歌手，他的歌治癒了許多人的頑症，而他卻渾然不知，一年一年唱過了百歲。一天，一個路人問他爲什麼唱得如此動聽，老人回答：「爲了找一個神醫治我的絕症，咳，唱了五十多年，可他還沒露面。我這病眞不知道該怎麼辦？」

那人說：「巧了，我就是醫生。」於是路人便爲老人做了全面檢查。檢查完後，路人笑著對老人說：「你說你都一百多歲了，可身體還這麼硬朗，哪有什麼病啊？」

「難道那個智者騙我不成？」老翁顧不上多想，興奮地高喊：「我的病好了，不用再唱了，不用找那個醫生了！」

誰知，第二天老人就死了。

智慧沙：

歌唱、給予，在尋找中不停地到達，這就是最好的醫生，這就是生命的本質。而停止這一切，死亡之神的腳步就近了。生命只有一次。去尋找生命的快樂，才是生命的意義。

8・永遠只吃七分飽

養鳥的人捕了許多鳥，關在鳥籠裡，天天觀察，定時餵食。鳥尾巴毛長了，他就將它剪短，並且每天挑出比較胖的鳥，送到廚房做菜肴。

有一隻鳥，在籠子裡思忖著：「要是我吃多了，一長肥就得去送死；要是不吃，也得活活餓死。我應該自己計算食量。少吃一些，既能少長肉，又能使羽毛長得光滑，然後從籠裡逃出去。」

他按自己的想法，減少食量，結果身子又瘦又小，羽毛又光滑，終於實現願望，逃了出去。

智慧沙：

永遠只吃七分飽，拒絕過安逸和平庸的日子。只有在拚搏和經受考驗中，才能找到快樂的果實。

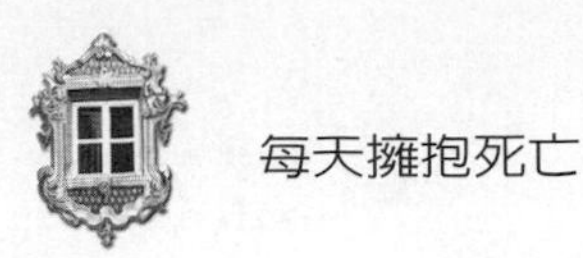

9．每週到墓地走一趟

曾有一位醫生替一位著名的實業家診療，醫生勸實業家多多休息，實業家卻憤怒地抗議：「大夫，你知道嗎？我每天都得提著一個沈重的手提包回家，裡面裝的是滿滿的文件呀！」

「爲什麼晚上還要批那麼多文件呢？」醫生很詫異地問道。

「那些都是當天必須處理的急件。」實業家不耐煩地回答。

「難道沒有人可以幫你忙嗎？你的助手、副總呢？」

「不行啊！這些檔只有我才能作批示呀！而且我還必須盡快處理。」實業家一副無奈的樣子。

「這樣吧，我現在給你開個處方，你能否照辦？」醫生沒有理會實業家。

實業家接過處方，上面寫著：每個星期抽空到墓地走一趟，每天悠閒地散步兩小時。

「每個星期抽空到墓地走一趟？這是什麼意思？」實業家看到處方很驚訝。

醫生不慌不忙地回答：「我希望你到墓地走一走，看看那些與世長辭的人的墓碑。他們當中有很多人生前與你一樣，甚至事業做得比你更大；他們當中也有許多人跟你現在一樣，什麼事都放心不下。如今他們全都長眠於黃土之中，然而整個世界仍然好好的。我建議你每個星期站在墓碑前好好想想這些擺在你面前的事實，你也許會有所解脫。」

實業家安靜了下來，與醫生道別。他按照醫生的指示，釋緩生活的步調，試著慢慢轉移一部分權力和職責。一年後，讓他想不到的是，企業業績比以往任何一年都好。

智慧沙：

沒必要把自己搞得緊緊張張的，什麼事都自己扛。雖說正常的緊張可以讓你高效率、富有創造性地工作，但我們如果能夠學會控制緊張，張弛有度，那未嘗不是一件好事，或許還會有意想不到的效果。

10．信念使得世界永存

當一場地震來臨時，有三個農夫正在羊圈旁的窯洞裡守衛著羊群。在地動山搖的那一刻，他們立刻感到一場災難已經來到，首先是離門口最近的那個農夫開始向外面逃竄，然後是第二個，第三個。但是，當第一個、第二個農夫連續被轟然的土牆壓倒時，第三個農夫連同厚厚的土同時壓在了第二個農夫身上。

第三個農夫是幸運的，僅有的一點稀薄的空氣使他的生命得到了短暫的延續。但是，那點空氣顯然不能使他維持多久，於是他在死亡的邊緣上開始了艱難的掙扎。在黑暗、絕望的世界裡，始終有一種堅強的信念支撐著他，他以為第一個農夫一定能成功地逃生並且很快會喊來救援人員，所以他一定能活下來。於是，他奮力地掙扎，不斷地用雙手刨著土。

就這樣，十幾個鐘頭過去了，就在他已經奄奄一息時，他終於聽到了救援的聲音，但他已經沒有喊叫的力氣了。就在被挖出來的那一刻，他已徹底失去了知覺，但最終他還是成功地活了下來。

智慧沙：

在那樣稀薄的空氣中，能夠存活下來簡直就是個奇蹟。信念是支撐生命的力量。如果不是那個信念，這位活下來的農夫肯定不會堅持那麼久；如果他放棄了生的希望，也可能早就被死亡魔鬼拉到另一個世界去了。

11．那隻手可能會害了你

有個科學家在研究人類潛在的生命力。他在實驗室裡，以小白鼠作實驗。每天一大早，他就從籠子裡抓出小白鼠，放進一個透明的玻璃水池內，然後開始計算時間。

科學家在玻璃池旁觀察小白鼠在水裡掙扎的情況，直到那隻小白鼠快有溺亡的危險時，科學家才趕忙將牠撈出來，放回籠中。當然，科學家沒忘記計算時間。

這樣的實驗進行了一個星期，每天的記錄顯示小白鼠的掙扎時間在增加著。有一天早晨，科學家又繼續他的實驗。他將小白鼠丟進池中，不久，電話響了，他便轉身去接電話。那是他女朋友打來的電話，情話綿綿，讓科學家忘了池中的小白鼠。當他記起時，側身一看，那小白鼠已經浮在水面上了。

小白鼠的死，是因為那個「致命的電話」？當然不是，那又是誰害死牠的呢？

原來，每次科學家將牠丟進池中，過了不久，便會將牠抓上來。連續了幾天，那小白鼠便告訴自己：「何必這麼辛苦掙扎呢，最終會有一隻手撈我上去的！」就因為這個觀念，牠不去發揮其潛能掙扎生存，最終被淹死了。

智慧沙：

小白鼠是因為太依靠人而死亡的。若想成功，他人能給予幫助是件好事，但最終還是要靠自己。自力更生，不斷提升自己的能力，才能左右自己的命運與前程。

12．比金子還貴重的東西

在非洲一片茂密的叢林裡走著四個皮包骨頭的男子，他們扛著一只沈重的箱子，在茂密的叢林裡踉踉蹌蹌地前行。

這四個人是：巴里、麥克里斯、約翰斯、吉姆，他們是跟隨隊長馬克格夫進入叢林探險的。馬克格夫曾答應給他們優厚的工資。但是在任務即將完成時，馬克格夫不幸得病而長眠在叢林中。

這只箱子是馬克格夫臨死前親手製作的。他十分誠懇地對四人說道：「我要你們向我保證，一步也不離開這只箱子。如果你們把箱子送到我朋友麥克唐納教授手裡，你們將分得比金子還要貴重的東西。我想你們會送到的，我也向你們保證，比金子還要貴重的東西，你們一定能得到。」

埋葬了馬克格夫以後，這四個人就上路了。但密林的路越來越難走，箱子也越來越沈重，而他們的力氣卻越來越小了。他們像囚犯一樣在泥潭中掙扎著。一切都像惡夢，而只有這只箱子是實在的，是這只箱子在撐著他們的身軀！否則他們全倒下了。他們互相監視著，不准任何人單獨亂動這只箱子。在最艱難的時候，他們想到了未來的報酬是多少，當然，有了比金子還重要的東西……。

終於有一天，綠色的屏障突然拉開，他們經過千辛萬苦終於走出了叢林。四個人急忙找到麥克唐納教授，迫不急待地問起應得的報酬。教授似乎沒聽懂，只是無可奈何把手一攤，說道：「我是一無所有啊，噢，或許箱子裡有什麼寶貝吧。」於是當著四個人的面，教授打開了箱子，大家一

看，都傻了眼，滿滿一堆無用的木頭！

「這開的是什麼玩笑？」約翰斯說。

「屁錢都不值，我早就看出那傢伙有神經病！」吉姆吼道。

「比金子還貴重的報酬在哪裡？我們上當了！」麥克里斯憤怒地嚷著。

此刻，只有巴里一聲不吭，他想起了他們剛走出的密林裡，到處是一堆堆探險者的白骨，他想起了如果沒有這只箱子，他們四人或許早就倒下去了……。於是，巴里站起來，對夥伴們大聲說道：「你們不要再抱怨了。我們得到了比金子還貴重的東西，那就是生命！」

智慧沙：人生中有些目標最終都無法實現，但至少它們曾經激勵和支撐了我們的一段生活，這就值得感謝。現代一些人的無聊、厭世、缺少激情，其病根，大都在於目的的喪失。說到底，我們還得有所追求才好。

13·列一張生命的清單

耳鼻喉科病房裡同時住進來兩位病人，都是鼻子不舒服。在等待化驗結果期間，甲說，如果是癌，立即去旅行，並首先去拉薩。乙也同樣如此表示。結果，甲得的是鼻癌，乙長的是鼻息肉。

甲列了一張告別人生的計畫表離開了醫院，乙住了下來。甲的計畫表是：去一趟拉薩和敦煌；從攀枝花坐船一直到長江口；到海南的三亞以椰子樹爲背景拍一張照片；在哈爾濱過一個冬天；從大連坐船到廣西的北海；登上天安門；讀完莎士比亞的所有作品；力爭聽一次瞎子阿炳原版的「二泉映月」；寫一本書。凡此種種，共二十七條。

他在這張生命的清單後面這麼寫道：我的一生有很多夢想，有的實現了，有的由於種種原因沒有實現。現在上帝給我的時間不多了，爲了不遺憾地離開這個世界，我打算用生命的最後幾年去實現還剩下的這二十七個夢。

當年，甲就辭掉了公司的職務，去了拉薩和敦煌。第二年，又以驚人的毅力和韌性通過了大學學測。這期間，他登上過天安門，遊覽過內蒙古大草原，還在一戶牧民家裡住了一個星期。現在他正在實現出一本書的夙願。

有一天，乙在報上看到甲寫的一篇散文，打電話去問甲的病。甲說：「我眞的無法想像，要不是這場病，我的生命該是多麼的糟糕。是它提醒了我，去做自己想做的事，去實現自己想實現的夢想。現在我才體會到什麼是眞正的生命和人生。想必你也過得不錯吧！」乙沒有回答。因爲在醫院時說要去拉薩和敦煌的事，他早已因患的不是癌症而拋諸腦後了。

智慧沙：

在這個世界上，其實每個人都患有一種癌症，那就是不可抗拒的死亡。正因為我們認為自己還會活得更久——這一點量上的差別，使我們的生命有了質的不同：有人把夢想變成了現實；有人把夢想帶進了墳墓。

14．如此把玩生命

他出生於義大利，青年時來到美國學習變戲法，成爲世界知名的藝人。終於他決定退休，渴望

返回家鄉定居。他帶著所有財產，買了返回義大利的船票，然後用所有剩餘的金錢買了一顆鑽石，藏在艙房裡。

登船後，他向一位男孩表演如何能同時拋耍幾個蘋果。不久，一批觀眾聚攏過來，此刻的成就使他非常得意，他跑回艙房拿出他的鑽石，向觀眾解釋說這是他畢生的積蓄，然後開始拋耍那鑽石。不久，他的表演愈來愈驚險。

他把鑽石丟得極高，觀眾皆屏息以待。眾人知道鑽石的價值，都求他不要再那樣做。但由於當時的刺激，他再次把鑽石丟得更高。觀眾再次屏息，然後在他接住鑽石時鬆了一口氣。

他對自己和自己的能力充滿信心，他告訴觀眾他將再丟一次，這次他將把鑽石拋到一個新的高度，甚至它將暫時從眾人眼前消失。觀眾再次求他不要那樣做。但他憑著多年經驗產生的自信，把鑽石高高拋向空中。鑽石果真消失了一會兒，然後又在陽光照耀下發出了閃爍的光芒。只是突然間，船隻傾斜了一下，鑽石竟掉入海中，從此消失得無影無蹤。

智慧沙：

我們有時也會如此把玩自己的生命。往往旁觀者明白靈魂的寶貴，要求我們不要冒險，我們仍會繼續把玩，因為我們太相信自己的能力、經驗——我們不知道生命之船將何時傾斜，我們會因此永遠失去機會。

15・與死亡有個約會

有位富有的巴格達商人派僕人去市場。在市場上，人群中有人推擠了僕人一下，他回頭一看，原來是一個身披黑長袍的老婦人，他知道那是「死亡」。

僕人趕忙跑回去，一面發抖，一面向主人述說方才的遭遇，以及「死亡」怎樣用奇特的眼神看著他，並露出威脅的表情。

僕人乞求主人借他一匹馬，好讓他騎到撒瑪拉，免得「死亡」找到他。主人同意，於是僕人立刻上馬疾馳而去。

商人稍晚到市場，看見「死亡」就站在附近。商人說：「你爲什麼作出威脅的神情，恐嚇我的僕人。」

「那不是威脅的神情，」「死亡」說：「我只是很稀奇會在巴格達看見他，我們明明約好今晚在撒瑪拉碰面的！」

智慧沙：

生老病死，是生命成長的必然規律。逃避也許更會弄巧成拙，畢竟誰也沒有辦法預測這些。活在當下，別太在意死亡——好好活著才是你要做好的事。

智慧沙

作　　者　韓 冰

發 行 人　林敬彬
主　　編　楊安瑜
編　　輯　吳青娥
封面設計　翔美堂設計
內頁設計　周淑惠

出　　版　大都會文化 行政院新聞局北市業字第89號
發　　行　大都會文化事業有限公司
110台北市基隆路一段432號4樓之9
讀者服務專線：（02）27235216
讀者服務傳真：（02）27235220
電子郵件信箱：metro@ms21.hinet.net
網　　址：www.metrobook.com.tw

郵政劃撥　14050529 大都會文化事業有限公司
出版日期　2006年9月初版第一刷
2008年2月初版第三十六刷

定　　價　300元
特　　價　199元
ISBN10　986-7651-79-0
ISBN13　978-986-7651-79-2
書　　號　Growth-012

Metropolitan Culture Enterprise Co., Ltd.
4F-9, Double Hero Bldg., 432, Keelung Rd., Sec. 1,
Taipei 110, Taiwan
TEL:+886-2-2723-5216 FAX:+886-2-2723-5220
e-mail:metro@ms21.hinet.net
Web-site:www.metrobook.com.tw

大都會文化
大都會文化 METROPOLITAN CULTURE

國家圖書館出版品預行編目資料

智慧沙 / 韓冰編著.
-- 初版. -- 臺北市 : 大都會文化, 2006[民95]
面 ; 公分. -- (Growth ; 012)
ISBN 986-7651-79-0(平裝)
1. 生活指導 2. 成功法
177.2　　95010407

大都會文化圖書目錄

●度小月系列

路邊攤賺大錢【搶錢篇】 280 元
路邊攤賺大錢 2【奇蹟篇】 280 元
路邊攤賺大錢 3【致富篇】 280 元
路邊攤賺大錢 4【飾品配件篇】 280 元
路邊攤賺大錢 5【清涼美食篇】 280 元
路邊攤賺大錢 6【異國風味篇】 280 元
路邊攤賺大錢 7【元氣早餐篇】 280 元
路邊攤賺大錢 8【養生進補篇】 280 元
路邊攤賺大錢 9【加盟篇】 280 元
路邊攤賺大錢 10【中部搶錢篇】 280 元
路邊攤賺大錢 11【賺翻篇】 280 元
路邊攤賺大錢 12【大排長龍篇】 280 元

●DIY 系列

路邊攤美食DIY 220 元
嚴選台灣小吃 DIY 220 元
路邊攤超人氣小吃DIY 220 元
路邊攤紅不讓美食 DIY 220 元
路邊攤流行冰品DIY 220 元

●流行瘋系列

跟著偶像fun 韓假 260 元
女人百分百 180 元
哈利波特魔法學院 160 元
韓式愛美大作戰 240 元
下一個偶像就是你 180 元
芙蓉美人泡澡術 220 元
Men 力四射—型男教戰手冊 250 元

●生活大師系列

遠離過敏—打造健康的居家環境 280 元
這樣泡澡最健康—紓壓·排毒·瘦身三部曲 220 元
兩岸用語快譯通 220 元
台灣珍奇廟—發財開運祈福路 280 元
魅力野溪溫泉大發見 260 元
寵愛你的肌膚—從手工香皂開始 260 元
舞動燭光—手工蠟燭的綺麗世界 280 元
空間也需要好味道—打造天然香氛的68 個妙招 260 元
雞尾酒的微醺世界—調出你的私房Lounge Bar 風情 250 元
野外泡湯趣—魅力野溪溫泉大發見 260 元
肌膚也需要放輕鬆—徜徉天然風的43 項舒壓體驗 260 元
辦公室也能做瑜珈—上班族的紓壓活力操 200 元
別再說妳不懂車—男人不教的Know How 249 元
一國兩字—兩岸用語快譯通 200 元

●寵物當家系列

Smart 養狗寶典 380 元
Smart 養貓寶典 380 元
貓咪玩具魔法 DIY 220 元
愛犬造型魔法書 260 元
漂亮寶貝在你家—寵物流行精品DIY 220 元
我的陽光·我的寶貝 220 元
我家有隻麝香豬—養豬完全攻略 220 元
Smart 養狗寶典（平裝本） 250 元
生肖·星座·招財狗 200 元
SMART 養貓寶典（平裝版） 250 元

●人物誌系列

現代灰姑娘 199 元
黛安娜傳 360 元

書名	價格	書名	價格
船上的365 天	360 元	優雅與狂野—威廉王子	260 元
走出城堡的王子	160 元	殞逝的英格蘭玫瑰	260 元
貝克漢與維多利亞—新皇族的眞實人生	280 元	幸運的孩子—布希王朝的眞實故事	250 元
瑪丹娜—流行天后的眞實畫像	280 元	紅塵歲月—三毛的生命戀歌	250 元
風華再現—金庸傳	260 元	俠骨柔情—古龍的今生今世	250 元
她從海上來—張愛玲情愛傳奇	250 元	從間諜到總統—普丁傳奇	250 元
脫下斗篷的哈利—丹尼爾・雷德克里夫	220 元	蛻變—章子怡的成長紀實	260 元
強尼戴普 —可以狂放叛逆，也可以柔情感性	280 元	棋聖 吳清源	280 元

●心靈特區系列

書名	價格	書名	價格
每一片刻都是重生	220 元	給大腦洗個澡	220 元
成功方與圓—改變一生的處世智慧	220 元	轉個彎路更寬	199 元
課本上學不到的33 條人生經驗	149 元	絕對管用的38 條職場致勝法則	149 元
從窮人進化到富人的29 條處事智慧	149 元	成長三部曲	299 元
心態—成功的人就是和你不一樣	180 元	當成功遇見你—迎向陽光的信心與勇氣	180 元
改變，做對的事	180 元	智慧沙	199 元

●SUCCESS 系列

書名	價格	書名	價格
七大狂銷戰略	220 元	打造一整年的好業績—店面經營的72 堂課	200 元
超級記憶術—改變一生的學習方式	199 元	管理的鋼盔—商戰存活與突圍的25 個必勝錦囊	200 元
搞什麼行銷？—152 個商戰關鍵報告	220 元	精明人聰明人明白人—態度決定你的成敗	200 元
人脈＝錢脈—改變一生的人際關係經營術	180 元	週一清晨的領導課	160 元
搶救貧窮大作戰の48 條絕對法則	220 元	絕對中國製造的58 個管理智慧	200 元
殺出紅海 —漂亮勝出的104 個商戰奇謀	200 元	搜精・搜驚・搜金 —從Google 的致富傳奇中，你學到了什麼？	199 元
客人在哪裡？—決定你業績倍增的關鍵細節	200 元	商戰奇謀36 計—現代企業生存寶典	180 元
商戰奇謀36 計—現代企業生存寶典II	180 元	商戰奇謀36 計—現代企業生存寶典III	180 元
幸福家庭的理財計畫	250 元	巨賈定律—商戰奇謀36 計	498 元

●都會健康館系列

書名	價格	書名	價格
秋養生—二十四節氣養生經	220 元	春養生—二十四節氣養生經	220 元
夏養生—二十四節氣養生經	220 元	冬養生—二十四節氣養生經	220 元
春夏秋冬養生套書	699 元	寒天—0卡路里的健康瘦身新主張	200 元

●CHOICE 系列

書名	價格	書名	價格
入侵鹿耳門—2005 年台灣生存保衛戰	280 元	蒲公英與我—聽我說說畫	220 元
入侵鹿耳門（新版）	199 元	舊時月色—上輯	180 元
舊時月色—下輯	180 元	清塘荷韻	280 元

●FORTH 系列

書名	價格	書名	價格
印度流浪記—滌盡塵俗的心之旅	220 元	胡同面孔—古都北京的人文旅行地圖	280 元
尋訪失落的香格里拉	240 元	今天不飛—空姐的私旅圖	220 元
紐西蘭奇異國	200 元	從古都到香格里拉	399 元

●FOCUS 系列

中國誠信報告	250 元	中國誠信的背後	250 元

●大都會運動館系列

野外求生寶典 —活命的必要裝備與技能	260 元	攀岩寶典 —安全攀登的入門技巧與實用裝備	260 元

●大都會休閒館

賭城大贏家—逢賭必勝祕訣大揭露	240 元

●禮物書系列

印象花園　梵谷	160 元	印象花園　莫內	160 元
印象花園　高更	160 元	印象花園　竇加	160 元
印象花園　雷諾瓦	160 元	印象花園　大衛	160 元
印象花園　畢卡索	160 元	印象花園　達文西	160 元
印象花園　米開朗基羅	160 元	印象花園　拉斐爾	160 元
印象花園　林布蘭特	160 元	印象花園　米勒	160 元

●工商企管系列

二十一世紀新工作浪潮	200 元	化危機爲轉機	200 元
文字工作者撰錢生活轉轉彎	220 元	美術工作者設計生涯轉轉彎	200 元
攝影工作者快門生涯轉轉彎	200 元	企劃工作者動腦生涯轉轉彎	220 元
電腦工作者滑鼠生涯轉轉彎	200 元	打開視窗說亮話	200 元
挑戰極限	320 元	30 分鐘行動管理百科（九本盒裝套書）	799 元
30 分鐘教你提昇溝通技巧	110 元	30 分鐘教你自我腦內革命	110 元
30 分鐘教你樹立優質形象	110 元	30 分鐘教你錢多事少離家近	110 元
30 分鐘教你創造自我價値	110 元	30 分鐘教你Smart 解決難題	110 元
30 分鐘教你如何激勵部屬	110 元	30 分鐘教你掌握優勢談判	110 元
30 分鐘教你如何快速致富	110 元		

●親子教養系列

我家小孩愛看書—Happy 學習 Easy Go	220 元	天才少年的5 種能力	280 元
孩童完全自救寶盒（五書＋五卡＋四卷錄影帶）			3,490 元（特價2,490 元）
孩童完全自救手冊—這時候你該怎麼辦（合訂本）			299 元

●新觀念美語

NEC 新觀念美語教室（八本書＋四十八卷卡帶）	12,450 元

您可以採用下列簡便的訂購方式：

◎請向全國鄰近之各大書局或上大都會文化網站www.metrobook.com.tw 選購。

◎劃撥訂購：請直接至郵局劃撥付款。

帳號：14050529

戶名：大都會文化事業有限公司

（請於劃撥單背面通訊欄註明欲購書名及數量）

智慧沙

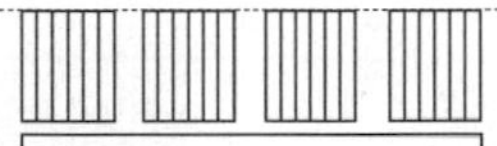

北區郵政管理局
登記證北台字第9125號
免貼郵票

大都會文化事業有限公司

讀者服務部收

110台北市基隆路一段432號4樓之9

寄回這張服務卡(免貼郵票)
您可以：
◎不定期收到最新出版訊息
◎參加各項回饋優惠活動

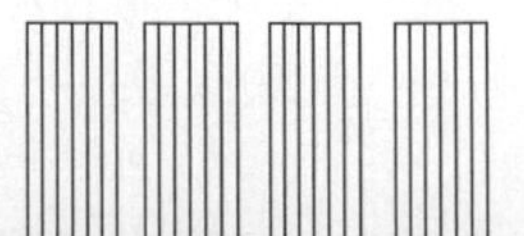

大都會文化 讀者服務卡

書號： Growth-012 智慧沙

謝謝您選擇了這本書！期待您的支持與建議，讓我們能有更多聯繫與互動的機會。日後您將可不定期收到本公司的新書資訊及特惠活動訊息。

A.您在何時購得本書：_____年_____月_____日

B.您在何處購得本書：_________書店(便利超商、量販店)，位於___________(市、縣)

C.您從哪裡得知本書的消息：1.□書店 2.□報章雜誌 3.□電台活動 4.□網路資訊 5.□書籤宣傳品等 6.□親友介紹 7.□書評 8.□其他______________

D.您購買本書的動機：（可複選）1.□對主題或內容感興趣 2.□工作需要 3.□生活需要 4.□自我進修 5.□內容為流行熱門話題 6.□其他______________

E.您最喜歡本書的（可複選）：1.□內容題材 2.□字體大小 3.□翻譯文筆 4.□封面 5.□編排方式 6.□其它

F.您認為本書的封面：1.□非常出色 2.□普通 3.□毫不起眼 4.□其他__________

G.您認為本書的編排：1.□非常出色 2.□普通 3.□毫不起眼 4.□其他__________

H.您通常以哪些方式購書：(可複選)1.□逛書店 2.□書展 3.□劃撥郵購 4.□團體訂購 5.□網路購書 6.□其他__________

I. 您希望我們出版哪類書籍：（可複選）1.□旅遊 2.□流行文化 3.□生活休閒 4.□美容保養 5.□散文小品 6.□科學新知 7.□藝術音樂 8.□致富理財 9.□工商企管 10.□科幻推理 11.□史哲類 12.□勵志傳記 13.□電影小說 14.□語言學習（____語）15.□幽默諧趣 16.□其他______________

J.您對本書(系)的建議：______________

____

K.您對本出版社的建議：______________

____

讀者小檔案

姓名：______________ 性別：□男 □女 生日：_____年_____月_____日

年齡：□ 20 歲以下□ 21 ～ 30 歲□ 31 ～ 40 歲□ 41 ～ 50 歲□ 51 歲以上

職業： 1.□學生 2.□軍公教 3.□大衆傳播 4.□ 服務業 5.□金融業 6.□製造業 7.□資訊業 8.□自由業 9.□家管 10.□退休 11.□其他______________

學歷：□ 國小或以下 □ 國中 □ 高中／高職 □ 大學／大專 □ 研究所以上

通訊地址______________

電話：（H）__________（O）__________ 傳真：__________

行動電話：__________ E-Mail ：__________

◎謝謝您購買本書，也歡迎您加入我們的會員，請上大都會文化網站 www.metrobook.com.tw 登錄您的資料，您將會不定期收到最新圖書優惠資訊及電子報。